Rüdiger Lux
Josef

Biblische Gestalten

Herausgegeben von
Christfried Böttrich und Rüdiger Lux

Band 1

EVANGELISCHE VERLAGSANSTALT
Leipzig

Rüdiger Lux

Josef

Der Auserwählte unter seinen Brüdern

EVANGELISCHE VERLAGSANSTALT
Leipzig

Rüdiger Lux, Dr. theol., Jahrgang 1947, studierte Evangelische Theologie in Halle/Saale und in Greifswald. Er war Gemeinde- und Studentenpfarrer in Cottbus und Halle sowie Dozent für Altes Testament an der Kirchlichen Hochschule in Naumburg und von 1995 bis zu seiner Emeritierung 2012 Professor für Exegese und Theologie des Alten Testaments an der Universität Leipzig.

Bibliographische Information der Deutschen Nationalbibliothek
Die Deutsche Nationalbibliothek verzeichnet diese Publikation in der Deutschen Nationalbibliographie; detaillierte bibliographische Daten sind im Internet über http://dnb.dnb.de abrufbar.

2., überarbeitete Auflage 2014

Printed in Germany · H 6677

Das Buch wurde auf alterungsbeständigem Papier gedruckt.

Umschlaggestaltung: behnelux gestaltung, Halle/Saale
Satz: Steffi Glauche, Leipzig
Druck und Binden: Hubert & Co., Göttingen

ISBN 978-3-374-01848-2
www.eva-leipzig.de

INHALT

VORWORT

Unsere Literatur und Malerei, Musik und Theater, alles ist durchsetzt von biblischer Sprache, biblischem Vorstellungsgut und biblischen Gestalten. Häufig führen sie ein anonymes Dasein in unserer Kultur. Sie sind vorhanden, aber sie werden nicht gekannt. Sie sind wirksam, aber sie werden nicht wahrgenommen. Das vorliegende Buch über die Josefserzählung möchte nichts weiter sein als eine Erinnerung. Es versucht, wie die anderen Bücher dieser neuen Taschenbuchreihe, denjenigen biblischen Gestalten in unserem kulturellen Gedächtnis wieder einen Namen und ein Gesicht zu geben, die durch andere Namen und Gesichter verstellt oder an den Rand gedrängt worden sind. Dabei kann sich zeigen, dass die biblischen Gestalten so etwas wie die verborgene Grammatik unserer Kultur und des christlichen Glaubens darstellen. Über Jahrtausende haben sie unser Sprachvermögen geprägt und die nicht vergehenden Menschheitsfragen nach Glück und Unglück, Leid und Freude, Tod und Leben, Sinn und Absurdität gestellt. Damit wurden sie nicht nur zu Vorbildern des Glaubens, sondern zu bleibenden Exempeln gelingenden und auch misslingenden Lebens.

Dieses Buch ging aus einer Vorlesung hervor, die im Wintersemester 1999/2000 für Studierende aller Studiengänge der Evangelischen Theologie gehalten wurde. Den Studierenden habe ich manche Anregung zu danken. Noch während ich am Manuskript arbeitete, gingen Bilder durch Presse und Fernsehen, die die Schändung des Josefsgrabes in Nablus, dem biblischen Sichem, zeigten. Plötzlich gewann die biblische Gestalt eine bedrängende Aktualität. Gräber wurden und werden mit Besitzansprüchen aufgeladen, die ein friedliches Miteinander von Palästinensern und Israelis erschweren. Die Erinnerung an Josef möchte daher auch eine Erinnerung an die gemeinsamen Wurzeln von Juden, Christen und Muslimen sein. An Josef zerbrach eine Familie und durch ihn fand sie wieder versöhnt zusammen. Ist es nicht denkbar, dass auch die Familie der drei großen monotheistischen Religionen in der Erinnerung an ihn lernt, als Brüder und Schwestern friedlich miteinander zu leben?

Die Darstellung kann und will keine historische, sondern eine literarische Biographie Josefs entwerfen, die vor allem versucht, die überlieferten Texte wahrzunehmen. Eine Diskussion mit der uferlosen Sekundärliteratur konnte dabei dem Charakter der Reihe entsprechend nur am Rande geführt werden. Die Kenner der Materie werden ohnehin erkennen, wo der Autor eigene Wege ging.

Hin und wieder wurden hebräische Worte und Wendungen nicht nur in deutscher Übersetzung geboten, sondern in einer vereinfachten Umschrift, die es auch Lesern ohne Hebräischkenntnisse erlaubt, diese auszusprechen. Sie dienen einem vertieften Textverständnis und wollen vor allem Strukturen und Querbezüge verdeutlichen. Der biblische Gottesname JHWH (Tetragramm) wurde durchweg ohne Vokale wiedergegeben, um anzudeuten, dass er im Judentum bei der Aussprache vor jeder Form von Missbrauch geschützt wird, und daher Umschreibungen an seine Stelle treten. Anstelle des geschriebenen JHWH kann daher *Adonaj* gesprochen werden.

Zu danken habe ich Herrn stud. theol. Kay Weißflog für die Mithilfe beim Lesen der Korrekturen und der Evangelischen Verlagsanstalt, vor allem Frau Dr. Annette Weidhas, für die sorgfältige Betreuung des Projektes der Biblischen Gestalten und ihre Aufnahme in das Verlagsprogramm.

Leipzig, den 10. Januar 2001 Rüdiger Lux

VORWORT ZUR 2. AUFLAGE

Das Buch über Josef und seine Geschichte in der Bibel Israels hat wie auch die anderen inzwischen 27 Bände der Taschenbuchreihe »Biblische Gestalten« bei seinen Lesern eine freundliche Aufnahme gefunden, sodass eine zweite Auflage notwendig geworden ist. Da die Forschungen zur Josefsgeschichte in den vergangenen Jahren nicht geruht haben, wurde neuere und neuste Literatur eingearbeitet, die mir geholfen hat, meine eigene Sicht der Dinge zu präzisieren und um zusätzliche Aspekte zu bereichern. Dafür, dass dies dem Charakter der Reihe entsprechend nur in sehr begrenztem Umfang möglich war, bitte ich um Verständnis. Die Herausgeber der »Biblischen Gestalten« legen nach wie vor Wert darauf, dass die Leser über den gegenwärtigen Stand und unterschiedliche Positionen der Forschung knapp informiert werden, um sich mit Hilfe der erwähnten Sekundärliteratur eine eigene Meinung zur Sache bilden zu können. Eine ausführliche Darstellung und kritische Erörterung der Forschungsergebnisse ist nicht das Anliegen der Reihe. Vielmehr verfolgt sie auch weiterhin die Absicht, die Gestalten der biblischen Geschichte und Geschichten den Leserinnen und Lesern möglichst lebendig vor Augen treten zu lassen.

An der Konzeption des Bandes wurden keine Veränderungen vorgenommen. Über weite Strecken blieb der Text unverändert und wurde lediglich durch wenige zusätzliche Anmerkungen ergänzt. Stehen gebliebene Fehler wurden ausgemerzt.

Die Literatur wird bei ihrer erstmaligen Erwähnung mit dem vollen Titel aufgeführt, danach nur noch durch Verfassernamen und Titelstichworte, die zu einer leichten Auffindung im Literaturverzeichnis führen.

Ich hoffe, dass auch die zweite Auflage viele Leser und Leserinnen dazu reizt, der Spur des »fremden« Josef in der Bibel zu folgen, um in ihm und seiner Geschichte eigene Lebenserfahrungen in einer veränderten Perspektive wahrnehmen zu können.

Leipzig, im September 2013 Rüdiger Lux

»Ich begann die Geschichten der Bibel zu lesen: ein Riss; und der Abgrund Mensch klaffte auf.«

Franz Fühmann

A EINFÜHRUNG

1. Bekanntes erinnern

An Selbstbewusstsein fehlte es ihm nicht, dem Siebzehnjährigen, der davon träumte, dass sich selbst Sonne, Mond und Sterne vor ihm zur Erde warfen. Geliebt von seinem Vater, gehasst von den Brüdern; der nach dem Licht der Sterne griff, landete in einer dunklen Grube; verraten und verkauft nach Ägypten und doch schon wieder auf dem Weg nach oben; geschätzt und geachtet von seinem Herrn Potifar, geliebt und ins Unglück gestürzt von seiner Herrin; im Gefängnis vergessen, gerühmt und gefördert vom Pharao; ein Habenichts aus Kanaan, der ganz Ägypten und seinen Nachbarn den Hunger stillt; ein harter Prüfer der Brüder und doch voller Tränen der Versöhnung … Josef hat viele Spuren der Erinnerung im kulturellen Gedächtnis derjenigen Völker hinterlassen, die in der Tradition der drei großen monotheistischen Religionen Judentum, Christentum und Islam stehen. Auf welchem Wege auch immer er uns begegnete, ob beim Betrachten der Bilder Rembrandts oder Marc Chagalls, bei der Lektüre von Thomas Manns Romantetralogie »Josef und seine Brüder«, in Kindergottesdienst, Christenlehre und Religionsunterricht oder bei der eigenen Bibellektüre, dieser junge Mann und seine Geschichte wussten zu beeindrucken. Wie lässt sich die eigentümliche Faszination deuten, die von dieser biblischen Gestalt ausgeht? Sie hat wohl etwas mit dem »Abgrund Mensch« zu tun, den Franz Fühmann beim Lesen der Bibel entdeckte. Denn selbst derjenige, der der Gestalt Josefs in seinem Leben bisher noch nicht begegnete, wird beim ersten aufmerksamen Hören von ihm das Gefühl nicht los, dass ihm da vieles ganz bekannt vorkommt. Dass ein Vater seine Lieblingskinder hat, dass es Streit unter Brüdern bis hin zum tödlichen Hass gibt, dass einer glaubt, er sei zum Herrschen bestimmt, dass die verschmähte Liebe einer Frau zum Fallstrick wird, dass ein unter unglücklichen Umständen in die Fremde Verschlagener dort zu außergewöhnlichem Ruhm und Ansehen gelangt, alles das ist ja nicht nur ein einziges Mal geschehen. Es geschieht immer wieder und wiederholt sich in unzähligen Varianten bis auf den heutigen Tag. Hier werden menschliche Grundkonstellationen zur Darstellung gebracht, der »Riss«, der durch unser aller Leben geht, hat in Josef Gestalt angenommen. Hinter dem uns bekannten Josef der Bibel steht der anonyme Josef. In ihm verdichten sich archetypische Lebenserfahrungen, die den Eindruck der Nähe selbst demjenigen vermitteln, dem der bekannte Josef bisher ein Namenloser blieb.

Ist es das Geheimnis dieser Nähe, das der Josefserzählung einen sicheren Platz im Kanon derjenigen Bibeltexte garantiert, die für das häusliche Erzählen, den Kindergottesdienst und Religionsunterricht empfohlen werden? Gehört sie deswegen zum Pflichtrepertoire von Pfarrern, Katechetinnen und Religionslehrerinnen?

»Wie der Sommer und der Sternenhimmel, wie Freude und Kindheit rühren und packen diese Geschichten die menschliche Seele mit ihrer erhabenen Einfachheit, ihrem hohen

Ernst und ihrer wundersamen Schönheit. Für die sittliche und religiöse Erziehung der Kinder sind sie daher völlig unersetzlich.«[1]

»J.(oseph) ist die lieblichste Idealgestalt der Bibel, die Erwachsene wie Kinder immer von neuem fesselt. Seine kleinen Jugendfehler sühnt er durch bescheidene Pflichttreue bei Potifar und menschenfreundliche Dienstfertigkeit im Gefängnis; an Weisheit, Keuschheit, Familientreue, Großmut im Vergeben und kindlicher Gottgläubigkeit überragt er den Durchschnitt.«[2]

Diese beiden Stimmen von Rabbinern aus der ersten Hälfte des 20. Jhs. stehen stellvertretend für viele, die den außerordentlichen Rang betonen, der der Gestalt Josefs im Rahmen der jüdischen Erziehung und Wertebildung bis in die Gegenwart hinein eingeräumt wird. Für die christliche Religionspädagogik ist die Erzählung von Josef geradezu eine »Modellgeschichte« geworden:

»Modellcharakter hat die Josephsgeschichte vor allem durch die darin dargestellten Rivalitäten erhalten, die sie ja auch für den Schulanfänger attraktiv machen. Psychologie und Gruppendynamik sind aus diesem Grund auf die Josephsgeschichte aufmerksam geworden und haben unser didaktisches Sensorium verfeinert.«[3]

Inwiefern aber kann ein Text, der so tief in einer antiken, traditionsgeleiteten Gesellschaft verankert ist, zu

---

1 J. H. Hertz, Pentateuch und Haftaroth mit Kommentar, Bd. I, Zürich 1984, 308.

2 H. Fuchs, Jüdisches Lexikon, Bd. III, Frankfurt a. M. [2]1987, 329.

3 R. u. O. Wullschleger, Mit Joseph nach Ägypten. 24 Unterrichtsentwürfe für die Grundschule, Zürich 1994, 9.

einem religionspädagogischen Leittext für das 21. Jh. werden? Der Alttestamentler Gerhard von Rad hat eine kleine, treffliche Skizze der Josefsgeschichte mit dem Satz beendet:

»Ohne Frage, in ihrer Zeit war die Josephsgeschichte eine moderne Erzählung, und Joseph war ein moderner Mensch.«[4]

Ist sie das aber auch noch für *unsere* Zeit, eine moderne Erzählung? Worin könnte ihre bislang nicht überholte Modernität bestehen? Lässt sie sich darauf beschränken, ein Modell für Geschwisterrivalitäten und Strategien zu ihrer friedlichen Beilegung zu sein? Kommt der Leser dem Geheimnis ihrer Modernität auf die Spur, wenn man sie als Materiallieferant zur Bewusstmachung gruppendynamischer Prozesse nutzt? Diese Fragen wollen den behaupteten religionspädagogischen Modellcharakter der Josefserzählung keineswegs bestreiten. Dem Bibelleser ist es erlaubt, den alten Texten mit seinen modernen Fragestellungen zu begegnen. Er sollte sich dabei aber immer deutlich machen, dass uns diese klassischen Texte, die zu den tragenden Grundlagen unserer europäischen Kultur wurden, möglicherweise noch über die Moderne und unser Fragen hinausführen. Könnte das Geheimnis ihrer Modernität darin bestehen, dass sie gerade nicht in der Moderne aufgehen? Steckt in ihnen das Dynamit, das den oft gar nicht wahrgenommenen Kerker der Moderne zu sprengen vermag? Das anhaltende Interesse von Kindern, Eltern, Pädagogen, Wissenschaftlern und Künstlern, von Bibellesern und Erzählern mit den

4 G. v. Rad, Gottes Wirken in Israel, Neukirchen 1974, 22–41, Zit. 41.

unterschiedlichsten Intentionen, macht deutlich, dass sich die »Modernität« dieser Gestalt und ihrer Geschichten immer wieder aufs Neue durchzusetzen vermag. Es ist ihnen zuzutrauen, dass sie dazu in der Lage sind, sich auch noch die Herzen derjenigen Menschen zu erschließen, die dem Zeitalter der Moderne längst entwachsen sind und die Lust daran verloren haben, das Lied der Postmoderne mitzusingen.

2. Fremdes erkunden

Die »Modernität«, die in den Erzählungen von Josef immer wieder aufblitzt, ihre unverhoffte Nähe, hat allerdings auch ihre Tücken. Sie suggeriert oft ein falsches Bescheidwissen, eine trügerische Vertrautheit und eine respektlose Familiarität, mit denen wir die alten Texte vereinnahmen. Sperriges wird ausgeblendet, Unverständliches übersprungen. Was der sogenannten Moderne nicht ins Konzept passt, wird zu den Akten längst vergangener Tage und einer überkommenen Moral gelegt. Die Erzählung wird durch die Mühle unserer oft schon unbewussten Verbrauchermentalität gedreht, auf vermeintliche geistige, geistliche oder auch moralische Aktualitäten und Werte hin abgeklopft. Das vordergründig Brauchbare wird dann dem verdutzten Publikum als das scheinbar Moderne angerichtet. Das, was dem »Zeitgeist« hingegen nicht schmeckt, fällt als ungenießbarer Brocken unter den Tisch der Geschichte.

Diese Verwertungsmentalität von Texten, die versucht ist, sie dem jeweils herrschenden Weltverständnis und Wertegefüge der Gesellschaft einzupassen, steht in der Gefahr, in ihnen nur noch das zu suchen und dann auch zu finden, was ohnehin schon jeder weiß. Dagegen kann es hilfreich sein, sich die Provokation des Schriftstellers Jürgen Rennert gefallen zu lassen, der der Frage »Was soll mir die Bibel?« mit der Antwort begegnete:

»Die Bibel soll mir gar nichts. Sie kann mir. Und – aber das ist schon Glaubenssache – sie wird mir.
Daß sie mir nichts soll, wie ich sage, will nur verdeutlichen, daß ich nicht an ihrer allgemeinen Nützlichkeit, ihrem attestierten Gebrauchswert, ihrem so oder so gearteten jeweiligen Leumund interessiert bin [...] Allein die bloße Existenz der Bibel beweist, gemessen an der geringen Dauerhaftigkeit unserer eigenen Existenz, schon fast die Ewigkeit. Wenn hier einer zu fragen hat nach dem *Soll* und dem *Was*, dann nicht der Mensch, sondern die Bibel. Und sie ist es ja auch, die uns die unverschämte Frage seit Jahrtausenden in den Hals zurückstopft und uns im Halse herumdreht, bis sie immer wieder einmal, und am klarsten nach Katastrophen, heraustönt: *Was soll mir der Mensch?*«[5]

Nicht nur wir haben das Recht, Fragen zu stellen. Ein »Gespräch mit Josef« wird erst dann spannend, wenn wir uns plötzlich als die Befragten wiederfinden. Darauf käme es an, dass wir Josef als Fremden in unser Leben hineinsprechen lassen, als einen, der unsere Alltäglichkeiten und Selbstverständlichkeiten aufbricht. Es könnte ja sein, dass unsere Normalitäten gar nicht so normal sind, dass unsere Vernünftigkeiten sich als der pure Leichtsinn erweisen, dass sich in unsere Aufgeklärtheit längst wieder der Aberglaube eingeschlichen hat, dass das, was für uns Sinn macht, letztlich nichts als ein ganz alltäglicher Unsinn ist.

5 J. Rennert, Angewandte Prosa, Berlin 1983, 56.

Es gibt individuelle und gesellschaftliche Lebenssituationen, die vollkommen geschlossen sind. Und am gefährlichsten sind sie dann, wenn wir diese Geschlossenheit gar nicht mehr empfinden. Wie entgeht man dem Gefängnis des Vertrauten, Alltäglichen, scheinbar Bewährten, Normalen? Durch die Erkundung des Fremden, durch ein Spiel mit den Welten. Denn es gibt ja in der einen Welt, in der wir leben, eine Fülle unterschiedlicher, uns fremder Lebenswelten und -entwürfe. Von Zeit zu Zeit tut es der eigenen Welt gut, wenn sie sich diesen fremden Welten aussetzt und mit ihnen ins Gespräch kommt.

Das wird also auch unsere Aufgabe sein, die Welt Josefs als eine fremde Welt zu entdecken. Josef hat ein Recht darauf, mit seiner eigenen Stimme in unserer Welt gehört zu werden und ihr zu widersprechen. Und wenn sie uns zu bekannt und nahe scheint, die Welt des Josef, dann tun wir vielleicht gut daran, zunächst einmal auf Distanz zu gehen, sie nicht sofort zu unserer Welt zu erklären. Aus dem Abstand können die Konturen oft präziser gesehen werden. Ja häufig hilft die Verfremdung eines Textes dazu, diesen besser wahrzunehmen, Aspekte an ihm zu entdecken, die der gewohnten Lesart verborgen blieben. So stellt der Dichter »Mutmaßungen über Joseph« an, die gerade dadurch, dass sie über den Text hinausschießen, in ihn hineinführen:

»Zeugen gab's keine. Nur Behauptungen und Gerüchte. Ferner ein wendbares Corpus delicti. Aus seinem Stoff werden noch immer die billigsten Komödien geschneidert. Gelacht wird auf Josephs Kosten: Wollen wollte er sicher, bloß können konnte er nicht.

Niemand weint um Potiphars Frau. Josephs Schönheit, selbst der Chronist saß ihr auf, verführte sie zur Verführung. Ihr

blieb nichts als seine beschämende Moral im Mantel der Flucht.
Können konnte er sicher, bloß wollen wollte er nicht. Niemand weint um Joseph und seine Unwilligkeit.
Nichts blieb ihm als Beschämung. In ihren alles verlangenden Händen: ein Stück seiner wendbaren Moralität.«[6]

Josef nicht nur ein Opfer von Potifars Frau? Die Frau Potifars nicht nur Verführerin, sondern auch Verführte? Der Nackte, der flieht vom Bett der Fremden, nicht nur der Beschämte sondern auch der Beschämende? Und wenn Josef konnte, aber nicht wollte, warum wollte er nicht? Aus Furcht vor Menschen oder vor Gott (vgl. 1. Mose 39,9)?

Verlangt der Text von uns auch Aufmerksamkeit für das, was er nicht sagt? Sind es nicht gerade die Leerstellen, die unsere Mitarbeit beim Lesen herausfordern?[7] Ist die Welt Josefs in den Erzählungen von 1. Mose 37–50 gleichsam festgeschrieben? Oder ist es eine offene Welt der Widersprüche und Mehrdeutigkeiten, in vielen Farben schillernd? Und wenn sich die Texte nicht festschreiben lassen, ihre Deutungen und Bedeutungen unterschiedliche Lesarten zulassen, was oder wer kann dann verhindern, dass sich die Interpretationen nicht in Beliebigkeit auflösen?

---

6 Der Text stammt von J. Rennert in: D. Fischer (Hg.), Dialog mit der Bibel. Malerei und Grafik aus der DDR zu biblischen Themen, Berlin 1984, 44.

7 Siehe dazu U. Eco, Lector in fabula. Die Mitarbeit der Interpretation in erzählenden Texten, München/Wien 1987.

3. Woher wissen wir von Josef?

Der Sohn Rahels und Jakobs begegnet uns ausschließlich in der Hebräischen Bibel, unserem Alten Testament. Es gibt keine außerbiblischen Dokumente, in denen er erwähnt würde. Alle Versuche, die Gestalt Josefs in ägyptischen Quellen etwa ausfindig zu machen, halten einer kritischen Prüfung bisher jedenfalls nicht stand. Zwar gibt es Belege dafür, dass auch Asiaten, also Fremde, in Ägypten in höchste Staatsämter aufsteigen konnten, wie z. B. ein aus Syrien stammender Beamter mit dem Namen *Bay* oder *Beya*.[8]

Abb. 1: Vornehmer Syrer, erkennbar an seiner Haartracht. Elfenbeinschnitzerei aus dem Grab Tutanchamuns (14. Jh. v. Chr.)

8 Vgl. dazu W. Helck, Die Beziehungen Ägyptens zu Vorderasien im 3. und 2. Jahrtausend v. Chr., ÄA 5, Wiesbaden ^{2}1971, 371.

Eine Identität solcher ausländischer Amtsinhaber mit Josef, dem Sohn Jakobs, konnte aber bisher nicht nachgewiesen werden.[9] Damit ist noch kein abschließendes Urteil über die mögliche Historizität der Josefsgestalt gefällt. Dieser Befund besagt lediglich, dass diese bisher anhand außerbiblischer Quellen (noch?) nicht belegt werden konnte. Das stellt uns vor die Aufgabe, den Charakter der biblischen Quellen selbst schärfer in den Blick zu nehmen.

Dabei haben wir zunächst darauf zu achten, dass die Josefserzählung Teil einer Großerzählung ist. Diese beginnt mit 1. Mose 1, einer Schöpfungserzählung, und endet in 2. Kön 25 mit der Eroberung Jerusalems durch die Babylonier und der Zerstörung des ersten Tempels im Jahr 587 v. Chr. An diesem aus mehreren biblischen Büchern bestehenden Geschichtswerk, das nicht der Feder eines einzelnen Autors entstammt, sondern das Ergebnis eines Jahrhunderte andauernden Überlieferungsprozesses darstellt, schrieben viele Generationen.[10] Das Volk Israel gab sich darin eine verbindliche Deutung seiner Geschichte. Das, was da er-

---

9 Vgl. die ausführlichere Diskussion bei N. P. Lemche, Die Vorgeschichte Israels. Von den Anfängen bis zum Ausgang des 13. Jahrhunderts v. Chr., BE 1, Stuttgart u. a. 1996, 47–51. Der ägyptische Hintergrund zur Josefserzählung wurde in den Studien von J. Vergote (Joseph en Egypte Genèse chapitre 37–50 à la lumière des études égyptologiques récentes, OBL 3, Louvain 1959), D. B. Redford (A Study of the Biblical Story of Joseph [Genesis 37–50], VTSuppl 20, Leiden 1970) und M. Fieger/S. Hodel-Hoenes (Der Einzug in Ägypten. Ein Beitrag zur alttestamentlichen Josefsgeschichte, Bern u. a. 2007) ausgeleuchtet, die freilich zu sehr unterschiedlichen Ergebnissen kommen.

10 Vgl. dazu O. Kaiser, Der Gott des Alten Testaments. Theologie des AT 1: Grundlegung, Göttingen 1993, 159ff. und R. G. Kratz, Die Komposition der erzählenden Bücher des Alten Testaments, UTB 2157, Göttingen 2000.

zählt wird, ist nicht die Geschichte wie sie faktisch geschah, die der Historiker heute zu rekonstruieren versucht. Es ist das Bild, das sich dieses Volk selbst von seiner Geschichte gemacht hat und gleichsam als »offizielles Geschichtsbild« für sich bestimmend werden ließ. In ihm kommt das Selbst-, Welt- und Gottesverständnis Israels zum Ausdruck. Hier hat sich ein Volk seine Existenz durch die Zeiten hindurch gedeutet.

Dass uns die Josefserzählung in einem größeren literarischen Kontext begegnet, wirft bereits eine ganze Reihe von Fragen auf: Kann und will sie nur aus diesem Kontext heraus gelesen und gedeutet werden? Wurde sie für diesen Kontext geschaffen oder existierte sie ursprünglich als selbständige Erzählung unabhängig von ihm? Welche Funktionen erfüllt sie in dem vorliegenden Großgeschichtswerk?

Fragt man nach dem Platz, den Josef in diesem Kontext einnimmt, dann fällt sofort auf, dass es sich in mehrfacher Hinsicht um eine Schwellengestalt handelt. Literarisch verbindet er die Erzähltraditionen von den Erzvätern im 1. Buch Mose mit dem Exodus im 2. Buch Mose. Als Person verbindet er die Vorgeschichte Israels, die Zeit der Erzeltern (1. Mose 11,27–50,26), mit den Anfängen der Volksgeschichte (2. Mose 1,1–8). Geographisch verbindet er die in Kanaan weilenden Erzväter und Erzmütter Israels mit dem in der Fremde, in Ägypten, weilenden Israel. Es handelt sich bei Josef also um eine Übergangsfigur, die unterschiedliche Traditionen, Texte, Zeiten, Gruppen und geographische Räume überbrückt. Übergangsgestalten werden in der Geschichtsschreibung oft marginalisiert und in ihrer Bedeutung unterschätzt. Wir tun daher gut daran, zunächst einmal die Erzählungen von Josef selbst aufmerksam zur Kenntnis zu nehmen.

Zu dieser Aufmerksamkeit gehört die Frage nach dem Umfang und dem näheren literarischen Kontext der Josefserzählung. In der Regel werden ihr die Kapitel 1. Mose 37–50 zugerechnet. Dabei wird aber sofort deutlich, dass sie unauflöslich in die Erzählungen von Jakob, seinen Frauen und seinen Söhnen (1. Mose 27–50,14) verwoben ist. Daher ist es gar nicht leicht, die Josefserzählung von ihrem Kontext klar abzugrenzen. Ihr Anfang in 1. Mose 37,2 setzt bei ihren Lesern schon die Kenntnis der Gestalt Josefs voraus. Und das kann sie auch, da bereits in 1. Mose 30,22–24 von seiner Geburt die Rede war. Diese Geburtsnotiz, auf deren Kenntnis der Erzähler aufbauen konnte, steht wie ein Vorzeichen vor der »eigentlichen« Josefserzählung. Wo endet sie? Häufig lässt man sie in 1. Mose 50,15–26 mit dem Bericht von Josefs Tod schließen. Doch handelt es sich auch dabei um ein merkwürdig offenes Ende. Denn in 1. Mose 50,26 wird erzählt, dass man Josef nach seinem Tod der Landessitte in Ägypten entsprechend einbalsamiert und in einen Sarg gelegt habe. Es ist aber nicht davon die Rede, dass er begraben wurde. Vielmehr nahm er seinen Brüdern einen Eid ab, ihn wie Jakob nicht in fremder Erde, sondern in Kanaan zu bestatten (50,25). Es ist dann nicht mehr die Josefserzählung im engeren Sinne die von der Einlösung dieses Schwurs erzählt. In 2. Mose 13,19 erfahren wir, dass Mose Josefs Gebeine beim Auszug aus Ägypten mitnahm. Und erst am Ende des Josuabuches (Jos 24,32) ist schließlich davon die Rede, dass er in Sichem begraben worden sei. Damit schließt sich nicht nur ein Lebenskreis, sondern auch ein Lebensweg. Die Gebeine Josefs finden exakt an dem Ort im Lande Kanaan ihre letzte Ruhe, an dem die Irrwege und Abwege Josefs ihren Ausgang nahmen (vgl. 1. Mose 37,12 f.). Auch diese Nachgeschichte lässt die Josefserzählung aus der Rückschau noch einmal in einem eigenen Licht erscheinen. Sie sollte daher wie die Vorgeschichte in unsere Darstellung der biblischen Gestalt Josefs miteinbezogen werden.

4. Story and History

Der einzige Zugang, den wir zur Welt Josefs haben, ist der über die Poesie[11]. Josef ist ein Kind der erzählenden Dichtkunst, eines Meisters der Prosa. Deswegen tut derjenige, der sich auf Josef einlässt, zunächst einmal gut daran, sich ganz und gar in seine poetische Welt einzuleben. Poetische Welten sind »konstruierte« Welten. Ihr Verhältnis zur Wirklichkeit ist vielschichtig. Erzählte poetische Welten sind mehr als ein Abbild unserer Welt, eine Bauzeichnung der Wirklichkeit. In ihnen wird nicht nur erzählt, was war oder was ist. In ihnen kann auch lebendig werden, wie es hätte sein können oder wie es sein soll. Sie enthalten also immer bereits die Deutungen der Wirklichkeit, die Entwürfe von Welt, die die Erzähler im Herzen tragen. Deuten und konstruieren muss der Erzähler ja in jedem Falle. Keinem Erzähler ist es möglich, seine ganze Welt zu erzählen. Immer muss er einzelne Bausteine aus seiner Welt auswählen und sie sorgfältig zu einer neuen Welt zusammenfügen, der *Welt der Erzählung*. Dieses Grundgesetz der Erzählkunst gilt unabhängig davon, ob sich der Erzähler die Aufgabe gestellt hat, Ereignisse zu erzählen, die historisch verifizierbar sind, oder ob das von ihm erzählte Geschehen frei erfunden ist. Es wäre ein Irrtum zu meinen, bei der Historie ginge es allein um die *Fak-*

11 Der Begriff steht hier in seiner weiteren, alle Formen der Dichtung umfassenden Bedeutung.

ten, während es sich bei den erfundenen Geschichten lediglich um *Fiktionen* handele. Auch der Historiker präsentiert nicht nur Fakten, sondern ist immer schon in ihre Deutung und Interpretation verstrickt. Allein die Art der Auswahl der historischen Fakten ist ein Akt ihrer Deutung. Was berichtet uns der Biograph einer historischen Persönlichkeit von ihr, was lässt er weg? In diesem Auswahlverfahren offenbart sich eine ganz bestimmte Sicht, ein Interesse, das der Historiker an seiner darzustellenden Person oder dem zu behandelnden Geschehen hat. Es ist nicht die Welt, wie sie war, die wir aus der Feder des Historikers kennen lernen, sondern die Welt, wie sie aus seiner Perspektive gewesen sein könnte, sein Entwurf von der Geschichte.[12]

So wie sich also die Nacherzählung der Historie nicht aufs Faktische reduzieren lässt, so beschränkt sich nun andererseits die Erzählung des Literaten, der seine erzählten Figuren und Ereignisse frei erfindet, nicht aufs Fiktive. Denn es ist ja nicht so, dass die erdachten Erzählungen gar nichts mit unserer Wirklichkeit zu tun hätten. Ein Schriftsteller, der in einer Erzählung einen Konflikt unter Brüdern darstellt, ist ja mit seinen erdachten Figuren oft ganz dicht dran an unserer Wirklichkeit. Da wird nicht das Geschehen auf einem fremden Stern gestaltet, sondern eine handfeste Realität beschrieben, die uns immer wieder begegnet, nicht zuletzt im Verhältnis zwischen Josef und seinen Brüdern. Auch der Literat setzt narrative Bausteine aus seiner Lebenswelt zusammen und baut aus ihnen eine eigene poetische Welt.[13] Der Leser wird auf diese Art und Weise zum Wanderer zwischen zwei Welten. Die

---

12 Zum Problem der Geschichte und ihrer Darstellung vgl. die nach wie vor lesenswerte Einführung von S. HERRMANN, Zeit und Geschichte, Stuttgart u. a. 1977.

konkrete an Zeit und Stunde gebundene Lebenswelt des Autors und seiner Leser fließt immer mit ein in die erzählte Welt. Und die erzählte Welt der Poesie erhebt wiederum ihre Stimme in der konkreten Lebenswelt ihrer Leser. Es ist die Literatur, die uns das heiterernste Spiel mit den Welten ermöglicht. Sie hilft uns dabei, auf Distanz zu uns selbst und unserer Welt zu gehen und ihren Geheimnissen gerade aus der Distanz näherzukommen.

In allem Erzählen mischen sich also Fakten und Fiktionen. Es kommt daher immer darauf an, das spezifische Verhältnis einer Erzählung zur Wirklichkeit zu erfassen. Auf welche Wirklichkeit bezieht sich die uns erzählte Welt von Jakob, Josef und seinen Brüdern? Auf die Wirklichkeit konkreter, individueller geschichtlicher Persönlichkeiten, die irgendwann in der zweiten Hälfte des 2. Jts. v. Chr. zwischen der Levante und Ägypten einmal gelebt, geliebt, gelitten und miteinander gestritten haben? Beziehen sie sich auf die Wirklichkeit der Leser, für die ein Erzähler diese Geschichten »erfunden« und aufgeschrieben hat? Inwieweit spiegelt sich in ihnen die Wirklichkeit des Erzählers? In welchem Verhältnis steht die *erzählte Zeit*, in der der Erzähler seine Figuren und Ereignisse auf die Bühne der Geschichte und seiner Geschichten treten lässt, im Falle Josefs die der Erzeltern Israels, zur *Zeit der Erzählung*, in der der Autor seinen Lesern oder Hörern diese Geschichte mitteilt?[14]

---

13 Eine gewisse Ausnahme von dieser Regel bildet die Sciencefiction-Literatur, die sich weithin in (noch) nicht realen, fantastischen Welten bewegt. Allerdings kommt auch diese nicht ohne Anleihen an der Welt der Realitäten aus und lässt diese immer wieder in ihre phantastischen Welten hineinragen.

14 Vgl. zu dem vielschichtigen Problem des Verhältnisses von Zeit

Der Erzähler war schon immer ein Meister in der Inszenierung des Spiels mit unterschiedlichen Welten. Von seinem Standort aus ist er dazu in der Lage, die gesamte Welt der Erzählung zu organisieren. Er ist ein Souverän über Raum und Zeit. In Windeseile kann er ungeheure Entfernungen überspringen, den Leser von Palästina nach Ägypten versetzen. Er muss sich nicht an den uns vertrauten Lauf der Zeit halten. Früheres kann nachgeholt, dort erwähnt werden, wo es ihm sinnvoll erscheint. Späteres kann vorweggenommen werden, um eine ganz bestimmte Leserperspektive zu eröffnen. Nicht die Gestalten der Erzählung, sondern der Erzähler ist der heimliche Herr des Geschehens. Wenn er ihnen das Wort erteilt, sprechen sie ihren Part. Und wenn er es ihnen entzieht, müssen sie schweigen.

Wer allerdings glaubt, dass damit der Willkür Tor und Tür geöffnet sei, der irrt. Denn auch der Erzähler ist seinerseits an bestimmte Konventionen gebunden. Sein Spiel mit dem Raum und der Zeit muss immer so angelegt sein, dass es dem Hörer oder Leser möglich ist, die ihm erzählte Welt auch zu entschlüsseln.[15] Seine Erzählung muss sich an dem Wissen ausrichten, das seine Leser von der Welt haben. So können wir z. B. davon ausgehen, dass die Leser der Josefsgeschichte darum wussten, welchen Titel der Herrscher von Ägypten trug. Deswegen kann der Autor von dem Augenblick an, in dem Josef ägyptischen Boden betritt, auch vom Pharao reden (1. Mose 39,1), ohne dies sei-

---

und Erzählung das Standardwerk von P. Ricoeur, Zeit und Erzählung, Bd. I u. II, München 1988/89.

15 Siehe dazu S. Bar-Efrat, Wie die Bibel erzählt. Alttestamentliche Texte als literarische Kunstwerke verstehen, Gütersloh 2006, 155 ff.

nen Lesern erklären zu müssen. Hätte er Josef ins Zweistromland verschleppen lassen, um ihn dort am Hofe eines »Pharao« zu platzieren, dann hätte das sicherlich die Kritik der Leser an der Ahnungslosigkeit des Autors provoziert. Zu der den Lesern bekannten Welt gehörten wohl auch die Midianiter und Ismaeliter, die im Karawanenhandel mit Ägypten eine hervorgehobene Rolle spielten (1. Mose 37,25 ff.). Hätte der Erzähler sie zur Seefahrernation gemacht, die Josef mit einem Schiff nach Ägypten entführten, dann hätte ihm wohl auch das nur ein Kopfschütteln eingebracht. Der Erzähler muss sich also um eine gewisse Plausibilität des von ihm Erzählten bemühen. Wohl kann er frei erfinden, aber das Erfundene darf nicht aus dem Rahmen der den Lesern vorstellbaren Welt fallen.

Die Erzählforschung hat einige Grundregeln entdeckt, denen jeder Erzähler unterworfen ist.[16]

- Er muss es verstehen, seinen Erzählstoff zu kondensieren. Da er nicht alles erzählen kann, nicht jede Stunde und jede Begegnung im Leben Josefs, ist er darauf angewiesen, Unwichtiges auszulassen, Wegstrecken und Zeitstrecken zu überspringen (Kondensierungszwang).
- Wenn es notwendig ist, muss er den Stoff seiner Erzählung dehnen und ins Detail gehen, indem er den Lesern vermutlich Unbekanntes erklärt, z. B. Mimik oder Gestik einer Figur beschreibt, die im realen Geschehen im Bruchteil einer Sekunde zu erfassen wären (Detaillierungszwang).

16 Zu einigen wichtigen Aspekten der pragmatischen Erzähltextanalyse, die hier folgen vgl. meine Studie zum Jonabuch. R. Lux, Jona – Prophet zwischen »Verweigerung« und »Gehorsam«, FRLANT 162, Göttingen 1992. Dort weiterführende Literatur.

- Einmal eingeführte Personen und Ereignisse müssen zu einem für den Leser bzw. Hörer befriedigenden Abschluss gebracht werden. Hätte er seine Erzählung von Josef mit 1. Mose 39 enden lassen, dann wären seine Hörer wohl kaum befriedigt gewesen. Dieses Kapitel schreit geradezu nach einem Fortsetzungsroman (Gestaltschließungszwang).
- Er muss die erzählte, poetische Welt so gestalten, dass sie sich der Leser durch sein Weltwissen erschließen kann. Dabei ist es notwendig, die erzählte Welt an den Plausibilitäten der Lebenswelt des Erzählers und seiner Hörer zu orientieren (Plausibilitätszwang).
- Vor allem aber darf der Erzähler eines nicht sein: ein Langweiler! In diesem Falle würde er die Aufmerksamkeit seines Publikums, das unterhalten sein will, riskieren. Die Langeweile lässt sich auf vielerlei Weise vermeiden. Als Faustregel gilt aber wohl immer noch, dass nicht das Normale, ohnehin jedermann Bekannte interessiert, sondern das Außergewöhnliche, Ereignisse, die die Normalität des Alltags durchbrechen. So war es eben alles andere als normal, dass einer der jüngsten Brüder über seine älteren Brüder und seine Eltern zu herrschen begehrte (1. Mose 37,8 ff.). Und es war wohl immer noch die Ausnahme und nicht die Regel, wenn es einem Fremden gelang, zum zweitwichtigsten Mann in Ägypten aufzusteigen (1. Mose 41,37 ff.). Nicht das gerade, reibungslose Leben interessiert, sondern das, das voller Umwege und Widersprüche steckt (Unterhaltungszwang).

Wenn wir die Welt der Erzählung von Josef und seinen Brüdern betreten, um uns einer biblischen Gestalt zu nähern, dann darf also nicht vergessen werden, in welcher Welt wir uns dabei bewegen. Es ist die Welt der erzählenden Poesie! Und erst wenn wir uns auf ihre ganz eigene Wirklichkeit eingelassen haben, soll danach gefragt werden, auf welche Wirklichkeit sich die erzählte Welt von Josef bezieht. Hat sie etwas mit der Zeit der Erzeltern in Israel zu tun? Ist sie auf einen Stamm oder eine Stämmegruppe zu beziehen, das »Haus Josef« (vgl. Jos 17,17; Ri 1,22; 2. Sam 19,21 u. ö.)? In welcher Weise bezieht sie sich auf die Welt des Erzählers und seiner Leser? Nur wer den Text wirklich kennt und gelernt hat, ihn nach seinen eigenen Regeln zu lesen, darf auf sinnvolle Antworten hoffen, wenn er versucht, gleichsam einen Blick hinter die Kulissen zu werfen. Vielleicht findet er dort noch einige Requisiten, die Hinweise auf die Identität der »Schauspieler« (Josef und seine Brüder), ihrer »Zuschauer« (Leser) und des »Bühnenautors« (Erzähler) enthalten. Genauso wichtig aber wie ein Blick hinter die Kulissen wird schließlich der Blick in den Zuschauerraum sein, in dem wir als vorläufig letzte Leser sitzen. Welcher Funke sprang von dem Geschehen auf der Bühne auf die jeweiligen Zuschauer über? Wie nahmen sie das Stück auf, wie verstanden sie es, wie erzählten sie es weiter? Unser Interesse wird sich daher nicht auf die *Darstellung* der Erzählung und der in ihr agierenden Personen beschränken (B), sondern auch nach den *Wirkungen* fragen (C), die die Welt der Erzählung von Josef und seinen Brüdern immer neu aus sich entlässt.

5. Biographie oder Hagiographie?

Versteht man die Biographie im eigentlichen Wortsinn als eine Lebensbeschreibung, dann lassen sich die biblischen Texte über Josef durchaus in diesem Sinne deuten. Immerhin berichten sie ja über eine Zeitspanne, die von seiner Geburt (1. Mose 30,22–24) bis zu seinem

Begräbnis in Sichem (Jos 24,32) reicht. Doch wird man schnell merken, dass diese Biographie Josefs enorme Lücken aufweist. Außer einer Notiz in 1. Mose 33,2.7 erfahren wir nichts über seine Kindheit. Und das, was dort berichtet wurde, lässt lediglich auf eine bestimmte Rangfolge, bzw. Nähe zu Jakob, seinem Vater, schließen. Am Anfang der Josefserzählung im engeren Sinne steht uns dann bereits der junge, siebzehnjährige Mann vor Augen (1. Mose 37,2). Danach kann der Leser seine ägyptische Karriere mitverfolgen. Auf ihrem Höhepunkt ist Josef 30 Jahre alt (1. Mose 41,46). Addiert man die weiteren Zeitangaben der Josefserzählung (7 fette Jahre [1. Mose 41,53] + 2 Hungerjahre [47,18] + 17 Jahre von der Ankunft Jakobs in Ägypten bis zu seinem Tod [47,28]), dann war Josef beim Tod des Vaters 56 Jahre alt. Unmittelbar an die Episode vom Begräbnis Jakobs (1. Mose 50,1–14) schließt sich die Versöhnungsszene Josefs mit seinen Brüdern (50,15–21) und ein kurzer Bericht über sein eigenes Ende an (50,22–26). Bei seinem Tod ist Josef 110 Jahre alt (50,22). Über die zweite Hälfte seines Lebens in Ägypten erfahren wir demnach außer einigen summarischen Notizen in 50,23 überhaupt nichts mehr. Der Erzähler hat also keine geschlossene Biographie vorgelegt. Vielmehr fokussierte sich sein Interesse fast ausschließlich auf die besondere Lebensphase Josefs in Ägypten zwischen seinem 17. und seinem 56. Lebensjahr. Was vor und nach dieser Lebensspanne geschah, war ihm entweder nicht bekannt oder kaum mitteilenswert. Das macht es schwierig, Josefs Biographie ausschließlich an den mitgeteilten Lebensdaten auszurichten.

Allerdings entspricht dieser Befund – bei aller Unterschiedlichkeit – den antiken Biographien, die in erster Linie am »öffentlichen Leben« eines Menschen interessiert waren. »Wie ein Mensch seine Tätigkeit erfüllt hat, was er zum Wohl der Mitmenschen geleistet hat, welche Tugenden ihn auszeichneten, die Erfahrungen, die er gemacht hat, das soll den Göttern und der Nachwelt überliefert werden.«[17] Die Josefserzählung lehnt sich offensichtlich an dieses Muster antiker Biographien an, indem sie ein gesteigertes Interesse daran hat, den Aufstieg Josefs vom Hütejungen in ein öffentliches Amt darzustellen. Insofern teilt sie mit den antiken Biographien auch das Interesse am Typischen.[18] In durchaus konventionellen Erzählmustern (die Erwählung des Jüngeren, die Versuchung durch die fremde Frau, die Bewährungsprobe vor einem Mächtigen, die Amtseinsetzung) wird uns Josef vor Augen gestellt. Klaus Baltzer hat darauf aufmerksam gemacht, »wie wenig in den antiken Biographien Entwicklungen dargestellt werden. Einzelne Topoi werden mehr oder weniger unverbunden nebeneinander gestellt«[19]. Auch die Josefserzählung nähert sich nicht der Gattung des neuzeitlichen Entwicklungsromanes an. Sie stellt uns ihren Helden in seiner Gottesfurcht und Weisheit gleichsam als vollendeten, reifen und in jeder Weise vorbildlichen Charakter vor Augen.[20]

---

17 K. Baltzer, Die Biographie der Propheten, Neukirchen-Vluyn 1975, 20f.

18 So hat A. Meinhold (Die Gattung der Josephsgeschichte und des Estherbuches: Diasporanovelle, ZAW 87, 1975, 306–324; 88, 1976, 72–93) ein gemeinsames Gattungsformular herausgearbeitet, das der Josefserzählung und dem Estherbuch zugrunde liegt. Die Typisierung biographischer Erzählungen lässt sich auch an der berühmten Geschichte des Ägypters Sinuhe (TUAT III/5, 884ff.) verdeutlichen. Vgl. dazu ebenfalls A. Meinhold, Die Geschichte des Sinuhe und die alttestamentliche Diasporanovelle, Wiss. Zs. der E.-M.-Arndt-Univ. Greifswald, 1971, 277–281.

19 K. Baltzer, Biographie, 20.

20 Lediglich einige Aussagen in 1. Mose 37 könnten dahingehend

Dieses Bestreben der Typisierung menschlicher Lebensläufe entspricht dem altorientalischen Geschichtsdenken. Es unterscheidet sich von unserem modernen Geschichtsverständnis darin, dass es nicht in erster Linie am Einmaligen, Besonderen, Kontingenten, sondern am sich stets Wiederholenden, Beständigen und Regelmäßigen interessiert ist.[21] »Geschichte war für den gesamten Alten Orient entscheidend Erfüllung von immerseienden mythischen Mustern.«[22] Insofern kann man von der Josefserzählung auch als einer *Idealbiographie* sprechen. Sie beschreibt den unaufhaltsamen Aufstieg eines schönen, in jeder Weise geschickten und gottesfürchtigen Jünglings vom Hütejungen zum zweiten Mann im Staate Ägypten. Diese »Aufstiegsgeschichte« lässt viele Gemeinsamkeiten mit der des späteren Königs David erkennen.[23] Auch er, ein Knabe »mit schönen Augen und von guter Gestalt« hütet als jüngster Sohn des Bethlehemiters Isai die Schafe seines Vaters, wird vor seinen älteren Brüdern erwählt und zum König gesalbt. Am Hofe Sauls setzt er sich durch Geschick, Talent, Mut und Gottesfurcht gegen alle Schwierigkeiten und Nachstellungen durch und erlangt schließlich die ihm zugedachte königliche Würde (1. Sam 16 – 2. Sam 5).[24]

---

gedeutet werden, dass dem jungen Josef noch eine gewisse Leichtfertigkeit und naive Unbekümmertheit zu eigen war.

21 Vgl. dazu H. Gese, Geschichtliches Denken im Alten Orient und im Alten Testament, ZThK 55, 1958, 127–145.

22 So E. Brunner-Traut, Frühformen des Erkennens. Am Beispiel Ägyptens, Darmstadt 1990, 99f. Siehe dazu auch J. Assmann, Stein und Zeit. Das ›monumentale Gedächtnis‹, in: J. Assmann/T. Hölscher (Hg.), Kultur und Gedächtnis, Frankfurt a. M. 1988, 87–114.

23 Darauf macht auch W. Dietrich (Die Josephserzählung als Novelle und Geschichtsschreibung. Zugleich ein Beitrag zur Pentateuchfrage, BThSt 14, Neukirchen-Vluyn 1989, 72f.) aufmerksam.

Insoweit können antike Biographien fast den Charakter einer *Hagiographie*[25] annehmen, die in erbaulicher Form die großen Taten und Wunder eines Heiligen darstellt, Bewunderung wecken und zur Nachahmung ermuntern will. Die Verehrung der Patriarchengräber in Hebron und des Josefsgrabes bei Sichem bis zum heutigen Tag lässt erkennen, dass diese im Herzen der Israelpilger aller Zeiten gleichsam zu Heiligen erhoben wurden.

Typisierung, Idealisierung und »Heiligsprechung« sind aber nur ein Aspekt, der antike Biographien kennzeichnet. Ihre Lückenhaftigkeit und die Konzentration auf das öffentliche Wirken der beschriebenen Person legen häufig noch einen anderen, fast gegenläufigen Aspekt offen. Es ist ja nicht die möglichst lückenlose Folge der Jahre, die ein Leben erzählenswert macht, sondern die Ereignisse sind es, die diese normale Abfolge durchbrechen, dem Lebensweg eine unerwartete Richtung geben, vorgezeichnete Bahnen abschneiden und neue Horizonte eröffnen. Nicht die Regel, sondern die Regelwidrigkeit, nicht das Normale, sondern der Normalitätsbruch bringen Spannung in die Erzählung. Dass einer, der als Haussklave nach Ägypten verkauft wurde, dort eine grandiose Karriere macht, war – wie schon erwähnt – sicherlich nicht die Regel, sondern überaus außergewöhnlich und bestaunenswert. Dass Josef der Unordnung, in die sein Leben gestoßen wurde, stets eine neue Ordnung abzuringen wusste

---

24 Siehe dazu W. Dietrich, Die frühe Königszeit in Israel. 10. Jahrhundert v. Chr., BE 3, Stuttgart 1997, 59 ff.

25 Vgl. dazu D. H. Farmer, Hagiographie, TRE 14, 360 ff. Allerdings fehlt der Josefserzählung wie auch der Aufstiegsgeschichte Davids das für Hagiographien im engeren Sinne wichtige Moment des Märtyrertodes.

und wie er das tat, das interessierte die Leser. An ihm wird exemplarisch vorgeführt, wie ein Mensch sein persönliches »Lebenschaos« zu zähmen und in geordnete Bahnen zu überführen vermag: nicht dadurch, dass er die Regeln und Tugenden (Weisheit, Gottesfurcht, Treue) hinter sich lässt, sondern dass er sie in allen Regelwidrigkeiten und unter chaotischen Bedingungen bewährt! Die Idealbiographie spürt daher nicht selten dem Typischen, Vorbildlichen in gänzlich untypischen und extraordinären Lebenssituationen nach. Genau davon weiß die Josefserzählung zu berichten.

»Die Winde spielten müde mit den Palmen noch,
So dunkel war es schon um Mittag in der Wüste,
Und Joseph sah den Engel nicht,
der ihn vom Himmel grüßte ...«

Else Lasker-Schüler

B DARSTELLUNG

1. Vorgeschichte

1.1. ›dies sind die Geschlechter Jakobs‹

Wären wir lediglich auf die Josefserzählung in 1. Mose 37–50 angewiesen, so wüssten wir wenig über Josefs Familiengeschichte. Nur durch ihre Einbettung in die Erzählungen von den Erzeltern Israels (1. Mose 12–36)[26] erfahren wir mehr über die Herkunftsfamilien, aus denen Josef hervorging. Diejenigen Kreise in Israel, die die Erzählungen von Abraham und Sara, Isaak und Rebekka, Jakob, Lea und Rahel mit der Geschichte Josefs verknüpften, waren offensichtlich daran interessiert, die Leser von Kapitel 37–50 mit einem Grundwissen über die Herkunftsfamilie Josefs auszustatten, das sich in der Josefserzählung selbst nicht findet. Gleichzeitig gaben sie damit eine Leseperspektive vor, die dem Leser helfen sollte, sich die folgende umfäng-

26 Vgl. zu den Erzelternerzählungen vor allem die grundlegenden Arbeiten von E. Blum, Die Komposition der Vätergeschichte, WMANT 57, Neukirchen-Vluyn 1984 und I. Fischer, Die Erzeltern Israels, BZAW 222, Berlin/New York 1994.

liche Erzählung über Josef und seine Brüder zu deuten.

Für die Behauptung, dass die Erzählungen von den Erzeltern und die Josefserzählung ursprünglich als selbständige Erzählkomplexe existierten und erst nachträglich im späteren 1. Buch Mose zusammengestellt wurden, sprechen viele Indizien. Da wäre zunächst auf den vollkommen anderen literarischen Charakter der Erzelternerzählungen hinzuweisen. In ihnen handelt es sich um eine Vielzahl von selbständigen Einzelgeschichten und ursprünglich voneinander unabhängigen Episoden, die aneinandergereiht und in Erzählkränzen gesammelt wurden. Die Josefserzählung erweist sich hingegen als ein planvolles Ganzes. Sie ist weniger das Produkt eines fleißigen Sammlers. Vielmehr lässt sich in ihr die Hand *eines* (?)[27] sorgfältigen Erzählers nachweisen, der seine Erzählung so durchkomponierte, dass sich eine Episode sinnvoll aus der vorhergehenden ergab. Während man daher von den Erzelternerzählungen fast zwangsläufig im Plural reden muss, lässt sich mit Fug und Recht behaupten, dass es sich bei der Josefserzählung um *eine* Großerzählung handelt.

Ein weiteres Indiz für die ursprüngliche Selbständigkeit der Josefserzählung ist das Gliederungssystem, mit dem spätere Bearbeiter, aller Wahrscheinlichkeit nach priesterliche Kreise im Exil (6. Jh. v. Chr.),[28] die un-

---

27 Das gilt vor allem für die Kapitel, die nach unserem ersten Überblick nicht als spätere Einfügungen und Zusätze kenntlich gemacht wurden. Zu den wahrscheinlich nachträglich eingefügten Texten 1. Mose 38;46,1–5a.8–27;48;49,1–28 kommen weitere kleine Zusätze hinzu, die sich vor allem der priesterschriftlichen Bearbeitung der Erzählung verdanken.

28 Dabei handelt es sich um diejenige literarische Schicht, die die alttestamentliche Wissenschaft als Priesterschrift (P) bezeich-

terschiedlichen literarischen Stoffe im 1. Buch Mose zusammenfügten. Die Josefserzählung setzt mit den Worten *'eläh tol^{e}dot ja'akob* (dies sind die Generationenfolgen Jakobs) ein (37,2). Vergleichbare *Toledot-Formeln* finden sich noch in 1. Mose 2,4b; 6,9;11,27;25,19. Sie teilen den Stoff des 1. Buches Mose in fünf Epochen ein:

- die Epoche vor der Flut (2,4b–6,8);
- das Zeitalter Noahs (6,9–11,26);
- die Terachzeit (11,27–25,18);
- die Isaakepoche (25,19–37,1) und
- die Jakobepoche (37,2–50,26).

Entscheidend für das Verständnis dieser Toledot-Formeln ist es, dass die Epochen, die sie einleiten, nicht identisch sind mit der Lebenszeit der in ihnen genannten Personen, also Noahs, Terachs, Isaaks und Jakobs. Vielmehr gehen sie weit über diese Ur- und Erzväter hinaus und nehmen die Generationenfolgen in Blick, die von diesen Urvätern ausgingen, also ihre Nachkommen. So erzählen die Toledot Noahs von dessen Söhnen und Nachkommen, die Toledot Terachs von Abraham, die Toledot Isaaks von Jakob und Esau und – wie nun nicht mehr anders zu erwarten – die Toledot Jakobs, die in 37,2 einsetzt, von Josef, seinen Brüdern und Söhnen. Daher haben also schon die ersten literarischen Bearbeiter der im 1. Buch Mose zusammengestellten Stoffe erkannt, dass mit der Josefserzählung, so eng sie auch mit den Erzelternerzählungen verbunden sein mag, etwas Neues begann, eben nicht nur ein

---

net. Sie hebt sich aufgrund ihrer sprachlichen, theologischen und konzeptionellen Eigenheiten recht deutlich von dem sonstigen Textmaterial in den ersten vier Büchern Mose ab. Siehe dazu vor allem E. Blum, Studien zur Komposition des Pentateuch, BZAW 189, Berlin/New York 1990, und Th. Pola, Die ursprüngliche Priesterschrift, WMANT 70, Neukirchen-Vluyn 1995.

neuer literarischer Stil, sondern auch ein neues Zeitalter. Gleichzeitig integrierten sie damit aber die in ihrem Charakter ganz eigene Josefsgeschichte in eine genealogische Weltordnung.[29] Was in ihr mitgeteilt wurde, war kein Zufallsprodukt, sondern ließ sich in einer langen Kette von Generationen bis an die Anfänge von Welt und Menschheit zurückverfolgen. Diese genealogische Weltordnung eröffnete allerdings nicht nur einen Blick zurück, sondern auch nach vorn. Wenn die Toledot Jakobs vom Geschick seiner Kinder und Kindeskinder erzählen (vgl. 46,8–27), dann berichteten sie ja damit gleichzeitig von den Stammvätern Israels (49,1–28), auf die sich die israelitischen Leser der Josefserzählung selbst zurückbezogen. Die genealogische Verknüpfung der literarischen Stoffe ermöglichte also auch eine genealogische Zuordnung der Josefserzählung zu ihren Lesern. Sie wurde zu »ihrer« Familiengeschichte, in die sie sich als Nachkommen Jakob/Israels mit hineingenommen wussten. Das genealogische Gerüst machte die erzählte Geschichte zu einer »familiären« Angelegenheit. Auf diesem Wege konnte sie als eigene Geschichte angenommen und bewohnt werden.

Bevor wir uns den Eltern Josefs zuwenden, sei nur noch auf eine Kleinigkeit aufmerksam gemacht, die ebenfalls darauf hindeutet, dass die Jakobserzählungen und die Josefsgeschichte nicht von allem Anfang an als Einheit konzipiert worden sind. Während wir in 1. Mose 35,16 ff. vom Tode Rahels, der Mutter Josefs, erfahren, ist diese offensichtlich in 37,10 noch am Le-

---

29 Vgl. R. Lux, Geschichte als Erfahrung, Erinnerung und Erzählung in der priesterschriftlichen Rezeption der Josefsnovelle, in: Ders. (Hg.), Erzählte Geschichte, BThSt 40, Neukirchen-Vluyn 2000, 147–180, bes. 152 ff.

ben. Auch an einem solchen widersprüchlichen Detail wird erkennbar, dass beide literarische Überlieferungsblöcke ursprünglich wohl ein Eigenleben führten, bevor man sie zusammenfügte.[30]

1.2. *›Rebekka aber hatte Jakob lieb‹*[31]

Jakob war der Sohn des Erzvaters Isaak und der Erzmutter Rebekka. Die Frau Isaaks, Rebekka, kam aus Abrahams mesopotamischer Verwandtschaft (1. Mose 24). Sie war die Tochter des Aramäers Betuel und Schwester Labans, ein Umstand, der für das spätere Leben Jakobs noch bedeutsam sein sollte. Von Rebekka wird erzählt, dass sie zunächst unfruchtbar gewesen sei. Erst nachdem Isaak Gott gebeten habe, diese Not von ihr zu nehmen (1. Mose 25,21), wurde sie schwanger und trug Zwillinge im Leibe. Die Erzählung von der Geburt und den Anfängen der beiden Brüder (1. Mose 25,19–34) nimmt bereits vorweg, was ihr späteres Leben prägte. Sie streiten sich und gehen sich aus dem Wege! Schon im Mutterleib sollen sich die Zwillinge nicht vertragen haben. Und als Rebekka JHWH, den Gott Israels, darüber befragte, wurde ihr offenbart:

»Zwei Völker sind in deinem Leibe, und zwei Nationen werden von dir ausgehen. Die eine Nation wird der anderen

---

30 Zu alternativen Deutungen der Unstimmigkeit in der Zeitfolge zwischen Gen 35 und 37 siehe jetzt den umfangreichen Kommentar von J. Ebach, Genesis 37–50, HThKAT, Freiburg u. a. 2007, 68 ff. und 627.

31 Zu den Jakobserzählungen siehe außer den in Anm. 26 genannten Arbeiten von E. Blum und I. Fischer die Studien von H. M. Wahl, Die Jakobserzählungen, BZAW 258, Berlin/New York 1997, und R. A. Klein, Jakob. Wie Gott auf krummen Linien gerade schreibt, BG 17, Leipzig 2007.

überlegen sein, und die ältere wird der jüngeren dienen.«
1. Mose 25,23

Damit werden die beiden Zwillingssöhne Isaaks und Rebekkas, Esau und Jakob, zu Stammvätern zweier Völker bestimmt, nämlich Israels und Edoms. Die späteren kriegerischen Auseinandersetzungen zwischen Israel (= Jakob) und Edom (= Esau) verlagerten die biblischen Erzähler bereits in den Mutterleib.[32] Wichtig aber für uns ist, dass schon in den Jakobserzählungen das Motiv von der Unterwerfung des älteren Bruders (Volkes) unter den jüngeren begegnet. Dieses Motiv durchzieht die Jakobserzählungen weithin. Unmittelbar bei der Geburt habe Jakob seinen Bruder Esau, der zuerst geboren wurde, an der Ferse festgehalten, als wolle er ihm den Vortritt nicht lassen (V. 26). Die Verschiedenheit der beiden Brüder wird von den Erzählern zusätzlich dadurch unterstrichen, dass sie diese unterschiedlichen kulturellen Milieus zuordnen. Esau wird ein wilder, ungestümer Jäger, während Jakob ein »rechtschaffener Zeltbewohner« gewesen sei, eben ein friedlicher Kleinviehnomade (V. 27). Während Isaak Esau, den älteren Sohn, wegen seines Wildbrets liebte, das er von den Streifzügen als Jäger mitbrachte, gehörte die Liebe Rebekkas ganz dem jüngeren Jakob. Die Liebe der Eltern gegenüber den Zwillingsbrüdern war also geteilt (V. 28). Jakob gelingt es jedenfalls, dem Esau gegen das sprichwörtlich gewordene »Linsengericht« sein Erstgeburtsrecht abzumarkten (V. 29–34). Schließlich erschleicht er sich auch noch durch ein lis-

32 Zu den Auseinandersetzungen zwischen den Israeliten und den Edomitern vgl. 4. Mose 20,14 ff.; 1. Sam 14,47; 2. Sam 8,13 f.; 2. Kön 14,7; Jer 49,7 ff.; Ez 25,12 ff.;35; Joel 4,19; Obd 1 ff.; Mal 1,2 ff.

tiges Manöver und unter tatkräftiger Mithilfe seiner Mutter Rebekka den Erstgeburtssegen von seinem erblindeten und dem Sterben nahen Vater Isaak (1. Mose 27). Dies hat zur Folge, dass Jakob von nun an seinem Bruder Esau aus dem Wege gehen muss, der auf Rache sinnt. Der listige Betrüger wird mit dem Segen seines Vaters (1. Mose 28,1ff.) zur Verwandtschaft seiner Mutter in Mesopotamien, nach Haran, geschickt, in das Haus seines Onkels Laban (1. Mose 27,41–46). Jakob, der jüngere Lieblingssohn Rebekkas, nicht ganz unschuldig an den dunklen Gedanken, die sein älterer Bruder Esau gegen ihn hegt, muss also seine Familie verlassen und den Weg in die Fremde antreten. Er flieht, dient in Labans Familie als Hausknecht, findet dort Rahel, seine große Liebe, um die er selbst betrogen wird, und macht gegen alle Widrigkeiten in der Fremde am Ende doch noch sein Glück. Rahel wird um den harten Preis von weiteren sieben Jahren als Knecht im Hause des Schwiegervaters die Seine. Kinder werden ihm geboren, und mit List und Tücke gelingt es ihm, zum reichen Herdenbesitzer zu werden (1. Mose 29–30).

Bei der Lektüre der Jakobserzählungen wandern die Gedanken fast unwillkürlich hinüber zur Geschichte von Josef, seinem Sohn. Trotz aller Unterschiedlichkeit im literarischen Charakter und in den erzählerischen Stoffen, die verarbeitet wurden, gibt es auffallende Motivüberschneidungen und Strukturparallelen. Auch Josef, der jüngere Lieblingssohn Jakobs, nicht ganz unschuldig am Hass, den die älteren Brüder gegen ihn hegen, wird gezwungen, den bitteren Weg in die Fremde anzutreten, in der er zunächst als Haussklave dient und nach einer Reihe schmerzlicher Wirren schließlich doch sein Glück macht. Wiederholt sich im Geschick Josefs unter anderen Bedingungen und in anderem Kontext das Geschick Jakobs, seines Vaters, oder wenigstens ein Teil davon? Stehen die Söhne unter dem Zwang, immer wieder die ausgetretenen Pfade der Väter nachzugehen? Gibt es da irgendeine verborgene Macht in der Geschichte, die die Generationen im Kreise führt, sie nicht über den Weg und das Maß der Väter hinausgelangen lässt? Findet sich im Geschick Jakobs eine mehr oder weniger deutliche Präfiguration des Geschickes Josefs? Sind die Söhne dazu verurteilt, den ungeschriebenen Gesetzen und Konventionen der Väter zu folgen?

Wenigstens dies wird man behaupten dürfen, dass sich die biblischen Erzähler an narrative Konventionen gebunden fühlten. Da werden stets von Neuem biographische Konstellationen wie archetypische Grundmuster des Lebens durchgespielt: die anfängliche Unfruchtbarkeit der Erzmütter Sara, Rebekka und Rahel; die Vorliebe der Eltern für eines ihrer Kinder; das Trachten nach Überlegenheit des jüngeren über den älteren Bruder; der Streit, der die Brüder entzweit und einen in die Fremde treibt, in der der Vertriebene dann doch sein Glück macht. Alles dies kam offensichtlich in der Lebenswelt der Erzähler vor, aber es war wohl weder die Norm noch das Normale. Die Normen und Ideale einer traditionsgeleiteten Gesellschaft sahen anders aus. Sie waren gekennzeichnet durch einen möglichst reichen Kindersegen (vgl. Ps 127,3ff.;128,3ff.), dadurch, dass die Brüder »friedlich beieinander wohnen« (Ps 133,1), dass die älteren, erstgeborenen Brüder einen Vorzug und ein Vorrecht vor den jüngeren haben (1. Mose 49,3; 5. Mose 21,15ff.), dass man gerade nicht »unstet und flüchtig« (1. Mose 4,14) umherschweifen, sondern »im Lande bleiben und sich redlich nähren möge« (Ps 37,3). Wer ging schon ohne Not in die Fremde (vgl. 1. Mose 12,10;26,1; Rut

1,1; 2. Kön 8,1)? Was die Erzähler offensichtlich faszinierte, war die Bewältigung des Anormalen. Wie verhielten sich Menschen, wenn ihr Leben aus der Bahn geworfen wurde, wenn es nicht in den Schablonen der Alltagsnormalität und Alltagsmoralität aufging? Daran, an der Durchbrechung des Gewohnten und Geregelten arbeiteten sie sich immer wieder ab. In immer neuen Variationen bieten sie es ihren Lesern dar. Auf diese Weise entsteht eine eigentümliche Dialektik. Das Anormale erscheint uns vordergründig als Norm, als Gesetz, als Fluch und Segen der Väter, der das Leben der Söhne und Töchter bestimmt. Seit dem Aufbruch Terachs aus Ur in Chaldäa (1. Mose 11,31) begegnet uns eine schier unaufhörliche Kette von Durchbrechungen des Normalen. Immer wieder die Unfruchtbarkeit der Erzmütter Israels (Sara, Rebekka, Rahel), immer wieder der Streit zwischen Brüdern und Verwandten (Abraham und Lot, Jakob und Esau, Josef und seine Brüder), immer wieder der Aufbruch in ein unbekanntes, fremdes Land (Abraham, Jakob, Josef)! Doch dieses »immer wieder« ist eben nicht die Regel, sondern die Ausnahme, die immer wieder variantenreich bestaunt, durchgespielt, erzählt, bedacht und aufgeschrieben wird. Drängt sich da nicht der Eindruck auf, dass diese Durchbrechungen des Alltäglichen die Erzähler und ihre Hörerinnen und Hörer derartig beunruhigten, dass sie diese – wie unter einem Zwang stehend – stets neu besprachen und durcharbeiteten, um sie erzählend zu zähmen und wieder einzufangen in den Netzen ihrer sozialen und moralischen Normalitäten? Bannten und beschworen sie mit dem immer neuen Erzählen des Außergewöhnlichen und doch nicht Einmaligen die Angst, selbst einmal davon überrollt zu werden? War ihnen das Erzählen ein Dienst an der Weltordnung, indem sie die außerordentlichen und unordentlichen Geschichten der Erzeltern Israels bis zu dem Punkt vorantrieben, an dem die beunruhigenden Regelwidrigkeiten einmündeten in ein Regelwerk, das sich gleichsam hinter den menschlichen Lebensregeln auftat? Entdeckten sie in den Durchbrechungen des Alltäglichen einen Durchbruch zu JHWH, dem Gott Israels, der sich eben nicht einbinden ließ in menschliche Regelwerke, sondern die Väter und Mütter Israels auf seine ganz eigene und ungewöhnliche Weise führte? Die Erzählung also nicht nur eine Angst- und Verhaltenstherapie, ein Ringen um die Weltordnung, sondern in der Beunruhigung durch das Ungewöhnliche auch ein Tasten nach dem so außergewöhnlichen Gott vom Sinai und Zion, der nicht in menschlichen Ordnungen, Normen und Bildern aufging?

Die Jakobserzählungen haben uns in Fragen verwickelt, die sich – nicht nur bei der Beschäftigung mit Josef – immer von Neuem einstellen werden. Wie ist das mit dem Zusammenhang der Generationen, dem Band zwischen Vätern und Söhnen? Welche Leidenschaft ist es, die die Erzähler immer wieder antreibt, das Ungewöhnliche und Regellose wenigstens im Regelwerk der Sprache und der Texte festzuhalten? Was oder wen stellt der Schriftsteller mit der Schrift? Seine eigene Unruhe und Angst vor dem Zerbrechen von notwendigen Ordnungen und Lebensregeln? Wie ist der Gott der Väter am Zerbrechen und Gelingen des Lebens beteiligt?

Wenn wir noch einmal an die Weissagung von den beiden Völkern in Rebekkas Leib denken (1. Mose 25,23), dann war es ja JHWH selbst, der diesen Gang der Dinge voraussagte, die Feindschaft der Brüder (Völker), die Überlegenheit des jüngeren über den älteren. Ließ der Erzähler Gott hier lediglich feststellen, was dann auch so geschah, oder musste es so kommen, weil der Gott Israels es so wollte? War der Streit der Brüder, Jakobs Weg in die Fremde, der *providentia Dei*, der Vorhersehung Gottes, geschuldet? Stand er also weniger unter dem »Zwang der Gene« oder dem »Gesetz der Väter« als unter dem Zwang Gottes, determiniert nicht in erster Linie durch Blut und Erziehung, sondern durch die Gottesbeziehung, in der er sich vorfand? Und wenn dies so war, wie war es dann um Jakobs Freiheit bestellt? Bestand die *providentia Dei* vielleicht weniger darin, dass der Gott Jakobs diesem seinen Weg Schritt für Schritt vorschrieb, als eher darin, dass er auch auf seinen Umwegen nicht von ihm ließ, sondern *vorausblickend* bei ihm war, ihn behütete und führte (1. Mose 28,15)? Auch die Bedeutung der »Fürsorge« kann ja das lateinische Wort *providentia* annehmen. Und jede Beziehung, in der ich mich vorfinde, lebt, wenn sie denn lebt, von beidem, vom Festhalten und Loslassen, Eigensorge und Fürsorge, Freiheit und Bindung. In Jakobs Traum von der Himmelsleiter auf der Durchreise durch Bethel offenbart sich ihm solch ein vorausblickender, fürsorglicher Gott (1. Mose 28,10–15). Er hält ihn nicht von dem Weg ab, auf den ihn die Eltern schickten und den er gezwungenermaßen wegen der Rachegedanken Esaus gehen musste. Aber er lässt ihn auf dieser Flucht in die Fremde auch nicht allein und nicht ohne Hoffnung auf Rückkehr.

Auf der Suche nach Josef werden wir dieser Spannung immer wieder begegnen, die die Erzähler Israels in stets neuen Anläufen zur Sprache bringen. Wie ist es bestellt um das Miteinander, Ineinander und Gegeneinander des menschlichen Willens und des Willens Gottes, von Freiheit und Determination, von Selbstbestimmung und Fremdbestimmung? Schließen sie sich zumindest auf der theologischen Ebene gegenseitig aus, weil es für den Menschen keine andere Wahl gibt, als die der Anerkennung der unvergleichlichen Überlegenheit Gottes über den Menschen? Oder hat Israel im erzählenden Nachgehen der Wege der Väter entdeckt, dass in der Gottesbeziehung Raum für beides bleibt? Rabbi Akiba jedenfalls konnte dies, das Undenkbare zusammendenken. Er lehrte in den »Sprüchen der Väter«:

»Alles ist vorhergesehen, aber es ist Willensfreiheit gegeben.«
Av 3,19[33]

1.3. ›und Jakob gewann Rahel lieb‹

In Mesopotamien an einem Brunnen, lernte Jakob Rahel kennen. Sie war die jüngere Tochter seines Onkels Laban und pflegte dort die Schafe ihres Vaters zu tränken (1. Mose 29). Auch hier bedient sich der Erzähler beliebter Motive. Die Erstbegegnung am Brunnen gehörte im Orient zur Liebesgeschichte wie das Stelldichein unter der Dorflinde unserer Groß- und Urgroßmütter. Am Brunnen traf man sich nach getaner Arbeit, versorgte das Vieh mit Wasser, füllte selbst die Krüge mit frischem Nass, tauschte Neuigkeiten aus, holte Erkundigungen ein und knüpfte erste zarte Bande. Auch der Knecht Abrahams wurde einst nach Mesopotamien geschickt, um dort aus dem Hause Nahors, des Verwandten, für Isaak eine Frau zu holen.

---

33 Siehe dazu F. W. Marquardt, Jüdische Freiheit – christlich bedacht, in: E. L. Ehrlich/B. Klappert/U. Ast (Hg.), »Wie gut sind deine Zelte Jaakow …«, FS R. Mayer, Gerlingen 1986, 208–220.

Und als er in die Nähe Harans kam, traf er ebenfalls Rebekka, die Tochter Betuels und Schwester Labans, am Brunnen (1. Mose 24). Mose lernt seine Frau Zippora an einem Brunnen in Midian beim Tränken des Kleinviehs kennen (2. Mose 2,15 ff.). Der Brunnen war mehr als nur ein Wasserspender. Hier gingen Geschichten von Mund zu Mund, Fremde stellten sich am Brunnen ein und ließen sich einladen in eines der Häuser zur Nacht (Joh 4).

Jakob, der noch vor Rahels Eintreffen erfahren hatte, dass da Labans Tochter mit den Schafen käme, bewährt sich als braver Kavalier. Er wälzt den schweren Stein vom Wasserloch und tränkt die Schafe Rahels (1. Mose 29,10). War das mehr als eine Höflichkeitsgeste, mit der er sich das Haus Labans öffnen wollte? Diente er bereits dem Laban, noch bevor er dessen Haus betreten hatte? Wollte er sich durch Hilfsbereitschaft seinem Onkel und späteren Schwiegervater empfehlen? Deutet der Erzähler mit dieser Geste an, dass mit dem Erscheinen Jakobs in der Familie Labans dieser diejenigen Dienste übernahm, die bisher dessen jüngste Tochter Rahel versah?

Erst nach diesem Akt der Höflichkeit kommen die Emotionen zu ihrem Recht:

»Und Jakob küsste Rahel, erhob seine Stimme und weinte. Und Jakob erzählte Rahel, dass er ein Verwandter ihres Vaters und der Sohn Rebekkas sei.« 1. Mose 29,11 f.

Die Kommentatoren waren über die Abfolge dieser Vorstellung häufig verwundert. Der Kuss, die Tränen und erst am Ende die Enthüllung der eigenen Identität? Hatte ihn Rahels Schönheit derart überwältigt, dass er sich außer Stande sah, die Sitte zu wahren? *Calvin* glaubte in seiner Genesisauslegung, Mose, den er für den Verfasser dieses Textes hielt, sei hier ein Fehler unterlaufen.[34] Doch was war denn Sitte im Umgang junger Leute im alten Israel? Das Hohelied Salomos lässt deutlich erkennen, dass sich Liebende mehr Freiheit zugestanden als nach der bürgerlichen Moral mancher Ausleger erlaubt war.[35] War das nur ein durchaus üblicher Kuss unter Verwandten (vgl. V. 13)?[36] Oder wollte der Erzähler damit doch ein Signal setzen: Liebe auf den ersten Blick? Diese schöne Schäferin und keine andere! Doch warum folgten dann dem Kuss die Tränen? Waren es Tränen der Erleichterung, dass er nach der langen Flucht in die Fremde endlich die Familie seiner Mutter gefunden hatte? Hoffte er, nachdem er die eigene Familie verlassen musste, auf soziale Geborgenheit in einer neuen Familie? Auch die biblischen Erzähler verstanden viel von der menschlichen Psyche. Wollten sie mit dem Kuss und den Tränen, die der Vorstellung Jakobs vorausgingen, die aufgewühlten Emotionen zum Ausdruck bringen, die den Flüchtling in der Fremde bewegten? Einerseits das Entzücken an der hübschen Schäferin und die Freude, endlich zur Familie seiner Mutter gefunden zu haben, andererseits die Traurigkeit über den Verlust seiner eigenen Familie?

So jedenfalls kam Jakob durch Rahel, seine spätere Frau, in das Haus Labans, seines Onkels. Zur Klärung der Situation und um die Gastfreundschaft nicht über alle Maßen zu strapazieren schließen die beiden einen Heiratsvertrag. Jakob erbittet sich von Laban Rahel zur

---

34 Nach G. v. Rad, Das erste Buch Mose, ATD 2–4, Berlin 1967, 251.

35 Siehe zu 1. Mose 29,11 und Hld 8,1 O. Keel, Das Hohelied, ZBK.AT, Zürich 1986, 238 ff.

36 Vgl. auch 1. Mose 31,28;32,1;33,4;45,15; 2. Mose 4,27;18,7; 1. Kön 19,20; Rut 1,9.

Frau und will ihm sieben Jahre dafür dienen (V. 18). Doch von nun an kann nicht mehr von Rahel die Rede sein, ohne gleichzeitig auf Lea, ihre ältere Schwester, einzugehen. Von beiden heißt es:

»Die Augen Leas waren schwach, Rahel aber war von schöner Gestalt und schönem Aussehen.« 1. Mose 29,17

Wie immer man auch die Aussage über Leas Augen (-leiden?) zu deuten hat, die Gegenüberstellung zu Rahel legt nahe, dass es sich um einen Schönheitsfehler handelte.[37] Jedenfalls kam sie als künftige Ehefrau für Jakob nicht infrage. Das Motiv von den beiden ungleichen Schwestern (hübsch – hässlich, faul – fleißig, gut – böse) hat in der narrativen Kultur vieler Völker bis hinein in die Märchenwelt weite Verbreitung gefunden. Die Jakobserzählungen sind mit dessen Eintritt in das Haus Labans davon geprägt. Und es wird sich zeigen, dass der aus der Ungleichheit geborene Konflikt die Schwestern selbst überdauert und noch deren Söhne erfasst.

Die sieben Jahre, die Jakob dem Laban um Rahel diente, vergingen ihm »wie ein Tag«, so sehr liebte er sie (29,20). Doch als der Tag der Hochzeit gekommen war, da betrog ihn Laban um den Lohn. In die Dunkelheit der Brautkammer führte er nicht die geliebte Rahel, sondern Lea mit den schwachen, glanzlosen Augen. Der verwunderte Leser reibt sich die Augen. War Jakob so blind vor Liebe, dass erst der Morgen nach der Hochzeitsnacht das böse Erwachen brachte? Wie

37 Glänzende Augen waren offensichtlich seit eh und je ein Attribut der Schönheit. Vgl. 1. Sam 16,12 und O. Keel, Das Hohelied, 71.

konnte das geschehen, dass er die Braut in der Hochzeitsnacht »erkannte«[38] ohne sie zu *erkennen*? Jakob, der listenreiche Betrüger Isaaks und Esaus, war nun selbst zum Betrogenen geworden.

Laban dagegen redet sich mit dem, »was man tut«, heraus. Danach wird die jüngere Tochter nicht vor der älteren verheiratet (29,26). Den Regeln des Anstandes folgend hätte er dem Jakob gegenüber sein Versprechen halten müssen. Der Sitte des Landes Genüge tuend musste Lea vor Rahel verheiratet werden. Sah der Vater die gesamte Angelegenheit weniger aus der Perspektive Jakobs als aus der seiner Töchter? Nimmt man seine Auskunft ernst, die er Jakob gab, und nicht nur als listenreiche Ausrede, dann steckte er in einem Dilemma. Wie immer auch sich Laban verhielt in diesem Konflikt, er musste einer seiner Töchter Unrecht tun. Mit seiner listenreichen Aktion in der Hochzeitsnacht brach er sein Wort gegenüber Jakob und Rahel und verletzte deren Liebe. Hätte er das nicht getan, dann wäre das Recht der Älteren, Leas, geschmälert worden, die eben nach der Sitte des Landes als Erste einen Anspruch auf Verheiratung hatte. Und da sich offenbar bisher kein Freier gefunden hatte, wählte Laban den zwielichtigen Weg und nutzte das Dunkel der Brautnacht.

Der Erzähler allerdings weist uns darauf hin, dass Laban auch aus diesem Dilemma, in dem er steckte, noch seinen eigenen Vorteil zu ziehen wusste. Den Jakob, der sich – wie nicht anders zu erwarten – bitter beklagte (29,25), beruhigt er, indem er ihm zusagt, dass er ihm nach der Festwoche auch die jüngere Tochter noch

---

38 Das hebräische Verb *jada'* (erkennen) kann auch den sexuellen Verkehr zwischen Mann und Frau bezeichnen. Vgl. 1. Mose 4,1.17.25;38,26; Ri 19,25; 1. Sam 1,19 u. ö.

zur Frau geben wolle. Und da er auf diese Weise gleich zwei Frauen von ihm bekommen habe, so solle er ihm noch einmal sieben Jahre dienen (V. 27). Auf diese Weise wusste Laban beide Töchter versorgt und sicherte sich zusätzlich für weitere sieben Jahre Jakobs Arbeitskraft. Was blieb Jakob anderes übrig, als sich darauf einzulassen? Wäre alles andere nicht ein Verrat an seiner Liebe zu Rahel gewesen? So bekommt er schließlich auch Rahel noch zur Frau. Und der Erzähler beendet die Episode von der Verheiratung Leas und Rahels mit der Feststellung:

»Er (Jakob) aber liebte Rahel mehr als Lea. Und er diente bei ihm noch weitere sieben Jahre.« 1. Mose 29,30

So also setzte es sich fort, das Geschick der ungleichen Schwestern. Sie waren nun beide Frauen ein und desselben Mannes und doch wieder nicht gleich geliebt.

1.4. ›und sie gebar einen Sohn‹

Die kurze Notiz von der Geburt Josefs (1. Mose 30,22–24) beschließt den summarischen Bericht von der Geburt der übrigen Jakobssöhne (1. Mose 29,31 – 30,24). Dieser knüpft unmittelbar an das Geschick der ungleich geliebten Schwestern an, und beschreibt es jetzt aus der Perspektive JHWHs, des Gottes Israels.

»Als JHWH sah, dass Lea gehasst war, öffnete er ihren Mutterschoß. Rahel aber blieb unfruchtbar.« 1. Mose 29,31

Weil aus den ungleichen Schwestern nun auch noch ungleich geliebte Ehefrauen wurden, verschärft sich der dramatische Konflikt und erfasst auch die kommende Generation. So wie die Labantöchter Lea und

Rahel um die Liebe Jakobs, ihres Mannes, kämpfen (1. Mose 29,30;30,14–16), so tun es auch die Söhne (1. Mose 37,3f.). Und so wie Jakob seine Liebe unter den Frauen ungleich verteilte, so tat er es auch unter den Söhnen. Die Notiz von der Geburt Josefs stellt daher so etwas wie ein Präludium zur Josefsgeschichte dar. Das darin angespielte Thema wird von 1. Mose 37,2 an wieder aufgenommen. Rahel hat die Liebe ihres Mannes, Jakobs, bleibt aber (zunächst) kinderlos (1. Mose 29,30f.). Lea hat Söhne von Jakob, nicht aber seine Liebe. Die geliebte Frau, Rahel, ringt verzweifelt darum, ihrem Mann Kinder schenken zu dürfen (1. Mose 30,1–8). Die Verachtete, Lea, trachtet ebenso verzweifelt danach, wenigstens um ihrer Kinder willen von ihrem Mann geliebt zu werden (1. Mose 29,32). Wird damit nicht ein Grundthema eingespielt, das dann auch die Josefserzählung durchdringt, das Ringen um die Liebe, Zuneigung und Anerkennung Jakobs, hier durch seine Frauen und dort durch seine Söhne? Und setzt sich nicht die Ungleichbehandlung der Frauen in der seiner Söhne fort? Liegt daher die Schuld für den in der Josefserzählung aufbrechenden Konflikt nicht ganz und gar bei Jakob?

Der Leser der Jakobserzählungen wird sich allerdings davor hüten müssen, hier zu schnell Schuldzuweisungen vorzunehmen. Schließlich war Jakob, der von Anfang an nur an Rahel interessiert war, von seinem Schwiegervater Laban ja auf üble Weise betrogen worden. Wer will es also dem betrogenen Freier verdenken, dass seine Liebe nach wie vor der allein von ihm begehrten Rahel galt? Im Gegensatz dazu ist davon die Rede, dass Jakob Lea »gehasst« habe (1. Mose 29,31.33). Das hebräische Verb *sana'* (hassen) bringt zunächst einen emotionalen Zustand der Abneigung zum Ausdruck. Dieser Zustand äußert sich nicht unbedingt in bösen Absichten, die der Gehassten gegenüber gehegt werden, sondern darin, dass man zu ihr auf Abstand geht, sich von ihr innerlich entfernt. Jakob will Lea »nichts Böses, aber sein Hass manifestiert sich in Kälte und gefühlsmäßiger Distanz«[39]. Offensichtlich hat man im alten Israel versucht, diese emotionalen Unwägbarkeiten der Polygamie wenigstens in ihren schlimmsten Folgen durch Rechtsmittel einzudämmen. Hier geht es nämlich nicht allein um Gefühle, sondern auch um Rechtsfragen:

»Wenn ein Mann zwei Frauen hat, eine, die er liebt, und eine, die er hasst, und sie haben ihm Söhne geboren, die geliebte und die gehasste, und der erstgeborene Sohn der der gehassten ist, dann darf er am Tag der Erbteilung unter seine Söhne, dessen, was ihm gehört, nicht den Sohn der geliebten zum Erstgeborenen erklären gegenüber dem Sohn der gehassten, dem [wahren] Erstgeborenen.« 5. Mose 21,15f.

Die gehasste, emotional vernachlässigte Frau wird zwar von ihrem Mann verschmäht. Ihre Kinder dürfen aber in der geregelten Erbfolge nicht benachteiligt werden. Es ist genau dieser Konflikt zwischen Liebe und Hass, Nähe und Distanz, mit all seinen rechtlichen Implikationen,[40] der gleich am Anfang der Josefserzählung das Verhältnis Jakobs zu seinen Söhnen und vor allem dieser untereinander bestimmt (1. Mose 37,3.4.8).

Damit wurde Josef in einen Konflikt hineingeboren, der älter war als er selbst. Kein Mensch, der ins Leben gerufen wird, betritt eine leere Bühne. Er wird – ob er

---

39 E. Lipinski, ThWAT VII, 829.

40 Vgl. dazu G. Braulik, Deuteronomium II, 16,18–34,12, NEB, Würzburg 1992, 156; H. Seebass, Genesis II/2, Neukirchen-Vluyn 1999, 338.

nun will oder nicht – in Konstellationen verwickelt, die sein ganzes Leben bestimmen können. Und gerade wenn es nicht allein um Hass und Liebe, Nähe und Distanz, sondern schließlich auch um das väterliche Erbe geht, wird deutlich, dass es sich um Gefühle und Lebensregeln im sozialen Geflecht einer Großfamilie handelt, die nur schwer steuerbar und nicht in jeder Situation beherrschbar sind. Eine Zuspitzung erfahren solche Konflikte vor allem dann, wenn Ungleichheiten unter »Gleichen« im Spiele sind. Der doppelte Erbanteil für den Erstgeborenen (5. Mose 21,17) unter den Brüdern, muss diese Regelung nicht ein ständiges Ärgernis für die jüngeren Geschwister gewesen sein? Was hatte er ihnen voraus außer der Stunde seiner Geburt? Hatte Jakob sich nicht selbst gegen diese Bevorzugung Esaus aufgelehnt und ihn listig um sein Privileg des Erstgeburtsrechts gebracht (1. Mose 27)? Und wie viele Unwägbarkeiten lauern dort, wo es sich nicht um leidlich regelbare Rechtsverhältnisse handelt, darum, was Eltern ihren Kindern hinterlassen, sondern um ungleich verteilte Begabungen, Mitgiften, die ihnen bereits in die Wiege gelegt wurden oder auch nicht?

Die schwachäugige ältere Lea und die hübsche jüngere Rahel (1. Mose 29,17) – können Schwestern auf Dauer mit dieser Ungleichheit leben?[41] Solange sie nichts als Schwestern sind, mag das noch gehen. Da findet sich immer ein *modus vivendi*. Wenn sie aber

41 Weil dies immer wieder misslang und zu ständigen heftigen Konflikten Anlass gab, führte es schließlich dazu, dass sich auch das altisraelitische Rechtswesen mit diesem Sachverhalt beschäftigte. In 3. Mose 18,18 wird daher verboten, Schwestern zu heiraten. Man kann die Jakobserzählungen geradezu als narrativen Kommentar zu diesem Rechtssatz lesen.

schließlich um ein und denselben Mann rivalisieren, dann ist der Konflikt unausweichlich vorprogrammiert. Um die eine wirbt Jakob, die andere interessiert ihn nicht. Wird da nicht die Ungleichheit zur Ungerechtigkeit? Kann man es dem Laban denn verdenken, wenn er auf seine gewitzte Art den Versuch unternahm, wenigstens im Ansatz auch der älteren, weniger ansehnlichen Tochter Gerechtigkeit widerfahren zu lassen, indem er sie dem allein in die Schönheit Rahels vernarrten Jakob unterschob? Und wenn die ungleiche Verteilung von Schönheit und Hässlichkeit zu den Ungerechtigkeiten gehört, die sich eben nur schwer beseitigen lassen, mit denen man lernen muss zu leben, dann stellt sich die weitergehende Frage, ob es wenigstens hin und wieder eine ausgleichende Gerechtigkeit gibt.

Zunächst einmal sieht alles danach aus. Denn es wurde ja mitgeteilt, dass JHWH das Elend der ungleichen Schwestern sieht und eingreift. Der verschmähten und weniger schönen Lea öffnet er den Mutterschoß, während die geliebte und hübsche Rahel unfruchtbar blieb (1. Mose 29,31). Dass sich Gott der Zurückgesetzten annimmt, das weckt sicherlich die Sympathie der Leser. Wenigstens der Himmel sorgt zuweilen noch für eine ausgleichende Gerechtigkeit! Plötzlich ist Lea mit ihren stolzen Söhnen ganz und gar auf der Siegerstraße. Mit viel psychologischem Feingefühl jedoch berichtet der Erzähler von der trotz allem unerfüllten Liebe Leas. Stoßseufzer der Hoffnung kommen ihr mit jeder neuen Geburt über die Lippen:

»JHWH hat mein Elend gesehen, fürwahr, jetzt wird mein Mann mich lieben.« 1. Mose 29,32

»Fürwahr, JHWH hat gehört, dass ich verschmäht wurde. Da gab er mir auch diesen (Sohn) …«. 1. Mose 29,33

»Jetzt, diesmal wird mein Mann mir verbunden sein, da ich ihm drei Söhne geboren habe.« 1. Mose 29,34
»Diesmal wird mein Mann mich erheben, denn ich habe ihm sechs Söhne geboren.« 1. Mose 30,20

Was muss aus der Perspektive des Erzählers diese Frau gelitten haben unter der Kälte und Distanz ihres Mannes? Was hat sie nicht alles getan, um seine Anerkennung, einen Schatten seiner Sympathie zu erringen? Ist es angesichts dieses ganzen Elends der Zurückgesetzten nicht mehr als verständlich, dass Gott zu ihren Gunsten eingriff und das Glück Rahels wenigstens was die Kinder anlangte – zurücknahm? Ja, verständlich schon, und doch entsteht damit eine neue, noch viel ärgere Ungleichheit und Ungerechtigkeit. »Was kann denn die ›Rahel‹ dafür, dass sie so schön ist?« Wird hier Schönheit mit Kinderlosigkeit bestraft? Ja, lässt sich denn eine Ungerechtigkeit durch eine andere, noch viel schmerzlichere beheben? Und – man wagt die Frage kaum zu stellen – scheitert selbst Gott an dem Dilemma der Ungleichheit, indem er die eine um eine andere vermehrt? Sind sie nun beide arm dran, Lea und Rahel, die beiden ungleichen Schwestern? Die eine, weil sie trotz ihrer Kinder die Zuneigung ihres Mannes nicht gewinnen kann. Liebe lässt sich eben nicht erkaufen, auch nicht durch Söhne. Die andere, weil sie wegen ihrer Kinderlosigkeit fürchten muss, die Liebe Jakobs zu verlieren. Wird damit nicht der Konflikt zwischen den Schwestern wie auch zwischen den Eheleuten in unerträglicher Weise verschärft?

Rahel wurde eifersüchtig auf ihre Schwester und drängt voller Ungeduld ihren Mann:

»Gib mir Kinder, wenn nicht, so sterbe ich.« 1. Mose 30,1

Jakob aber zürnt Rahel:

»Bin ich denn an Gottes Stelle, der dir Leibesfrucht verweigert?« 1. Mose 30,2

Stellt er sich also bereits ein, der Keim der Entfremdung, nun auch zwischen den Liebenden, Jakob und Rahel? Hier rollt ein Geschehen vor unseren Augen ab, das seinesgleichen sucht. Die Ungleichheit frisst wie ein schleichendes Gift in den Beziehungen der Schwestern untereinander und zu Jakob, ihrem Gemahl. Da droht jeder und jedem der Verlust der Liebe. Ein Familiendrama bahnt sich an.

Mitten in dieses Drama hinein wird Josef geboren:

»Da erinnerte sich Gott der Rahel. Und Gott erhörte sie und öffnete ihren Mutterschoß. Da wurde sie schwanger, gebar einen Sohn und sprach: ›Hinweggenommen hat Gott meine Schmach‹. Und sie nannte seinen Namen Josef und sprach: ›*joseph*‹ – (d. h.) JHWH füge mir noch einen Sohn hinzu.« 1. Mose 30,22–24

Diese Geburtsnotiz lässt sich in drei Handlungssequenzen gliedern: Gott erinnert sich Rahels und erhört sie (V. 22). Rahel wird schwanger und bringt einen Sohn zur Welt (V. 23a). Sie gibt ihrem Sohn einen Namen und deutet diesen (V. 23b–24).

Alles beginnt mit dem Erinnerungsvermögen Gottes. Die seit Langem herbeigesehnte Geburt eines Rahelsohnes war demnach alles andere als eine Selbstverständlichkeit. Der zornige Hinweis Jakobs auf Rahels Klage, er möge ihr endlich Kinder herbeischaffen, wird nachträglich gerechtfertigt. Jakob maßt sich nicht die Stelle Gottes an, der allein Kinder gewährt oder auch verweigert (5. Mose 28,11; Ps 127,3). So wird dann auch die Wende im Geschick der Rahel vom Erzähler allein auf ein Eingreifen Gottes zurückgeführt. Er hat Rahel in ihrer Not nicht vergessen, sich ihrer erinnert, ihre notvollen Gebete erhört. Wenn Gott des Menschen gedenkt (Ps 8,5;78,39), sich seiner »erinnert« (*sakar*), dann kündigt sich darin meistens bereits ein Ende der Not und eine Wende zum Guten an (vgl. 1. Sam 1,11.19; Ps 89,51;136,23).[42] Erinnerung ist in diesem Falle der Anfang der Erlösung.[43] Denn es bleibt nicht beim Erinnerungsakt. Dieser findet vielmehr seine zwangsläufige Fortsetzung in einem konkreten Tun. So wie Gott einst der zurückgesetzten Lea den Mutterschoß öffnete (1. Mose 29,31), so tat er dies nun auch an der bislang kinderlosen Rahel. Ihre Not war eine Not auf Zeit. Schwangerschaft und Geburt werden hier nicht als rein innerweltliches Geschehen gedeutet, sondern auf Gott zurückgeführt.[44]

Dass dem Erzähler vor allem an dieser theologischen Deutung des Geschehens lag, wird deutlich, wenn man sich seine Erzähltechnik genauer anschaut. Denn den eigentlichen Akt der Schwangerschaft und Geburt beschreibt er in äußerster Kürze. Er benötigt nur drei hebräische Worte, um das Geschehen von neun Monaten einzufangen: *wattahar watteläd ben*. In der deutschen Übersetzung brauchen wir zur Wiedergabe dieser drei Worte bereits sieben Worte. »Sie wurde schwanger und gebar einen Sohn« (30,23a).

---

42 Vgl. H. Eising, ThWAT II, 578 ff.

43 Auch die Erlösung Israels aus Ägypten beginnt mit einem Erinnerungsakt Gottes. Er erinnert sich an den Bund mit den Vätern Abraham, Isaak und Jakob (2. Mose 2,24;6,5).

44 Siehe zu dem gesamten Komplex des Zusammenwirkens von Mensch und Gott im Vorgang von Zeugung, Schwangerschaft und Geburt A. Kunz, Die Vorstellung von Zeugung und Schwangerschaft im antiken Israel, ZAW 111, 1999, 561–582.

Kein Wort über die Zeit der Schwangerschaft, die Freude Rahels, ihre Ängste, das Verhalten Jakobs oder Leas ihr gegenüber, über mögliche Komplikationen oder die Umstände bei der Entbindung. Der Erzähler stellt lediglich fest, was Sache ist. Im Zeitrafferstil lässt er das Geschehen am geistigen Auge seiner Leser vorüberziehen. Sie selbst mögen es sich mit ihrer imaginativen Phantasie entsprechend ausmalen. Schwangerschaft und Geburt als solche waren für ihn weniger von Interesse. Ihm ging es um ein tieferes Verstehen dieses irdischen Geschehens. Er suchte in ihm die Spur Gottes und deutete es im Rahmen seiner Lebens- und Glaubenswelt.

Das wird schließlich durch die Namensgebung des Kindes unterstrichen. Rahel weiß sich offensichtlich immer noch nicht voll rehabilitiert in den Augen ihres Mannes. Daher gibt sie ihrem Sohn den Wunschnamen Josef. Dabei spielt der Erzähler mit den beiden hebräischen Verbwurzeln *'asaph* (einsammeln, wegnehmen) und *jasaph* (hinzufügen). Gott habe die Schmach der Kinderlosigkeit von Rahel weggenommen (*'asaph*) und er möge zu dem erstgeborenen Sohn noch einen weiteren hinzufügen (*joseph*). Etymologisch ist der Name Josef allerdings nur von dem Verb *jasaph* abzuleiten. Bei der Verbform *joseph* handelt es sich um die 3. Ps. Sg. Impf. im Verbalstamm Hifil, die mit »er möge hinzufügen« übertragen werden kann.[45] Sie stellt die Kurzform eines sogenannten theophoren Satznamens dar. Aus der Übersetzung wird ja immer noch nicht deutlich, wer da etwas hinzufügen soll. Das Subjekt fehlt. Für den Hebräer kam als Subjekt nur eine Gottheit in-

45 M. Noth, Die israelitischen Personennamen im Rahmen der gemeinsemitischen Namengebung, BWANT 46, Stuttgart 1928, 60.

frage. Daher haben sie die Kurzform des Namens in Gedanken durch ein theophores (eine Gottesbezeichnung enthaltendes) Element ergänzt, indem sie dieses an den Namen anhängten oder auch davor setzten. So ist uns der Name Josef auch noch in seiner Langform als Josif-*ja* (Er, JAH,[46] möge hinzufügen) oder *El*-jasaf (EL [=Gott] hat hinzugefügt) überliefert (Esra 8,10; 4. Mose 1,14).

Diese in 1. Mose 30,23b–24 vorliegende volksetymologische Erklärung des Namens Josef bringt durch ein Wortspiel zwei gegenläufige Aspekte zum Ausdruck, die für Rahel mit der Geburt ihres ersten Sohnes verbunden waren. Die Geburt war einerseits eine Erlösung von der Schmach der Kinderlosigkeit. Andererseits verband sie sich mit dem Wunsch, dass es nicht bei dem einen Kind bleiben möge. Verbarg sich hinter diesem Wunsch mehr als nur das übliche Verlangen nach einer zahlreichen Nachkommenschaft? Fürchtete Rahel, dass Lea ihr schon aufgrund der Zahl ihrer Söhne überlegen bleiben würde? Fürchtete sie um ihre Stellung und die ihres bisher einzigen Sohnes im Kreis der Brüder, darum, dass er unter ihnen isoliert bleiben könnte?[47] Liegt hier also bereits eine versteckte Anspielung auf das spätere Geschick Josefs vor? Durch dieses Spiel mit der Bedeutung des Namens macht der Erzähler auf eine merkwürdige Ambivalenz des Geschehens aufmerksam. Josef, das war einerseits ein Geschenk des Himmels. Gott hatte sie weggenommen, die Schmach. Andererseits blieb er als bislang einziger

---

46 Häufig gebrauchte Kurzform des israelitischen Gottesnamens JHWH.

47 Die Bedeutung, die Benjamin, der leibliche Bruder Josefs, für diesen in der Josefserzählung gewinnt (1. Mose 43,29–34), stellt ein deutliches Signal in diese Richtung dar.

Sohn ein lebendiges Zeichen der Zurücksetzung Rahels gegenüber Lea.

1.5. ›aber Rahel mit Josef zuletzt‹

Der Bann der Kinderlosigkeit war gebrochen. Wer aber glaubt, dass mit der Geburt Josefs das Thema der Ungleichheit zwischen den beiden rivalisierenden Schwestern und Ehefrauen vom Tisch sei, der irrt. Es bleibt ja über die Anzahl der Kinder hinaus die Frage nach der ungleich verteilten Liebe Jakobs im Spiel. Ja, spitzt sie sich jetzt nicht in einem noch ganz anderen Maße zu? Muss nun Lea nicht fürchten, dass sie damit auch den letzten Vorzug verlieren würde, den sie vor Rahel, ihrer Schwester, in den Augen Jakobs hatte? Ist die Freude der einen, Rahels, das Leid der anderen, Leas?

Dass Lea nun endgültig in der Rangfolge der beiden Schwestern und Frauen Jakobs hinter Rahel rangierte, wird in einer Folgeerzählung deutlich, in der Josef, inzwischen bereits ein Kleinkind, erneut Erwähnung findet. Nachdem Jakob mit den Seinen aus dem Haus des Schwiegervaters Laban geflohen war und nach Kanaan zurückkehrte (1. Mose 31–32), bereitet er sich auf die Begegnung mit seinem Bruder Esau vor, den er um den Erstgeburtssegen betrogen hatte. Wie würde diese Begegnung ausfallen? Jakob wird gemeldet, dass Esau ihm mit vierhundert Mann entgegenzieht. Das veranlasst ihn, Böses befürchtend und voller Angst, Ordnung in die Reihen seiner Familie zu bringen. Ganz vorn, in die erste Reihe des Zuges stellt er die Mägde Bilha und Silpa mit ihren Kindern, die sie ihm geboren hatten (vgl. 1. Mose 30,3–13). Auf sie folgt Lea mit ihren Söhnen. Und ganz am Ende gehen Rahel und Josef (1. Mose 33,1–7). Jakob selbst aber stellt sich an die

Spitze des Zuges, der Esau entgegengeht. War dies eine Sicherheitsmaßnahme?[48] Wollte Jakob, falls es zu einer gewalttätigen Begegnung mit Esau und seinen Leuten käme, wenigstens Rahel und Josef die Chance zur Flucht geben?[49] Oder drückt sich in der Reihenfolge ein höfischen Audienzen abgelauschtes Empfangszeremoniell aus, bei dem die wichtigsten Personen zuletzt die Bühne des Geschehens betreten? Stellte Jakob seinem Bruder Esau die ihm kostbarsten Glieder der Familie, eben Rahel und Josef, zuletzt vor, um auf diese Weise ihren Wert und ihre Bedeutung hervorzuheben (vgl. 1. Mose 47,1–12)?[50] Möglicherweise spielten für den Erzähler beide Aspekte eine Rolle, der der Sicherheit und der einer nach Würde gestaffelten Reihenfolge unter den Frauen und Kindern Jakobs. Dieser eher nebensächliche Erzählzug macht allerdings deutlich, dass das Konfliktpotential zwischen Lea, Rahel und Jakob mit der Geburt Josefs keineswegs ausgeräumt war. Die besondere Stellung und Würde, die Jakob Rahel und Josef zuerkannte, lässt neue Auseinandersetzungen unter den Frauen Jakobs und ihren Kindern erwarten. Daher fiebert der Leser geradezu nach der Fortsetzung des Geschehens.

Mit dem »Wunschnamen« Josef (»er möge hinzufügen«) hatte der Erzähler ja eine zusätzliche Erwartung geweckt, die auf ihre Einlösung wartete. Würde Gott

---

48 Dafür sprechen ganz deutlich 1. Mose 32,8–12.

49 So u. a. G. v. RAD, Das erste Buch Mose, 285; H. J. BOECKER, 1. Mose 25,12–37. 1. Isaak und Jakob, ZBK.AT 1.3, Zürich 1992, 106; L. RUPPERT, Das Buch Genesis II, Leipzig 1984, 130; J. A. SOGGIN, Das Buch Genesis, Darmstadt 1997, 402.

50 So O. PROCKSCH, Die Genesis, Leipzig/Erlangen 1924, 197: »Die vornehmste Frau erscheint zuletzt – wie bei unseren Empfängen.« Vgl. auch C. WESTERMANN, Genesis I/2, BK.AT I/2, Neukirchen-Vluyn 1981, 639.

auch diesen Wunsch der Rahel erfüllen und damit den letzten Zweifel an ihrer Vorzugsstellung gegenüber Lea ausräumen? Der Wunsch Rahels wird erfüllt, aber sie bezahlt ihn mit ihrem Leben. Auf dem Weg nach Bethel stirbt sie bei der Geburt Benjamins (1. Mose 35,16–20). Josef bekommt einen Bruder, aber er verliert die Mutter. Damit endet der narrative Spannungsbogen, den der Erzähler mit der Rivalität der beiden Schwestern und Ehefrauen Jakobs gesetzt hat. Der Dauerkonflikt nimmt ein tragisches Ende, aber – so könnte man meinen – er ist mit dem Tod Rahels endgültig gelöst. Von den beiden Hauptfrauen Jakobs bleibt allein Lea zurück und darf nun endlich hoffen, auch die Liebe und Zuwendung Jakobs zu gewinnen.

Allerdings deutet der Erzähler unmittelbar nach der Episode von Benjamins Geburt, Rahels Tod und Begräbnis an, dass sich der Konflikt zwischen den Schwestern jetzt auf die Ebene der Söhne verlagert. In einem kurzen Erzählfragment erfahren wir, dass Ruben, der erstgeborene Sohn Leas, mit Bilha, der Magd Rahels und Nebenfrau Jakobs, geschlafen hatte (1. Mose 35,22). Betrachtete er die Magd der Verstorbenen als Freiwild? Jedenfalls verletzte er durch diese ungestüme Tat die elementarsten Normen des Familienrechts und verging sich gegen seinen Vater (vgl. 3. Mose 18,8; 5. Mose 23,1;27,20). Aus dem Rubenspruch in 1. Mose 49,3–4 erfahren wir, dass er damit sein Erstgeburtsrecht unter den Söhnen Jakobs verwirkt hatte:

»Ruben, mein Erstgeborener bist du,
meine Stärke und der Erstling meiner Manneskraft,
Erster an Hoheit und Erster an Macht.
Überschäumend wie Wasser sollst du der Erste nicht
bleiben,

weil du das Lager deines Vaters bestiegen hast,
damals als du entweiht hast mein Bett, auf das du gestiegen bist.«

Nachdem also die Rivalität der beiden Schwestern um die Liebe Jakobs durch den Tod Rahels gelöst schien, beginnt der Kampf der Söhne um Rang, Würde, Ehre und Erbe. Ruben, dem aufgrund seiner Geburt der Spitzenplatz gebührte, brachte sich selbst um seinen Teil. Das Rennen war wieder offen. Der Konflikt geht in eine neue Runde, er erfasst die nächste Generation.

Das war die Vorgeschichte, in der Josef bisher nur am Rande begegnete. Eine tragende Rolle kam ihm darin nicht zu. Diejenigen Autoren und Redaktoren, die die vielfältigen Erzählungen von den Erzeltern Israels zusammenstellten, bauten damit aber eine ganz bestimmte Leserperspektive auf, aus der wir auf die Josefserzählung blicken. Wer von Josefs Geschick und seinem Weg nach Ägypten erfuhr, der sollte um die Leidenschaften und familiären Konflikte wissen, in die er hineingeboren worden war.

2. Die Josefserzählung

In der Exposition der Erzählung (Kap. 37) werden die Leser mit einem Grundkonflikt konfrontiert:

»Als seine Brüder sahen, dass ihr Vater ihn (Josef) mehr liebte als all seine Brüder, da hassten sie ihn und konnten nicht mehr friedlich mit ihm reden.« 1. Mose 37,4

Hier wird eine narrative Spannung aufgebaut, die erst ganz am Ende der Erzählung mit dem Tod Jakobs (1. Mose 50,1–14) und der endgültigen Versöhnung Josefs mit seinen Brüdern (1. Mose 50,15–21) eine Lösung findet:

»Fürchtet euch nicht, ich (Josef) will euch und eure Kinder versorgen. Und er tröstete sie und redete ihnen zu Herzen.«
1. Mose 50,21

Die beiden Wendungen »und konnten nicht mehr friedlich mit ihm reden« (37,4) und »er redete ihnen zu Herzen« (50,21) bilden einen unübersehbaren Rahmen.[51] Am Anfang steht der Konflikt, der zu einer elementaren Kommunikationsstörung zwischen den Brüdern und Josef führt. Sie hassen ihn und sind unfähig, miteinander friedlich zu sprechen. Jedes Wort, das fällt, vergiftet die familiäre Atmosphäre. Am Ende tröstet Josef seine Brüder und redet ihnen zu Herzen. Sie finden wieder zu einer Sprache der Verständigung. Ausgangspunkt und Endpunkt des Konfliktes sind damit deutlich markiert. Die Aufgabe des Erzählers bestand nun darin, den damit gegebenen Erzählbogen auszufüllen. Wie fanden die Brüder vom Hass, der jede Kommunikation unmöglich machte, zur Sprache der Versöhnung? Dieser Weg wird durch die Wiedergabe einer langen Kette von unterschiedlichsten Episoden, Wirren und Verwicklungen verfolgt. So bunt und vielfältig uns das Erzählte aber auch erscheinen mag, es ist alles andere als zufällig oder gar unüberlegt zusammengewürfelt. Der durch Anfang und Ende markierte Spannungsbogen wölbt sich wie eine Brücke über das Geschehen. Diese narrative Brücke wird von sorgfältig errichteten Pfeilern und Baustrukturen getragen.

---

51 So auch R. G. KRATZ, Die Komposition, 284.

Diese an der Textoberfläche ablesbaren Strukturen sind keineswegs rein formale Äußerlichkeiten. Sie ordnen vielmehr die Welt der Erzählung, machen sie durchschaubar und in sich konsistent. Die Erzählstrukturen bilden damit gleichzeitig Sinnstrukturen ab. Sie schließen uns die Welt der Erzählung auf, helfen uns dabei, dass wir uns in ihr zurechtfinden und in die Lage versetzt werden, sie zu deuten. Daher ist es unerlässlich, dass wir uns zunächst in dem abgesteckten Gelände von 1. Mose 37–50 grob orientieren. Eine Gliederung der Erzählung nach den wichtigsten agierenden Personen, den Orten der Handlung und den Ereignissen soll uns einen ersten Überblick verschaffen.

Text	*Orte*	*Personen*	*Ereignisse*
37,1–4	Kanaan	Jakob, Josef, Brüder	Jakob bevorzugt Josef
37,5–11	Kanaan	Jakob, Josef, Brüder	Josefs Träume
37,12–35(36)	Sichem, Dotan	Jakob, Josef, Brüder (Ruben, Juda)	Anschlag der Brüder, Verschleppung nach Ägypten
38	Adullam, Timna	Juda, Tamar	Tamar verschafft sich mit List Nachkommen
39,1–19	Ägypten, Potifars Haus	Josef, Potifar und seine Frau	*Aufstieg I:* Josef wird Hausvorsteher; Versuchung durch Potifars Frau
39,20–40,23	Gefängnis	Josef, Aufseher, Mundschenk und Bäcker des Pharao	*Aufstieg II:* Josef wird Vorsteher des Gefängnisses und deutet Träume

41	Hof des Pharao	Pharao, Mundschenk, Josef	*Aufstieg III:* Pharaos Träume, Josefs Deutung und seine Erhöhung
42	Ägypten, Kanaan	Jakob, Josef, Brüder	*Reise I* der Jakobsöhne nach Ägypten
43,1–45,28	Kanaan, Ägypten, Haus Josefs	Jakob, Josef, Brüder	*Reise II* der Jakobsöhne nach Ägypten
46,1–5.28.30	Kanaan, Ägypten	Jakob, Josef, Brüder	*Reise III* und Übersiedlung Jakobs nach Ägypten
46,6–27	Ägypten	Liste der 70 Familienmitglieder Jakobs	———
47,1–12	Hof des Pharao, Landstrich Gosen	Pharao, Josef, Jakob, Brüder	Audienz beim Pharao, Ansiedlung in Ägypten
47,13–28	Ägypten	Josef, Ägypter	Josefs Landwirtschaftspolitik
47,29–31	Landstrich Gosen	Jakob, Josef	Jakobs letzter Wille
48	Landstrich Gosen	Jakob, Josef, Manasse, Efraim	Adoption und Segnung Manasses und Efraims
49,1–28	Landstrich Gosen	Jakob und seine Söhne	Jakobssegen
49,29–50,14	Landstrich Gosen, Kanaan, Mamre	Jakob, Josef, Brüder	Jakobs Tod und Begräbnis
50,15–22	Ägypten	Josef und seine Brüder	Versöhnung

Aus dieser Übersicht ergeben sich folgende Einsichten. Die Erzählung nimmt in Kanaan ihren Ausgang und endet in Ägypten, also genau an dem Ort, mit dem daraufhin das 2. Buch Mose einsetzt. Von Kapitel 39 an spielt die Erzählung hauptsächlich im Pharaonenreich am Nil. Lediglich im Verlauf der drei Reisen der Brüder Josefs und schließlich auch Jakobs nach Ägypten (42,1–46,30) und des Berichts von Jakobs Begräbnis (50,1–14) wird eine Brücke nach Kanaan geschlagen. Hauptort des Geschehens bleibt aber von 37,36 an Ägypten, das Reich der Pharaonen.

Erzählungen über ferne Länder und fremde Reiche dürften bereits für israelitische Leser von großem Interesse gewesen sein. Sie wecken einen ganz bestimmten Erwartungshorizont, ausgemalt mit Abenteuerlust und Phantasie. Solche Erzählungen bearbeiten das Phänomen der Fremde, mit dem Menschen auf verschiedene Art und Weise konfrontiert werden können. Die Fremde lockt und ängstigt. Die meisten Menschen müssen in ihrem Leben vertraute soziale Bindungen und fest umrissene Lebenswelten verlassen und in neue Lebenswelten einwandern. Solche Übergänge sind mit Gefahren verbunden. Sie eröffnen aber auch überraschende, oft ungeahnte Lebensmöglichkeiten. In der Fremde wird der Mensch in ganz besonderer Weise auf Bewährungsproben gestellt. Er kann dort ohne das tragende soziale Netz, aus dem er kommt, untergehen, aber auch sein Glück machen. So wird allein durch die Raumkonstellation unserer Erzählung das anthropologische Phänomen der Erfahrung und Bewältigung eines Lebens in der Fremde thematisiert.

Ein Blick auf die Akteure und Ereignisse lässt erkennen, dass es sich in erster Linie um eine Familienerzählung handelt. Fast durchweg ist immer wieder von Jakob, Josef und seinen Brüdern die Rede. Aber es gibt einige charakteristische Ausnahmen. Da ist zunächst Kapitel 38, die Erzählung von Juda und Tamar. In ihm begegnen weder Jakob noch Josef. Damit fällt es vollkommen aus dem Rahmen der übrigen Kapitel der Josefserzählung heraus. Die ganz überwiegende Zahl der Kommentatoren scheidet dieses Kapitel deswegen als einen späteren Zusatz zur Josefserzählung aus, obwohl es auch mancherlei thematische Verbindungen mit ihr gibt.[52] Wir werden noch sehen, dass es dafür in der Tat gute Gründe gibt. Genauso wichtig ist allerdings die in den Kommentaren oft nicht oder nur unzureichend beantwortete Frage, warum dieses Kapitel dann letztlich hier platziert worden ist. Ein Zufall war das – wie noch zu zeigen ist – ganz gewiss nicht.

Weiterhin fällt auf, dass in Kapitel 39 bis 41 und in 47,13–26 nicht von Josefs Familie die Rede ist. Hier sind ausschließlich Ägypter Josefs Gegenüber. Das hat dazu geführt, dass einzelne Ausleger zu dem Schluss kamen, in diesen Teilstücken läge eine ursprünglich selbständige Josefserzählung vor, gleichsam die politische Aufstiegslegende eines Hebräers in der Fremde.[53] Diese sei dann in die Familienerzählung von Jakob und seinen Söhnen eingebunden worden. Bereits die strukturellen Parallelen zwischen dem 1. Hauptteil (1. Mose 39–41: 3 Phasen des Aufstiegs) und dem 2. Hauptteil (1. Mose 42–47: 3 Reisen nach Ägypten), sowie die vielfältigen Motivverbin-

---

52 Vgl. zur Eigenart von 1. Mose 38 wie auch zu den Verknüpfungen mit der Josefsgeschichte J. Ebach, Genesis 37–50, 119ff., und P. Weimar, Die doppelte Thamar. Thomas Manns Novelle als Kommentar der Thamarerzählung des Genesisbuches, BThSt 99, Neukirchen-Vluyn 2008, 31ff.

53 So G. W. Coats, Redactional Unity in Genesis 37–50, JBL 93, 1974, 15–21. Vgl. auch H. Seebass, Geschichtliche Zeit und theonome Tradition in der Joseph-Erzählung, Gütersloh 1978, 21ff.

dungen[54] zwischen Kapitel 39–41 und der übrigen Josefserzählung mahnen allerdings zur Vorsicht. Falls eine solche Aufstiegslegende den ursprünglichen Kern der Josefserzählung bildete, was denkbar ist, dann wurde diese kompositorisch derart geschickt mit den übrigen Teilen verknüpft, dass sie jetzt eine überzeugende Einheit bilden. Deutlich ist dabei, dass sich die Erzählung in ihrer vorliegenden Gestalt nicht auf die Welt der Familie beschränkt. Zwar ist sie von ihrer Anlage her eine Familienerzählung, aber sie überschreitet auch den Bereich der kleinräumigen Beziehungen in der Familie und betritt mit dem Aufstieg Josefs zum zweiten Mann in Ägypten die Bühne der großen Politik. Fast könnte man sagen, in ihr wird die problematische »Familienpolitik« Jakobs mit der gelungenen »Staatspolitik« des Pharaos und Josefs verknüpft. Verbirgt sich hinter dieser narrativen Verbindung von Staat und Familie eine besondere Absicht des Erzählers?

1. Mose 46 lässt eine Reihe von Besonderheiten erkennen, die nahelegen, dass es nur teilweise zur ursprünglichen Josefsgeschichte gehört. Die V. 1–5a verknüpfen die Josefserzählungen mit der Isaaküberlieferung in 1. Mose 26. Vor allem aber die vollständige Liste der Familienmitglieder Jakobs in V. 8–27, die mit ihm nach Ägypten zogen, wurde wahrscheinlich von gelehrten Priestern in der Zeit des Exils oder noch später (6./5. Jh. v. Chr.) eingearbeitet.[55]

Schwieriger sind die literarischen Probleme, die Kapitel 48 betreffen. Auf sie muss im Zusammenhang mit

---

54 Man denke nur an das noch zu besprechende Traummotiv und das Kleidermotiv, die 1. Mose 39–41 mit Kap. 37 fest verknüpfen, wie auch an das Motiv von Josef, dem Ernährer, das die Kap. 39–41 mit den Folgekapiteln verbindet.

55 Siehe S. 235.256 f.

Josefs Rolle als Ehemann und Vater näher eingegangen werden.[56] Dabei wird sich zeigen, dass auch dieses Kapitel wahrscheinlich nicht zum ursprünglichen Bestand der Josefserzählung gehörte, sondern das Ergebnis einer späteren stammesgeschichtlichen Interpretation derselben ist.

Schließlich sei auf Kapitel 49 hingewiesen. Schon in seiner literarischen Form unterscheidet es sich grundsätzlich von der gesamten Josefserzählung. In ihm liegt kein Erzähltext vor, sondern eine Reihe von Stammessprüchen in gebundener, poetischer Sprache. Außerdem ist dies das einzige Kapitel der Erzählung, in dem alle Brüder Josefs namentlich aufgeführt werden. In der übrigen Erzählung begegnen lediglich Ruben, Juda, Simeon und Benjamin mit Namen, während die anderen Brüder immer nur als Gruppe zusammengefasst sind. Darüber hinaus setzen die Sprüche ein Leben der Söhne Jakobs in Kanaan und nicht wie am Ende der Josefsgeschichte in Ägypten voraus. Es gibt daher gute Gründe anzunehmen, dass dieses Kapitel wie bereits Kapitel 38 nicht ursprünglich zur Josefserzählung gehörte. Auch in diesem Falle hat allerdings ein späterer Redaktor den sinnvollsten Ort für die Einfügung des Kapitels gewählt, die Sterbestunde Jakobs. So wurden die Stammessprüche zum Sterbesegen.

Aus den bisherigen Beobachtungen ergibt sich folgende Grobgliederung: Kapitel 37 spielt bis auf V. 36 in Kanaan und macht uns mit den Hauptakteuren der Gesamterzählung bekannt. Insofern hat es insgesamt den Charakter einer Exposition.

Von Kapitel 39 an führt uns die Erzählung an einen neuen Ort, nach Ägypten. Deswegen werden hier neue

---

56 Siehe S. 254 f.

Akteure eingeführt, Potifar und sein Weib, der Obermundschenk und der Oberbäcker des Pharao und schließlich der Pharao selbst. In Ägypten sehen wir Josef zunächst an drei Orten agieren: im Hause Potifars, im Gefängnis und letztlich am Hofe des Pharao. Diesen drei Orten entsprechen die drei Phasen seines Aufstiegs vom Haussklaven Potifars zum Gefängsnisverweser bis hin zum Landwirtschaftsminister des Pharao. Thematisch ist die Exposition der Erzählung (37) durch das Kleidermotiv und das Motiv der Doppelträume eng mit den Kapiteln 39–41 verklammert. Dabei bilden das letzte Traumpaar des Pharao und Josefs Entgegennahme der Ehrenkleider aus seiner Hand in Kapitel 41 einen ersten Höhepunkt der Erzählung. Sie führen zu seinem sagenhaften Aufstieg in der Fremde. Mit seiner Ernennung zum zweiten Mann im Staate findet der erste Hauptteil der Erzählung seinen Abschluss.

Von Kapitel 42,1 bis 47,12 agieren wieder in erster Linie Jakob, Josef und seine Brüder. Thematisch sind die Kapitel eng durch die drei Reisen zwischen Kanaan und Ägypten, die schließlich zur dauerhaften Ansiedlung der Sippe Jakobs im Land der Pharaonen führen, und durch die Rolle Josefs als Ernährer miteinander verbunden. In den Bibelausgaben und Auslegungen ist in der Regel nur von zwei Reisen der Söhne Jakobs die Rede. Das ist allerdings unpräzise und verkennt die Erzählstruktur, die ganz eindeutig von drei Reisen berichtet, wobei die dritte Reise wiederum eine Art Klimax bildet, weil erst durch sie Jakob gleichsam im Triumphzug mit seinem verlorenen Sohn wieder zusammengeführt wird. Der zweite Hauptteil endet an dem Ort, an dem bereits der erste endete, vor dem Pharao (47,1–12). So wie Josef einst von ihm in einer Audienz empfangen wurde, so erfolgt nun auch eine Abordnung der Brüder und schließlich die des Jakob.

In den folgenden Kapiteln bleibt nach gelungener Familienzusammenführung fast ausschließlich Ägypten der Ort des Geschehens. Lediglich zur Bestattung Jakobs betreten dessen Söhne noch einmal den Boden Kanaans, um sofort nach den Trauerfeierlichkeiten wieder nach Ägypten zurückzukehren (50,1–14). In diesen Kapiteln wird Jakob noch einmal zur dominierenden Figur der Erzählung. Thematisch werden diese Kapitel vor allem von dem sich abzeichnenden Tod Jakobs beherrscht. Damit wird eine Dreiteilung der Erzählung mit einer ausführlichen Exposition erkennbar.

Exposition	Josefs Fall (37)
Teil I	Josefs Bewährung und Aufstieg in Ägypten (39–41)
Teil II	Familienzusammenführung (42,1–47,28)
Teil III	Jakobs Tod und Versöhnung (47,29–50,22)

Wirft man zum Abschluss noch einmal einen Blick auf die Ereignisfolge, dann bestätigen sich unsere ersten Beobachtungen. Kapitel 37 erzählt durchweg von innerfamiliären Konflikten in Kanaan. Auslöser der Konflikte sind u. a. die Träume Josefs.

»Und er [Josef] sprach zu ihnen: Hört doch diesen Traum, den ich träumte. Siehe, wir waren dabei, Garben zu binden mitten auf dem Feld. Und siehe, aufgerichtet hatte sich meine Garbe und blieb auch stehen. Siehe aber, eure Garben waren ringsum und *fielen nieder vor meiner Garbe*. Da sprachen seine Brüder zu ihm: Willst du wirklich König über uns sein oder herrschen, ja herrschen über uns?« 1. Mose 37,6–8a

Exakt dieser Familienkonflikt wird in 50,18 im Sinne Josefs gelöst.

»Und seine Brüder gingen hin, *fielen vor ihm nieder* und sprachen: Siehe wir sind deine Knechte.«

Der Traum Josefs von der Überlegenheit über seine Brüder findet in ihrer Selbstunterwerfung seine Erfüllung. Der Erzähler hatte sich demnach die Aufgabe gestellt, zu berichten, wie ein Traum gegen alle Widerstände in Erfüllung ging. Zwischen diesem Anfangs- und Endpunkt des Konfliktes liegt eine ereignisreiche Kette von Episoden, in der der Erzähler dem Fall und dem Aufstieg seines Helden nachgeht. Dabei entsprechen die drei Hauptteile der Erzählung exakt der Dreierkonstellation der Akteure in der Exposition: Jakob, Josef und seine Brüder. Zwischen allen dreien kommt es zur Entfremdung und zum Bruch. Josef verliert mit seinem Verkauf nach Ägypten den Vater und die Brüder. Jakob verliert den Lieblingssohn, und die Brüder verstoßen den verhassten Bruder. Nach dem narrativen Gesetz des »Gestaltschließungszwanges« steht der Erzähler vor der Aufgabe, einmal eingeführte Personen und Ereignisse zu einem für seine Hörer oder Leser befriedigenden Abschluss zu bringen. Lässt man dieses Gesetz auch für unseren Erzähler gelten, dann kommt die Erzählung erst zu einem befriedigenden Ende, nachdem die zerbrochenen Beziehungen sowohl zwischen den feindlichen Brüdern als auch zwischen dem Vater und seinem verlorenen Sohn (Teil II) wiederhergestellt und geheilt worden waren. Erst jetzt kann Jakob friedlich sterben und können die feindlichen Brüder als Versöhnte weiterleben (Teil III). Voraussetzung für diese familiäre Aussöhnung ist aber der Aufstieg Josefs in Ägypten (Teil I), der den Traum Josefs zur Wirklichkeit machte.

Die Ausleger, die die Auffassung vertreten, dass es ursprünglich eine selbständige Josefserzählung im engeren Sinne gegeben habe, die möglicherweise lediglich die Kapitel 39–41 umfasste, oder in einem erweiterten Rahmen den wesentlichen Teil der Kapitel 37;39–45(46), während die Kapitel 46–50 eine spätere Erweiterung darstellten bzw. den Abschluss der Jakobserzählung bildeten,[57] verkürzen den in Kapitel 37 bereits angelegten Plot der Erzählung in unzulässiger Weise. Mit der Wiederentdeckung Josefs durch seine Brüder und ihrer Versöhnung war das in 1. Mose 37 angesprochene Konfliktpotential noch keineswegs vollständig gelöst. Vielmehr stand jetzt neben der Zusammenführung mit dem Vater die endgültige Klärung der Frage nach der Position Josefs im Kreis der Brüder an, die ja in dessen Träumen als Ursache des Konfliktes angesprochen wurde. Diese Frage wird erst im letzten Teil der Erzählung beantwortet, der daher als integrativer Bestandteil zur Josefserzählung hinzugehört. Damit ist noch kein Urteil über die Entstehungsgeschichte der Josefserzählung gefällt. Es ging bisher allein um den in ihr angelegten dramatischen Handlungsbogen

2.1. Im Hause des Vaters

Das erste Kapitel der Josefsgeschichte ist das einzige Kapitel, das bis auf seinen letzten Vers ausschließlich über Ereignisse berichtet, die sich auf dem Boden Kanaans abspielen. Es führt uns in das Haus Jakobs und seiner Familie:

---

57 So z. B. W. Dietrich (Die Josephserzählung, 53 ff.), der die ursprüngliche Josefsnovelle lückenlos aus den Kap. 37–45 zu rekonstruieren versucht. Auch J. A. Soggin (Genesis, 431) sieht in den Kap. 47–50 eine Fortsetzung der Vätererzählungen.

»Jakob aber wohnte im Lande der Fremdlingsschaft seiner Väter, im Lande Kanaan.« (37,1)

Am Ende der Erzählung wird hingegen erzählt:

»Und Josef wohnte in Ägypten, er und das Haus seines Vaters.« (50,22)

Wollte derjenige Erzähler, der die Josefsgeschichte in diesen Rahmen stellte, berichten, wie es zu der Verlagerung des Hauses Jakob von Kanaan nach Ägypten kam?

2.1.1. ›und er war ein Hirte‹

Mit der Exposition in Kapitel 37 führt der Erzähler seine Hauptdarsteller auf die Bühne des Geschehens: Jakob, Josef und seine Brüder. Das, was von ihnen bisher erzählt wurde, wird als bekannt vorausgesetzt. Deswegen kann der Erzähler sofort auf die zentrale Figur der gesamten Geschichte zu sprechen kommen, auf Josef. Diesen stellt er uns als einen siebzehnjährigen Hütejungen vor Augen. Als Kleinviehhirte wuchs er ganz in das soziale Milieu hinein, von dem auch sonst die Erzählungen über die Erzeltern Israels geprägt sind. Sie weideten ihre Herden an den Rändern des Kulturlandes und in den weniger dicht besiedelten Gebirgsregionen. Wo es sich anbot, betrieb man saisonweise einen bescheidenen Ackerbau. Der Erzähler der Josefsgeschichte weiß darum, dass das soziale Prestige solcher Kleinviehnomaden vor allem aus der Perspektive der Israel benachbarten Hochkultur Ägyptens nicht besonders groß war (1. Mose 46,34), ja, dass sie zuweilen von den Sesshaften und Städtern verachtet wurden.[58] Auf diesem Hintergrund ist die

58 Siehe dazu Th. Staubli, Das Image der Nomaden im Alten Is-

Abb. 2: Hirtenszene auf einem vorderasiatischen Rollsiegel (3. Jt. v. Chr.)

spätere Karriere, die Josef in Ägypten machen sollte, umso erstaunlicher.

Die Kindheit und Jugendzeit eines Menschen fasste man im alten Israel in einer Altersgruppe zwischen dem 5. und dem 20. Lebensjahr zusammen.[59] In dieser Altersgruppe waren Kinder und Jugendliche noch nicht im vollen Besitz ihrer geistigen und körperlichen Möglichkeiten, wurden aber wie der siebzehnjährige Josef am täglichen Arbeitsleben beteiligt. Jugendjahre sind Jahre der Suche nach einer Position im sozialen Gefüge, in das ein Mensch hineinwächst.

Josef war zwar der Erstgeborene Rahels, der Lieblingsfrau Jakobs, in der Reihe aller seiner Söhne aber nahm er den vorletzten Platz ein. Nur Benjamin war noch nach ihm geboren worden. Es ist wohl unbestritten, dass es neben vielen Themen in der Josefsgeschichte vor allem um dessen Position im Kreis der Brüder geht. Wenn das zutrifft, dann kann es aber kein

---

rael und in der Ikonographie seiner sesshaften Nachbarn, OBO 107, Freiburg/Göttingen 1991.

59 Vgl. die Liste der Bewertung der Lebensalter in 3. Mose 27,1–8 und dazu H. W. Wolff, Anthropologie des Alten Testaments, München 1973, 180f.

Zufall sein, dass ihn der Erzähler gleich am Anfang den Söhnen Bilhas und Silpas zuordnet. Bilha und Silpa waren ja die Mägde Leas und Rahels, die ihnen der Aramäer Laban einst mit in die Ehe gegeben hatte (1. Mose 29,24.29). Da Rahel zunächst keine Kinder bekam, bat sie Jakob darum, mit ihrer Leibmagd Bilha stellvertretend für sie Kinder zu zeugen, die sie durch einen eigenen Rechtsakt[60] als die ihren anerkennen wollte. So wurden Dan und Naftali geboren (1. Mose 30,3–8). Man kann das als eine frühe Form von Leihmutterschaft bezeichnen. Weil Lea dem nicht nachstehen wollte, gab sie dem Jakob auch ihre Magd Silpa zur Nebenfrau, die ihm Gad und Asser gebar (1. Mose 30,9–13). So hatte Jakob nicht nur zwei Hauptfrauen, sondern auch deren Mägde als Nebenfrauen, was im Alten Orient nicht als ungewöhnlich galt. Vielmehr wuchs mit der Zahl der Frauen und der Kinder das soziale Prestige eines Mannes.

Die Söhne der Nebenfrauen rangierten allerdings in der Familienhierarchie hinter denen der Hauptfrauen Lea und Rahel.[61] Wenn nun Josef als deren Laufbursche oder Jungknecht (*na'ar*) bezeichnet wird,[62] dann

---

60 Ein solcher steht wohl hinter dem Ausdruck »gebären auf den Knien« der Herrin (1. Mose 30,3). Offensichtlich empfing diese das Kind bei seiner Geburt, nahm es auf ihre Knie und erkannte es damit durch eine Art Adoptionsakt als ihr eigenes an. Siehe C. Westermann, Genesis I/2, 578.

61 Das wird vor allem im Mosesegen (5. Mose 33) deutlich. Dort sind die Lea- und Rahelstämme (Ruben, Juda, Levi, Sebulon, Isachar/Benjamin, Josef [Ephraim, Manasse]) den Bilha- und Silpastämmen (Dan, Naftali/Gad, Asser) vorgeordnet.

62 Das Nomen *na'ar* kann sowohl eine Altersangabe und Bezeichnung für den »Knaben« (1. Mose 43,8;44,22; 2. Mose 2,6 u. ö.) und »Jüngling« sein als auch einen sozialen Stand beschreiben. Dann ist es mit »Knecht« oder »Diener« zu übertragen (1. Sam 9,1.3;25,2 u. ö.). Nach C. Westermann (Genesis I/3, BK.AT,

sprach das für israelitische Hörer Bände. Stand er nach dem Tod seiner Mutter in der Hierarchie der Brüder auf der untersten Stufe? Musste er sich, obwohl er der älteste Sohn Rahels, der Lieblingsfrau seines Vaters war, mit dem letzten Platz als Knecht und Gehilfe unter den Söhnen seiner Nebenfrauen zufriedengeben? Angesichts dieser Rangordnung verwundert es nicht, dass der Letzte davon träumen wird, einmal der Erste zu sein.

Und noch weniger verwundern die Differenzen, die sich zwischen ihm und seinen Brüdern auftun. Wer sich benachteiligt am Ende der Reihe weiß, ist selten frei von der Versuchung, sich in den Vordergrund zu spielen. Josef tut dies auf eine nicht gerade feine Weise. Er ist eine Petze. Er hinterbringt dem Vater, dem er auch als Botengänger dient (37,12f.), das böse Gerede seiner Söhne. Seine Lage im Kreis der Brüder ist misslich. Aber sein Verhalten ist auch nicht gerade brüderlich.[63]

2.1.2. ›Israel aber hatte Josef lieber‹

So gespannt daher das Verhältnis des Hütejungen Josef zu den Bilha- und Silpasöhnen gewesen sein mag, so eng und herzlich war es zu Jakob/Israel,[64] seinem Va-

---

Neukirchen-Vluyn 1982, 26), G. v. Rad (Das erste Buch Mose, 306) u. a. ist in unserem Falle letztere Bedeutung anzunehmen.

63 Wenn wir die Intention des Erzählers mit der Zuordnung Josefs zu den Bilha- und Silpasöhnen und ihrem bösen Gerede richtig erkannt haben (andere Deutungen bei J. Ebach, Genesis 37–50, 58), dann erübrigt es sich, in 37,2 eine Doppelung zu den folgenden Konfliktursachen (buntes Kleid, Träume) zu sehen. Damit entfällt dann aber auch die Notwendigkeit, mit mehreren Quellen oder Bearbeitungen in Kap. 37 zu rechnen.

64 Hier begegnet erstmalig das Phänomen, dass der Erzähler Jakob mit seinem Ehrennamen Israel (1. Mose 32,29;35,10) bezeichnet. Fortan wechselt er durchweg im Gebrauch der Na-

ter. Er liebte ihn mehr als alle seine anderen Söhne, weil er der Sohn seines Alters war. Doch hatte diese Vorliebe Jakobs für Josef sicherlich nicht nur etwas mit dessen Alter zu tun. Josef war eben der erste Sohn, den er von seiner geliebten Rahel empfing. Die Erzählung wird noch eindrücklich zeigen, dass ihm die Söhne dieser Frau, Josef und Benjamin, das Wertvollste waren, was sie ihm nach ihrem frühen Tod hinterlassen hatte (1. Mose 42,36–38;43,14;44,18 ff.). Damit ist die Vorliebe des Vaters für Josef bestens erklärt. Nicht alles aber, was sich erklären lässt, darf auch auf Zustimmung und Verständnis rechnen.

Denn es bleibt nicht bei der Vorliebe des Vaters. Den großen Gefühlen, die er für den Sohn hegt, gibt er einen sichtbaren, äußerlichen Ausdruck. Er schenkt ihm einen »bunten Rock« (37,3).[65] Damit wird aus der Vorliebe ein Vorzug, den Josef beim Vater vor seinen Brüdern genießt. Der Konflikt ist vorprogrammiert. Alles steuert auf eine familiäre Katastrophe zu.

Das Kleidermotiv spielt in der weiteren Erzählung eine bedeutende Rolle.[66] An ihm demonstriert der Er-

---

men. Von einer Reihe von Auslegern wird auch dieser Befund als Hinweis darauf betrachtet, dass in der Josefserzählung ursprünglich mehrere selbständige Quellen verarbeitet wurden, die ursprünglich selbständige Varianten der Erzählung boten.

65 Martin Luther übersetzte die hebräische Wendung *ketonät passim* mit »bunter Rock«. Immer wieder wurde darauf hingewiesen, dass es sich dabei um ein knöchellanges Festgewand handelte (vgl. 2. Sam 13,18). M. Görg (Der gefärbte Rock Josefs, BN 102, 2000, 9–13) hat gezeigt, dass neben anderen ägyptischen Fremdworten in der Erzählung das bisher schwer zu deutende Nomen *passim* von dem ägyptischen Verb *psj* (kochen, färben) abgeleitet werden kann. In diesem Falle darf es beim »bunten Rock« Luthers bleiben.

66 Vgl. dazu jetzt A. Meinhold, »... damit wir leben können und nicht sterben müssen!« Lebensfülle als Quintessenz israelitisch-

zähler den Fall und den Aufstieg seines »Helden«. Am Anfang tritt uns Josef im bunten Rock des Vaters vor Augen. Dieser wird ihm im Hass der Brüder vom Leib gerissen (37,23). Nachdem Josef aus der Grube, in die sie ihn warfen, verschwunden war, wälzen sie den bunten Rock im Blut eines geschlachteten Ziegenbockes. Mit diesem gefälschten Beweisstück täuschen sie den alten Vater. Er soll glauben, ein wildes Tier habe Josef zerrissen (37,20.31–33). In Ägypten wird Josef das Kleid zum Verhängnis, das ihm seine liebestolle Herrin vom Leibe reißt. Zum zweiten Mal steht er gleichsam nackt und ungeschützt in der Welt. Auch diesmal dient das Kleid Josefs der Frau Potifars als falscher Beweis für ihre verleumderische Anklage (39,12–18). Auf dem Höhepunkt seiner Laufbahn empfängt Josef dann die Ehrenkleider des Pharao (41,42). So wie Jakob – willentlich oder auch unwillentlich – mit dem bunten Rock den Vorzug und die besondere Position demonstrierte, die Josef im Kreise der Familie einnahm, so demonstriert der Pharao mit den Ehrenkleidern Josefs Machtposition in seinem Reich. Ein letztes Mal begegnet das Motiv in der Stunde, in der er sich seinen Brüdern in Ägypten zu erkennen gab (45,22). Da beschenkt er jeden seiner Brüder mit einem Festgewand. Wie der bunte Rock des Lieblingsknaben Josef einst zum sichtbaren Anlass des Neides und der Entzweiung wurde, so sind die Festkleider für die Brüder jetzt ein Zeichen der Versöhnung. Ist Josef also um einen späten Ausgleich bemüht, nachdem er begriffen hatte, wozu die ungleiche Behandlung führte, die Jakob sei-

---

judäischer Identität in Diaspora und Land nach der Erzähltheologie der Josephsgeschichte, in: A. Berlejung/R. Heckl, Ex oriente Lux. Studien zur Theologie des Alten Testaments, FS R. Lux, ABG 39, Leipzig 2012, 78–82.

nen Söhnen angedeihen ließ? Sicherlich wollte der Erzähler mit dieser letzten Wiederaufnahme des Kleidermotives ein solches Bemühen andeuten. Menschliches Zusammenleben aber – darum wusste der Erzähler auch – gestaltet sich komplizierter. Mit einer vordergründigen Gleichmacherei ist wenig gewonnen. Sie wird immer wieder an den Ungleichheiten, den besonderen Begabungen, Neigungen und Vorlieben der Menschen ihre Grenze finden. So wird im gleichen Atemzug erzählt, dass Josef seinen leiblichen Bruder Benjamin nicht nur mit einem, sondern mit fünf Festgewändern beschenkte. Hörte sie also niemals auf, die Ungleichbehandlung der Brüder? Setzte Josef lediglich fort, was sein Vater Jakob begonnen hatte? Sind die Söhne auch nicht klüger als die Väter? Oder sollten die Brüder lernen, dass der Vorzug, den Jakob ihm selbst und Josef einem von ihnen zukommen ließen, ihnen keinen Abbruch tat? Gehört das zu den Lektionen, die die Leser der Josefserzählung zu lernen haben, dass auch bei ungleich verteilten Gütern versöhntes Leben möglich ist? Schließlich sorgt Josef ja für alle seine Brüder. Aber er lässt sich die Freiheit nicht nehmen, sich in besonderer Liebe und Großzügigkeit einem unter ihnen, dem Benjamin, zuzuwenden. Warum eigentlich fällt es dem Menschen, für den gesorgt ist, immer wieder so schwer, sich mit dem mitzufreuen, dem in besonderer Weise Gutes widerfährt?[67]

Dieses Problem der ungleich verteilten Begabungen, Lebensgüter und Liebe ist nun allerdings nicht allein

---

67 Es wäre wohl erhellend, die Josefsgeschichte einmal im Lichte des Gleichnisses vom verlorenen Sohn zu lesen (Lk 15,11–32). Auch dort erträgt ja der ältere Sohn, dem alles gehört, nicht die besondere Zuneigung, mit der der Vater den zurückkehrenden verlorenen jüngeren Sohn wieder aufnimmt und ihn feiert.

eine anthropologische oder soziale Konstante, die es ethisch zu bewältigen gilt. Die Josefserzählung weiß darum, dass es dabei letztlich um ein theologisches Problem geht. Denn der Vorzug, den Josef durch seinen *irdischen Vater* erfährt, wird ja im Laufe der Erzählung durch seinen *himmlischen Vater* gleichsam sanktioniert. Es ist nämlich – wie wir noch sehen werden – nicht allein Jakob, der dafür sorgt, dass die Träume seines Lieblingssohnes in Erfüllung gehen, sondern Gott selbst macht »den Letzten« unter seinen Brüdern zum »Ersten«. Er ist »mit ihm« und sorgt dafür, dass alles, was er tut, gelingt (1. Mose 39,2f.21.23;41,38f.). Von alledem ist in Kapitel 37 zwar noch nicht die Rede. Aber es steht bereits verborgen hinter dem Geschehen, das zum Auseinanderbrechen der Familie Jakobs führt. Dieser Josef ist eben nicht nur ein Liebling Jakobs, sondern auch der Liebling Gottes. Und durch Gott selbst wird die Vorliebe Jakobs ins Recht gesetzt, so ungerecht sie uns auch zunächst erscheinen mag. Das ist die theologische Provokation, die diese Erzählung in sich birgt. Gott gibt der ungerecht erscheinenden väterlichen Liebe recht. So wie Jakob in einer souveränen, freien Entscheidung sich seinem Sohn Josef in besonderer Weise zuwendet, so lässt sich auch Gott diese Freiheit nicht nehmen. Erst am Ende werden wir erfahren, dass diese besondere Liebe Gottes nichts mit blinder Willkür zu tun hat, sondern im Dienste des Lebens und Überlebens aller steht. Aber bis dahin ist es noch ein weiter Weg. Und so etwas begreift man wohl meistens erst im Nachhinein.

Die Reaktion der Brüder auf die Vorzugsgabe des Vaters lässt nicht lange auf sich warten. Als sie Jakobs Vorliebe für Josef nicht nur spüren, sondern in Gestalt des bunten Rockes auch *sehen* können (37,4), da wechseln sie kein friedliches Wort mehr mit ihm. Von nun an regiert der schweigende Hass. Dem nachdenklichen Leser muss die Frage kommen, warum sich dieser Hass eigentlich allein gegen Josef richtete und nicht auch gegen Jakob. Wird da ein sozialpsychologischer Mechanismus erkennbar, wonach der Hass, wenn er die Wahl hat, sich immer das schwächere Opfer sucht, also nicht den unantastbaren *pater familias,* sondern eben den kleinen Bruder, der sich allenfalls mit seiner vorlauten Zunge zu wehren wusste?[68]

Mit der Bevorzugung Josefs und dem Kleidermotiv hat der Erzähler einen Faden in das Textgewebe seiner Gesamterzählung eingewoben, der von der Entzweiung der Brüder in Kapitel 37 bis zu ihrer Versöhnung in Kapitel 45 reicht. Die variierende Wiederaufnahme des Motivs in der Episode von Potifars Weib (1. Mose 39,11 ff.) und anlässlich der Erhöhung Josefs durch den Pharao (1. Mose 41,37 ff.) lässt erkennen, dass wir es mit einer bewusst durchkomponierten Erzählung zu tun haben. Da wird nichts dem Zufall überlassen. Vielmehr soll der Leser den einmal aufgenommenen Faden durch die Erzählung verfolgen und aufmerksam darauf achten, wie er vom Erzähler weitergesponnen wird.[69]

---

68 Eine vergleichbare Konstellation liegt in der Urgeschichte vom Brudermord in 1. Mose 4 vor. Dort richtet sich der Zorn Kains gegen den von Gott bevorzugten Abel, der gar nichts dafür konnte, dass das Opfer Kains nicht angenommen wurde.

69 Angesichts dieser Beobachtung sind alle Hypothesen mit Vorsicht zu betrachten, die die Kap. 39–41 und 37;42 ff. unterschiedlichen literarischen Wachstumsstufen der Erzählung zuweisen möchten. Siehe S. 236–240.

2.1.3. *›Josef träumte einen Traum‹*

Jetzt wissen wir, wie es um Jakob, Josef und seine Brüder steht. Die Stimmung ist gespannt. Und es bedurfte wohl nur noch eines geeigneten Anlasses, damit es zum offenen Ausbruch des Konfliktes kam. Den lieferte Josef der Träumer. War es kindliche Naivität oder schlichtweg Dummheit, die ihn dazu bewog, den Brüdern seine Träume zu erzählen? Hatte er es vielleicht sogar darauf abgesehen, den Dauerkonflikt weiter anzuheizen? Mit all diesen Fragen lässt der Erzähler seine Leser allein. Da dürfen sie selbst ihrer Phantasie freien Lauf lassen. Ihm ging es vor allem um die Träume und ihre Botschaft.[70]

Beide Träume haben ein und dasselbe Thema: Josefs Vorrang vor seinen Brüdern (37,7), ja sogar noch vor seinem Vater und seiner Mutter (37,9f.). Das Thema Herrschaft und Unterwerfung bildet gleichsam die Sach- oder Aussagebene der Träume. Die Sache aber bleibt an Traumbilder gebunden. Und nur wer es versteht, diese zu entschlüsseln, der wird auch zur Sache vordringen. Im ersten Traum sieht Josef sich selbst und die Brüder beim Garbenbinden auf dem Feld. Während seine Garbe fest und aufrecht steht, fallen die Garben der Brüder vor seiner zur Erde (37,5–8). Die Brüder hat-

70 Einige Kommentatoren vertreten die Auffassung, dass Josefs Denunziantentum bzw. sein bunter Rock Grund genug gewesen seien, den Konflikt eskalieren zu lassen. Da hätte es der Träume gar nicht mehr bedurft. Aus der Häufung der Motive schließen sie dann wieder auf ursprünglich selbständige Varianten der Erzählung. So z. B. H.-Chr. Schmitt, Die nichtpriesterliche Josephsgeschichte, BZAW 154, Berlin/New York 1980, 23ff. Zwingend aber ist eine solche Annahme keineswegs. Vielmehr kann man in der Aufreihung der unterschiedlichen Konfliktursachen auch eine bewusste narrative Steigerung sehen. Dann waren die Träume eben nur noch der berühmte Tropfen, der das Fass zum Überlaufen brachte.

ten sofort verstanden. Wütend stellen sie ihm die fast absurde Gegenfrage, ob Josef denn König über sie sein und sie beherrschen wolle (V. 8). Der zweite Traum (37,9–11) stellt dazu sogar noch eine Steigerung dar. Jetzt sieht er sich inmitten des gestirnten Himmels. Und nun sind es gar die Gestirne selbst, die Sonne, der Mond und elf Sterne, die sich vor ihm verneigen. Das war dann selbst dem alten Vater zuviel. So fragt auch er den »Gernegroß«, ob dieser denn erwarte, dass sein Vater, seine Mutter und seine Brüder, gleichsam der gesamte Familienkosmos, vor ihm zur Erde fallen (V. 11).

Der Zurechtgewiesene antwortet auf all die Fragen nicht. Es herrscht Schweigen! Die Brüder gehen ihrer Wege und Jakob »bewahrte die Sache« in seinem Herzen, die ihm da zu Ohren kam. Ihm mag es ähnlich gegangen sein wie der Mutter Jesu als sie die Botschaft der Hirten vernommen hatte (Lk 2,19):

»Maria aber behielt alle diese Worte und bewegte sie in ihrem Herzen.«

Ahnte Jakob, dass hinter Josefs Träumen mehr steckte als nur jugendlicher Übermut?

Träume waren im Orient und im alten Israel ein Gespräch mit dem Himmel:[71]

»Warum willst du mit ihm [Gott] hadern?
Weil er all seine [des Menschen] Worte nicht beantwortet?

71 Siehe zum Traum im Alten Orient und in 1. Mose 37–50 jetzt A. Zgoll, Traum und Welterleben im antiken Mesopotamien. Traumtheorie und Traumpraxis im 3.–1. Jt. v. Chr. als Horizont einer Kulturgeschichte des Träumens, AOAT 333, Münster 2006, und J. Lanckau, Der Herr der Träume. Eine Studie zur Funktion des Traumes in der Josefsgeschichte der Hebräischen Bibel, AThANT 85, Zürich 2006.

Fürwahr, einmal redet Gott
und ein zweites Mal – man beachtet es nicht.
Im Traum, im Nachtgesicht,
wenn der Tiefschlaf auf den Menschen fällt,
im Schlummer auf dem Lager, da öffnet er das Ohr der Menschen
und durch ihre Verwarnung schreckt er sie.« Hi 33,13–16

Wenn also der Erzähler in der Josefsgeschichte mit Träumen arbeitete, dann war seinen Hörern und Lesern wohl bewusst, dass im Spiel der Menschen, in Hass und Liebe, in ihrem Reden und Nicht-mehr-miteinander-reden-Können immer noch ein anderer mitspielte und mitsprach, nämlich der, der die Träume schickt. Das galt auch dann, wenn er selbst gar nicht in den Träumen benannt wurde. Träume waren ein »Alphabet des Himmels«. Wer sie zu deuten verstand, musste die »Grammatik der Götter« beherrschen. Josef wusste um dieses Geheimnis wie wenige sonst (1. Mose 40,8;41,16).

Mit den Träumen Josefs webt der Erzähler einen weiteren Faden ein, der sich auf vielfache Weise in der gesamten Erzählung fortsetzt.[72] Da ist zunächst das Verb »sich niederwerfen, verneigen« (*schachah* Hitpal.), das nicht nur zum Schlüsselverb der Träume Josefs (37,7.9.10) wird, sondern zu einem Leitverb der gesamten weiteren Erzählung. Das, wogegen sich die Brüder auflehnen, dass sie sich vor Josef zu Boden werfen sollen, das müssen sie (nicht aber der Vater!) am Ende mehrfach tun (42,6;43,26.28;50,18). Josefs Traum wird Wirklichkeit.

Aber nicht nur am Ursprung des Konfliktes arbeitet der Erzähler mit einem solchen Traumpaar, sondern

---

72 Vgl. A. Meinhold, »… damit wir leben können«, 82–91.

auch im Fortgang sind es jeweils zwei Träume, die dem Geschick des Josef eine entscheidende Wende geben. Im Königsgefängnis in Ägypten werden es die Träume des Obermundschenks und des Oberbäckers von Ägypten sein (1. Mose 40). Dort begegnet Josef erstmalig nicht selbst als Träumer, sondern als kundiger Traumdeuter. Diese Fähigkeit erfährt dann anlässlich der Träume des Pharao eine gezielte Steigerung (1. Mose 41). Josef allein ist es, der die Träume des Pharao zu deuten versteht. Durch diese drei Traumpaare sind die Kapitel 37;40 und 41 eng miteinander verknüpft. Die jeweilige Doppelung der Träume lässt eine bewusste Technik des Erzählers erkennen. Der tiefere Sinn dieser Erzähltechnik erschließt sich aus 1. Mose 41,32:[73]

»Dass der Traum des Pharao sich zweimal wiederholte [bedeutet]: fest gegründet ist die Sache bei Gott und er eilt, sie auch zu tun.«

Was für die Träume des Pharao gilt, das traf wohl auch auf die Träume Josefs zu. Auch in ihnen ging es ja um ein und dieselbe Sache, um den Positionswechsel zwischen Josef und seinen Brüdern. Aus dem Vorletzten sollte der Erste werden.[74] War das bei Gott ebenso eine

---

73 Auch in der Doppelung der Träume sehen einige Ausleger Hinweise auf ursprünglich selbständige Varianten der Erzählung. Angesichts der Tatsache, dass die Träume des Pharao von der Sache her ursprünglich gar nicht für sich selbst existiert haben können und dass der Erzähler seine Erzähltechnik selbst offen legt (41,32), können derartige Versuche wenig überzeugen.

74 Dabei handelt es sich um ein biblisches Grundmotiv, das viele biblische Geschichten wie eine verborgene Grammatik steuert. Siehe zu derartigen »impliziten Axiomen« oder Grundmotiven G. Theissen, Die Bibel an der Schwelle zum dritten Jahrtausend nach Chr. Überlegungen zu einer Bibeldidaktik für das »Jahr mit der Bibel 1992«, ThPr 27, 1992, 4–23.

beschlossene Sache? Mit der Selbstunterwerfung der Brüder unter Josef enthüllt sich auch dieses Geheimnis erst vom Ende her. Da sehen die Brüder dann tatsächlich, was aus seinen Träumen wurde (37,20): Wirklichkeit! Aber eine Wirklichkeit, die anders aussah, als sie anfänglich befürchten mussten. Josef setzte seine Herrschaft über die Brüder nicht ein, um sie zu demütigen, sondern um sie und ihre Familien am Leben zu erhalten (45,7;50,19f.). Doch auch diese Einsicht erschließt sich erst in der Rückschau.

2.1.4. ›werft ihn in die Grube‹

Zunächst einmal ging es um das nackte Leben Josefs selbst. Nach den Träumen hatten sich seine und der Brüder Wege getrennt. Während diese mit ihren Herden bei Sichem, dem heutigen Nablus, weideten, war Josef bei seinem Vater in Hebron geblieben. Vor den Toren Sichems hatte Jakob einst ein Stück Land erworben (1. Mose 33,19f.). Dorthin sollte Josef ziehen, um nach dem *schalom* (Wohlbefinden) der Brüder und der Herden zu sehen. Wusste Jakob denn nicht, wie es um das Verhältnis zwischen Josef und seinen Brüder bestellt war? Ausgerechnet der, mit dem sie nicht mehr friedlich (*l^{e}schalom*) zu reden wussten (37,4), der soll jetzt nach ihrem *schalom* sehen? Hätte es sich der Vater denn nicht denken können, dass das Wohlbefinden der Brüder durch den Träumer eher gestört als befördert würde?

Der Auftrag Jakobs an den Sohn hat aber noch eine viel tiefere, ja fast tragische Dimension. Letztlich ist es der Vater, der seinen Lieblingssohn – ob nun aus Arglosigkeit oder sehenden Auges – ins Verderben schickt. Der, der bei aller Vorliebe für Josef um den *schalom* aller seiner Söhne bemüht ist, trägt dazu bei, dass der Bruderfrieden endgültig zerbricht. Wie alt wohl ist diese Erfahrung, dass Väter für ihre Söhne nur das Beste wollen und sie doch ins Unglück stürzen, dass die gute Absicht böse Folgen hat, aus denen allein Gott – wie sich am Ende in 1. Mose 50,20 zeigen wird – dennoch Gutes zu machen weiß?

Josef kommt nach Sichem und kann die Brüder auf dem Feld nicht finden. Da begegnet dem Umherirrenden ein Fremder, der zu erzählen weiß, dass seine Brüder nach Dotan weitergezogen seien. Wie ein geheimnisvoller Wegweiser kreuzt der Namenlose Josefs Weg, um sofort wieder die Bühne des Geschehens zu verlassen. Soll im Leser eine Ahnung aufsteigen, dass in all dem verhängnisvollen Geschehen eben doch kein blinder Zufall waltet, sondern dass da eine noch verborgene, geheimnisvolle Macht ist, die dem Josef in den Weg tritt und ihn führt?

Als die Brüder den Josef in seinem bunten Rock von Ferne kommen sehen, packt sie der Zorn. Sie wollen Josef töten (37,18–20). Ihr Vorhaben ist alles andere als ein Totschlag im Affekt. Vielmehr entwerfen sie sofort eine kaltblütige Strategie, mit der sich die Bluttat vertuschen ließe. Der Erzähler betont noch einmal ausdrücklich, dass es die Träume waren, die die Brüder zu dieser Tat trieben. Offensichtlich waren auch für sie Träume keine Schäume. Bekam man es in ihnen mit Mächten zu tun, die sich menschlicher Kontrolle entzogen? So setzen sie auf die äußerste Möglichkeit, auf die Hoffnung, dass sich mit der Beseitigung des Träumers auch dessen Träume von selbst erledigen würden:

»Dann wird man sehen, was aus seinen Träumen wird.«
1. Mose 37,20b

Es ehrt Ruben, den ältesten Sohn Jakobs, dass dieser versuchte, die Mordpläne der Brüder zu vereiteln

Abb.3: Querschnitt einer Zisternenanlage. Die sich nach oben verjüngende Öffnung, die mit einem großen Stein verschlossen werden konnte, machte eine Selbstbefreiung aussichtslos.

(37,21–24). Um Zeit zu gewinnen schlägt er vor, Josef zunächst einmal in eine Grube (*bor*) zu werfen und kein Blut zu vergießen. Zisternen wurden offensichtlich häufiger zu Gefängnissen umfunktioniert, in denen man unliebsame Personen verwahrte (Jer 37,16; 38,6).

Es ist allerdings Rubens heimlicher Plan, ihn später aus der Gewalt der Brüder zu befreien und dem Vater zurückzubringen (37,22). Wieso war es allein Ruben, in dem sich das Gewissen regte? War es das Pflichtgefühl des Ältesten, das ihn dazu veranlasste? Würde der Vater nicht vor allem von ihm Rechenschaft über das Geschick des jüngeren Bruders fordern? Oder tat er es, weil er bei Jakob in Ungnade gefallen war und etwas wiedergutzumachen hatte? Wollte er damit seine angeschlagene Position als Erstgeborener retten?[75] Was

75 Diese Deutung ergibt sich nicht aus der Josefsgeschichte selbst, sondern nur aus ihrer Verbindung zu den Vätererzählungen. Dort wurde berichtet, dass Ruben mit Jakobs Nebenfrau Bilha

immer den Ruben auch zu diesem Schritt bewogen haben mag, ihm zu allererst gebührt das Verdienst, die Brüder vor einer Blutschuld bewahrt zu haben. Die Brüder lassen sich von Ruben überzeugen. Sie packen Josef, ziehen ihm seinen bunten Rock aus und werfen ihn in eine wasserlose Zisterne. So war es Ruben vorläufig gelungen, wenigstens das *nackte* Leben Josefs zu retten.

Mit der Wiederaufnahme des Kleidermotivs verbindet sich hier eine der tiefsten Erfahrungen menschlicher Demütigung. Es war ja nicht nur der bunte Rock, den sie ihm neideten und deswegen vom Leibe rissen. Einem Menschen, der seiner Kleider beraubt wird, wird seine Würde genommen. Das Kleid diente zu keiner Zeit allein der Verhüllung der Blöße. Es hatte und hat als zweite, soziale Haut eine Schutzfunktion für Leib und Seele.[76] Als Adam und Eva den Garten Eden verlassen mussten, da ließ Gott sie nicht schutzlos ziehen, sondern machte ihnen Kleider (1. Mose 3,21). Jakobs Brüder berauben Josef dieses Schutzes. Sie handeln an ihm, wie im Alten Orient – und nicht nur im Alten Orient! – an besiegten Feinden gehandelt wurde (2. Sam 10,4; Jes 20,4). Die öffentliche Zurschaustellung ihrer Nacktheit zielte auf die Verletzung ihrer Menschenwürde ab.

---

geschlafen hatte (1. Mose 35,22) und so an seinem Vater schuldig wurde. Liest man die Josefsgeschichte in diesem Kontext, dann stellt sich wie von selbst der Gedanke ein, dass Ruben bei seinem Vater etwas gutzumachen hatte, was er mit Josefs Rettung versuchte. Doch konnte ihm auch dieser Wiedergutmachungsversuch der Überlieferung nach nicht sein Erstgeburtsrecht sichern (vgl. 1. Mose 49,3 f.).

76 Siehe dazu H. Weippert, Kleidung, NBL II, 495–499.

Abb.4: Zwei assyrische Krieger treiben drei nackte Gefangene, zwei Frauen und ein Mädchen vor sich her. Bronzerelief vom Tell Balawat aus der Zeit Salmanassar III. (9. Jh. v. Chr.)

Zahllose Zeugnisse aus den Todeslagern des hinter uns liegenden 20. Jahrhunderts belegen, dass die Bewacher mit der brutalen Entkleidung zunächst die Seelen ihrer Opfer vernichteten, bevor sie den Leib töteten.

Nachdem Josef in der dunklen Grube verschwunden war, kehrten die Brüder zu ihren Herden zurück und aßen miteinander. Wollte der Erzähler damit die besondere Gefühlskälte dieser abgebrühten Burschen unterstreichen? Während der verstoßene Bruder im Elend saß, ließen es sich die Übeltäter schmecken? Das gemeinsame Essen diente ja nicht allein der Sättigung. Es war und ist ein sozialer Vorgang von großer Bedeutung. Der Abbruch der Tischgemeinschaft ist immer noch ein deutliches Signal für die Beziehungslosigkeit zwischen Menschen. Auf diese Weise verweigerten die Brüder dem Josef die Befriedigung der menschlichen Grundbedürfnisse nach Kleidung, Nahrung und Gemeinschaft.

Dabei wurde bisher viel zu wenig beachtet, dass das Motiv des »Brüdermahles« auch für die Folgeerzählung von Bedeutung bleibt.[77] Die von den Brüdern ein-

77 So jetzt auch A. Meinhold, »… damit wir leben können«, 83 ff.

seitig gebrochene Tischgemeinschaft wird erst viel später von Josefs Seite aus wieder aufgenommen (43,16.25.34). Noch unerkannt, aber schon auf dem Wege der Versöhnung sorgt er für ein feucht-fröhliches Brüdermahl:

»Sie tranken und berauschten sich zusammen mit ihm.«
1. Mose 43,34

Die verweigerte und wiederhergestellte Tischgemeinschaft bilden ebenso wie das Kleidermotiv einen Erzählzusammenhang. Das wird schließlich daran deutlich, dass Josef wie bereits bei den Festgewändern, die er den Brüdern schenkt, auch beim gemeinsamen Mahl Benjamin mit der fünffachen Portion versorgt (43,34). Auch hier also die Fürsorge für alle seine Brüder und doch keine Gleichmacherei. Doch noch saß er ja nackt und hungrig in der Grube, während es sich die Brüder wohl sein ließen.

Erst jetzt stellten sie sich die Frage, was denn nun aus Josef werden solle. Da bot sich wie von selbst eine Lösung an. Von Ferne sahen sie eine Karawane mit ismaelitischen Händlern kommen, die Tragakanth, Mastix und Ladanumharz, Rohstoffe aus dem ostjordanischen Gilead für die ägyptische Kosmetikindustrie, nach Ägypten brachten.[78] So schlug Juda vor, Josef als Sklaven zu verkaufen. Damit blieben sie frei von Blutschuld und zögen sogar noch einen Gewinn aus ihrer Tat (37,25–27). Jetzt überschlägt sich die rasche Handlungsfolge fast. Der Vorschlag Judas zwang Ruben,

---

78 Zu den Schwierigkeiten der genauen Identifizierung dieser Produkte siehe A. KNAUF, Ismael. Untersuchungen zur Geschichte Palästinas und Nordarabiens im 1. Jahrtausend v. Chr., ADPV, Wiesbaden 1985, 15f.

umgehend seinerseits aktiv zu werden. Er hatte ja ganz andere Pläne mit Josef. Er wollte ihn möglichst heil dem Vater zurückbringen. Deswegen macht er sich sofort auf und kehrt zu der Grube zurück, in die sie Josef geworfen hatten. Zu seiner großen Überraschung kann er Josef dort nicht mehr finden. Ohne dass er und die Brüder etwas davon mitbekommen hatten, war Josef in der Zwischenzeit von midianitischen Kaufleuten gefunden und aus der Grube gezogen worden. Und diese hatten ihrerseits Josef bereits an die Ismaeliterkarawane gegen zwanzig Silberstücke verkauft (37,28). Das war exakt der Preis, den ein junger Mann zwischen fünf und zwanzig Jahren auf dem Sklavenmarkt erzielen konnte (3. Mose 27,5).

Eine Reihe von Auslegern sieht sowohl im Handeln der beiden Brüder Ruben und Juda wie auch im Auftreten der Ismaeliter und der Midianiter klare Anzeichen dafür, dass hier zwei ursprünglich selbständige Varianten der Josefsgeschichte zu *einer* Erzählung zusammengefügt worden seien. Dabei teilen sie den Text in zwei Quellen oder in eine Ruben-Midian- und eine Juda-Ismael-Variante auf.[79] Eine wirklich zwingende

---

79 Die Aufteilung des Stoffes auf die traditionellen Quellen des Jahwisten (J) und Elohisten (E) wird – auch bei unterschiedlicher Datierung dieser Quellen – nach wie vor in den Genesiskommentaren von H. Seebass und L. Ruppert vertreten. Sie wurde in einschlägigen Untersuchungen etwa von L. Schmidt (Literarische Studien zur Josefsgeschichte, BZAW 167, Berlin/New York 1986) und J. Scharbert (Ich bin Josef euer Bruder. Die Erzählung von Josef und seinen Brüdern wie sie nicht in der Bibel steht, St. Ottilien 1988) weiter favorisiert. Mit der Ergänzung einer »Ruben-Schicht« durch eine »Juda-Schicht« rechnen die Arbeiten von A. Jepsen (Zur Überlieferungsgeschichte der Vätergestalten, in: Ders., Der Herr ist Gott. Aufsätze zur Wissenschaft vom Alten Testament, Berlin 1976, 46–75), H. Chr. Schmitt (Josephsgeschichte), W. Dietrich (Jo-

Notwendigkeit zu solchem Vorgehen kann ich nicht sehen. Vielmehr weist die vorliegende Erzählung eine in sich schlüssige Logik auf.[80] Nur weil Juda Josef an die Ismaeliter verkaufen will, muss Ruben handeln, da er andere Pläne hatte. Und nur auf dem Hintergrund des für Ruben und seine Brüder völlig unerklärlichen Verschwindens von Josef wird Rubens Entsetzen darüber verständlich. Vor allem aber wird mit der Midianiteraktion, von der die Brüder nichts wissen, ein späterer Erzählzug vorbereitet, der für die gesamte Erzählung konstitutiv ist. Weil die Brüder gar nicht wissen, wo der von ihnen in die Grube geworfene Josef denn geblieben ist, ja ob er überhaupt noch am Leben ist, rechnen sie auf ihren späteren Reisen nach Ägypten auch gar nicht damit, ihn dort anzutreffen. Das Nichtwissen der Brüder über den Verbleib Josefs in Kapitel 37 ist die narrative Voraussetzung für ihr Nichterkennen in 1. Mose 42–44.

So galt Josef also von dieser Stunde an als vermisst.

Bedenken wir das Verhältnis Judas und Rubens, die aus dem Kreis der Brüder hervortreten, zu ihrem jüngeren Bruder ein wenig eingehender, dann tut sich eine eigentümliche Ambivalenz auf. Ruben hat Erfolg mit seiner Intervention. Er rettet Josef zunächst das Leben. Doch in diesem Erfolg tut sich bereits ein Misserfolg auf. Es gelingt ihm nicht, den verlorenen Sohn

---

sephserzählung) und N. Kebekus (Die Joseferzählung. Literarkritische und redaktionskritische Untersuchungen zu Genesis 37–50, IHS, Münster/New York 1989).

80 Der einzige Vers, der aus dieser Logik herausfällt ist 1. Mose 37,36, wonach die Midianiter und nicht die Ismaeliter Josef an Potifar verkauften. Entweder geht dieser Vers auf einen Redaktor zurück, der Kap. 38 in die Josefserzählung einfügte, oder er stammt von einem Autor, der wie in Ri 8,5.12.22.24 die Midianiter mit den Ismaelitern identifizierte.

seinem Vater zurückzubringen. Gleiches lässt sich von Juda sagen. Auch er hat Erfolg. Die Brüder nehmen seinen Vorschlag, Josef nach Ägypten zu verkaufen, an. Doch auch ihm gelingt es nicht, den Plan in die Tat umzusetzen. Die Midianiter waren schneller als die beiden großen Brüder. Wieder entsteht der Eindruck, als stünde da eine verborgene Macht im Hintergrund, die den Akteuren auf der irdischen Bühne das Heft des Handelns aus der Hand nimmt. Getriebene sind sie, aber nicht nur Getriebene ihrer Leidenschaften, sondern beteiligt an einem Geschehen, das sich immer wieder ihrem Zugriff entzieht. Ruben rettet Josef und rettet ihn doch nicht. Juda will ihn verkaufen und verkauft ihn nicht. Zwischen den Plänen, die sie haben, und der Ausführung liegt ein Bruch. Ihr Handeln geht nicht ohne Rest auf. Es kommt etwas anderes dabei heraus als das, was sie im Sinne hatten. Wird hier eine Erfahrung narrativ entfaltet, die die Weisen Israels in folgender Sentenz verdichteten?

»Das Herz des Menschen ersinnt sich seinen Weg,
JHWH aber lässt seinen Schritt fest werden.« Spr 16,9

Den Brüdern bleibt letztlich nichts weiter zu tun, als ihren alten Vater ins Bild zu setzen. Wie sollte das geschehen? Die Wahrheit sagen? Aber was war denn die Wahrheit? Die kannten sie doch selber nicht. Keiner wusste ja, was aus dem Knaben geworden war. So sahen sie sich genötigt, doch dem einmal gefassten Plan der Täuschung und der Lüge Raum zu geben. Sie wälzen Josefs bunten Rock im Blut eines geschlachteten Ziegenböckchens und lassen ihn dem Vater bringen (37,31–35). Ihnen selbst fehlte wohl der Mut, vor Jakob zu treten. Die Täuschung gelingt. Jakob glaubt, Josef sei von einem wilden Tier zerrissen worden. Er verfällt in abgrundtiefe Trauer und vollzieht die üblichen Trauerriten. Erst jetzt kommen all seine Söhne und Töchter zu ihm, um den Alten zu trösten (V. 35). Es stimmt nachdenklich, dass wir hier die einzige Stelle in der Josefsgeschichte vor uns haben, in der auch von Töchtern Jakobs die Rede ist.[81] Aus der Überlieferung ist uns lediglich Dina, die Tochter Leas bekannt (1. Mose 30,21). Doch um diese war es nach der blutigen Affäre in 1. Mose 34 still geworden. Hier plötzlich kommen Töchter ins Spiel. Sind die Söhne allein – und zumal diese Söhne, die ein so belastetes Gewissen haben – schlechte Tröster? Jakob jedenfalls weigert sich, sich trösten zu lassen. Erkennt er in den falschen Tröstern die Täter? Bleibt da ein Riss zwischen ihm und seinen Söhnen? Jedenfalls wünscht er sich nicht die Nähe der Lebenden, sondern sehnt sich in die *sch^{e}'ol,* die Totenwelt, zu dem Verstorbenen. Mit dieser Todessehnsucht Jakobs spielt der Erzähler am Ende von Kapitel 37 ein Motiv ein, das die gesamte weitere Erzählung durchzieht (42,38;44,22.29–31;45,28;46,4.30; 47,29–31;48,21;49,29–50,14). Josef war ihm der »verlorene Sohn«. Und es wird noch ein langer Weg sein, bis der alte Vater aufatmen und bekennen kann:

»Denn dieser mein Sohn war tot und ist wieder lebendig
geworden;
er war verloren und ist gefunden worden.« Lk 16,24

---

81 Lediglich in der später in die Erzählung eingefügten Liste (1. Mose 46,15f.) werden noch Dina und weitere Enkeltöchter Jakobs erwähnt.

2.2. *Aufstieg I: im Hause Potifars*

Die Karawane der Ismaeliter brachte Josef nach Ägypten. Sie verkauften ihn in das Haus eines hohen Beamten (*s^eris par'oh*) mit Namen Potifar (39,1). Bereits der Name des Ägypters zeigt dessen Nähe zum königlichen Hof an. Er bedeutet »der, den Pharao gegeben hat«.[82] Welches Amt er innehatte, lässt sich nicht mehr mit Sicherheit sagen. Die Erzählung bezeichnet ihn als einen *sar hattabachim*, was mit »Oberster der Schlachter« oder »Köche« wiederzugeben ist. War Potifar der Küchenmeister des Pharao? Das könnte immerhin erklären, warum Josef für alles, nur nicht für Potifars Essen und Trinken zuständig war.[83] Allerdings lässt die vergleichbare Bezeichnung des Babyloniers Nebusaradan (2. Kön 25,8 ff.; Jer 39,9 ff.) und des Gefängnishauptmanns in 1. Mose 40,3 eher an eine militärische Funktion denken. War Potifar ein königlicher General, der Chef der Leibwache? Eine endgültige Klärung der Frage ist bis heute nicht gelungen.[84]

---

82 M. Görg, Die Beziehungen zwischen dem Alten Israel und Ägypten, EdF 290, Darmstadt 1997, 121.

83 Von der jüdischen Tradition und einigen Auslegern wurde die Notiz vom »Essen und Trinken« Potifars allerdings immer wieder als Euphemismus für das Sexualleben desselben gedeutet. Potifar habe Josef die Pflege des ganzen Hauses übergeben außer seiner Frau. Vgl. B. Jacob, Genesis, Berlin 1934, 728.

84 Siehe dazu vor allem M. Görg, Der Amtstitel des Potifar, BN 53, 1990, 12–14. Der gänzlich amilitärische Kontext der Josefsgeschichte schließt m. E. allerdings die Tätigkeit Potifars als Chefkoch des Pharao nicht aus. Dies würde auch zu den in 1. Mose 40 erwähnten Spitzenbeamten passen, dem Obermundschenk und dem Oberbäcker.

2.2.1. ›und er war ein Mann, dem alles glückte‹

Mit der Ankunft in Ägypten war Josef in einen fremden Kulturkreis eingetreten. Zwar gab es im 2. und 1. Jahrtausend v. Chr. eine Fülle von politischen, kulturellen und religiösen Beziehungen zwischen Kanaan und Ägypten.[85] Der Spaten der Ausgräber hat uns aber die Augen geöffnet für die erheblichen kulturellen und religiösen Unterschiede. Fremde Länder – fremde Sitten – fremde Götter! Galt das auch für Josef? War er mit dem Übertritt nach Ägypten in den Machtbereich neuer Götter eingezogen? Für den Erzähler und seine Leser war das offensichtlich eine wichtige Frage. Deshalb betont er gleich mit dem Eintritt Josefs in das Haus Potifars:

»JHWH aber war mit Josef. Und er war ein Mann des Gelingens.« 1. Mose 39,2

Mit diesen beiden Sätzen eröffnet der Erzähler ganz bewusst eine Leseperspektive. Alles, was dem Josef in Ägypten begegnet, steht unter einem doppelten Vorzeichen: JHWH, der Gott Israels, steht ihm bei, auch im fremden Land! Und er macht ihn – trotz aller Widrigkeiten und Rückschläge – zu einem Mann, dem alles glückt.

In diesem Zusammenhang muss auf eine Besonderheit hingewiesen werden. 1. Mose 39 ist das einzige Kapitel in der Josefserzählung, in dem der Erzähler von dem Eigennamen des Gottes Israels, JHWH, Gebrauch

---

85 Siehe dazu neben M. Görg (Beziehungen) auch B. U. Schipper (Israel und Ägypten in der Königszeit. Die kulturellen Kontakte von Salomo bis zum Fall Jerusalems, OBO 170, Freiburg/Göttingen 1999) und M. Fieger/S. Hodel-Hoenes (Der Einzug in Ägypten).

macht.[86] Sonst verwendet er immer die allgemeine Gottesbezeichnung *'elohim*, die auch für die Götter anderer Völker stehen kann. Offensichtlich wollte er damit von Anfang an klarstellen, dass es eben der Gott Israels und kein anderer war, der Josef in Ägypten den Aufstieg ermöglichte.

Wenn sich im Verlauf der Erzählung herausstellt, dass Josef ein »Glückskind« war (*'isch mazliach*),[87] dann hat das eben nicht nur etwas mit der Vorliebe zu tun, die Jakob für ihn hegte, oder mit seiner eigenen Tüchtigkeit, sondern mit dem Gott Israels. Dieser ist in seinem Wirken nicht an Ländergrenzen gebunden. Er

---

86 Einige Ausleger betrachten daher das Kapitel als spätere Erweiterung der ursprünglichen Josefserzählung (so z. B. H. Chr. Schmitt, Josephsgeschichte, 81ff., und R. Albertz, Die Josephsgeschichte im Pentateuch, in: Th. Naumann/R. Hunziker-Rodewald (Hg.), Diasynchron. Beiträge zur Exegese, Theologie und Rezeption der Hebräischen Bibel, FS W. Dietrich, Stuttgart 2009, 11–36), oder schreiben die Sätze, in denen das Tetragramm JHWH vorkommt, einem Redaktor zu (Chr. Levin, Der Jahwist, FRLANT 157, Göttingen 1993, 274ff.; H. Seebass, Genesis III, 50f.). Das Rätsel lässt sich m. E. leichter lösen. JHWH und *'elohim* finden auf unterschiedlichen Kommunikationsebenen Verwendung. Immer wenn die in den Erzählungen handelnden Personen Aussagen über Gott machen, verwendet der Erzähler die allgemeine Gottesbezeichnung *'elohim* (39,9;40, 8;41,16.25.28.32.38 u. ö.). Das legt sich schon deswegen nahe, da ja für ihn die Ägypter keine JHWH-Anhänger waren. Deswegen spricht Josef ihnen gegenüber eben von »Gott« und nicht von »JHWH«. In Kap. 39 hingegen macht der *Erzähler* seinen *Lesern* gegenüber Aussagen über den Gott Josefs. Und dabei wird unmissverständlich klargestellt, um welchen Gott es sich handelt, nämlich um JHWH, den Gott Israels, der eben auch der Gott des Autors und seiner Leser war.

87 Siehe dazu Chr. Levin, Glückselig in Gott. Alttestamentliche Erfahrungen von gelingendem Leben, in: A. Berlejung/R. Heckl (Hg.), Ex oriente Lux. Studien zur Theologie des Alten Testaments, ABG 39, Leipzig 2012, 487f.

begleitet die Seinen auch in die Fremde und steht ihnen dort bei. Josefs Übertritt in die Fremde bedeutete also nicht notwendigerweise einen Wechsel der Götter und ihrer Machtbereiche. Vielmehr tritt der Gott Israels mit ihm in ein fremdes Land ein und weiß sich auch dort Respekt zu verschaffen. Das konnte selbst Potifar nicht übersehen (V. 3), woraufhin er Josef die Aufsicht über sein gesamtes Haus und seinen Besitz überträgt (V. 4). Die erste Etappe seines Aufstiegs beginnt. Die Folge dieses Aufstiegs zum Hausverweser war, dass der Segen JHWHs auf dem Haus und dem Feld Potifars lag (V. 5). Josefs Wirken wird also zum Segen für den Ägypter. Beginnt sich damit zu erfüllen, was einst dem Abraham verheißen wurde, dass durch ihn alle Sippen der Erde gesegnet würden (1. Mose 12,3)?

Dass Josef ein »Glückskind« war, das erwies sich nicht nur im Hause Potifars. Auch im Gefängnis, in dem er später landen sollte, verlässt ihn weder JHWH noch das Glück. Mit den gleichen Worten leitet der Erzähler die zweite Etappe des Aufstiegs Josefs ein: JHWH ist mit ihm und lässt ihm alles gelingen (39,21.23). Dabei darf allerdings nicht übersehen werden, dass jedem Aufstieg ein rasanter Abstieg vorausging, der vom Lieblingssohn zum Haussklaven in der Fremde und vom ersten Hausverwalter zum Häftling. Josefs Glück war keine ungebrochene Karriere, keine flache Fröhlichkeit. Es ging aus dem Schmerz und dem Unrecht hervor, die ihm widerfuhren. Es war ein Glück im Unglück oder auch gegen das Unglück, das ihn immer wieder einzuholen drohte.

Mit dieser Deutung, die der Erzähler dem gesamten Weg Josefs in Ägypten gibt, werden zwei Aspekte hervorgehoben, die vor allem für israelitische Leser in der Diaspora wichtig werden sollten:

- Ein Leben in der Fremde kann gegen alle Widerstände gelingen, weil JHWH selbst mit den Seinen in der Fremde ist.
- Der Segen JHWHs, den er den Israeliten auch in der Fremde nicht versagt, kommt nicht allein diesen selbst, sondern auch ihren Wirtsvölkern zugute.

Die unauflösliche Verbindung zwischen JHWH und seinem Volk, unabhängig vom Ort und von der Zeit, in der es sich befand, ermöglichte diesem die Bewahrung seiner religiösen und nationalen Identität auch jenseits der Grenzen des gelobten Landes. Das Glück Israels bestand letztlich nicht in dem, worin die Völker ihr Glück und ihre Geborgenheit suchten, Verwandtschaft, Blut, Sprache, die eigene Scholle und der eigene Staat. JHWH war und blieb Israels Glück im Unglück. Deswegen wurde die Josefsgeschichte für das Diasporajudentum durch die Jahrhunderte zur Trost- und Ermutigungsgeschichte. Denn das Geschick Josefs, herausgerissen aus dem Haus des Vaters, in ferne Länder verschleppt, der Willkür fremder Herren ausgesetzt, das war ja das Geschick des jüdischen Volkes in seiner Geschichte.

Dabei lässt sich bis in unsere jüngste Geschichte hinein vielfältig belegen, dass das Judentum der Diaspora für die Völker, unter denen es lebte und sich frei entfalten konnte, zum Segen wurde. Der kulturelle, wissenschaftliche und ökonomische Beitrag, den Juden in ihren jeweiligen Gastländern geleistet haben und immer noch leisten, trug erheblich zu deren Wohlfahrt bei.[88] Der Segen JHWHs lässt sich nicht privatisieren. Erst in der Weitergabe kommt er zum Ziel. Auch die

---

88 Man vergleiche dazu nur für Deutschland die nach wie vor lesenswerte Bilanz von B. ENGELMANN, Deutschland ohne Juden, Berlin 1988.

Propheten Israels wussten um dieses Geheimnis. Daher schrieb Jeremia an seine Landsleute im Exil:

»Suchet der Stadt Bestes (*schalom*), in die ich euch habe wegführen lassen, und betet für sie zu JHWH, denn in ihrem *schalom* wird auch euer *schalom* bestehen.« Jer 29,7

Und wenn die christliche Gemeinde singt,

»Keiner kann allein Segen sich bewahren.
Weil du reichlich gibst, müssen wir nicht sparen«[89],

dann hat sie das von Israel gelernt. Das jedenfalls sollten die Leser der Josefsgeschichte erkennen, dass die Hebräer eben nicht – wie in den bedrückenden Jahrzehnten unserer jüngeren Geschichte verleumderisch behauptet wurde – unser Unglück, sondern unser Glück sind. Von dem Segen, der auf Josef lag, hat Potifar, der Ägypter, reichlich empfangen.

2.2.2. ›lege dich zu mir!‹

Josefs Glück im Hause Potifars sollte nicht von langer Dauer sein. Während Potifar in ihm einen begnadeten Hausverweser fand, suchte seine Frau den Geliebten in ihm (39,6b–12). Dem einsamen Fremden bot sich die Möglichkeit einer verschwiegenen Zweisamkeit. Diese delikate Situation brachte ihn allerdings in höchste Gefahr. Alles begann damit, dass Josef nicht nur ein »Mann des Gelingens« war, sondern zugleich auch »von schöner Gestalt und schönem Aussehen« (V. 6b). Diesem Knaben hatte Gott offenbar alles in die Wiege gelegt, was einem Mann zum Glück gereicht. Er war das Lieblingskind des Vaters, ein kühner Träumer und

89 So der Beginn der zweiten Strophe des Liedes »Komm Herr segne uns …«, EG 170.

nun auch noch ein schöner Mensch, der Glück bei den Frauen hatte. Alle Voraussetzungen für eine »Seifenoper« waren damit scheinbar erfüllt. Was allerdings Josefs Weg von einer ungebrochenen Erfolgsstory unterschied, das war eben der merkwürdige Umstand, dass in jedem Glück bereits der Keim zum Unglück steckte. Die Vorliebe des Vaters brachte nichts als den Hass der Brüder. Die ehrgeizigen Träume führten zu einem brutalen Anschlag auf Leib und Leben. Die Vorzugsstellung im Hause Potifars und seine Schönheit weckten die Aufmerksamkeit und ständigen Nachstellungen seiner Herrin. So wie Sara einst in Ägypten ihrer Schönheit wegen in Gefahr geriet (1. Mose 12,10–20), so erging es also auch Josef. Schönheit war daher nicht nur Auszeichnung und Ideal,[90] sondern auch Verhängnis und Gefahr.

Denn es blieb ja nicht beim begehrlichen Augenaufschlag der Dame. Vielmehr machte sie dem schönen Hausverweser eindeutige Angebote: »Schlaf mit mir!« Das ist das erste (V. 7b) und letzte Wort (V. 12a), welches sie in der Erzählung an Josef richtet. Zwischen diesen beiden Aufforderungen steht eine Rede Josefs, mit der er sich den Avancen seiner Herrin gegenüber standhaft verweigert (V. 8f.). Er setzt auf Einsicht und Vernunft. Die Weigerung wird von Josef auf zweifache Weise begründet. Käme er der Aufforderung seiner Herrin nach, dann wäre das nicht nur ein Vertrauensbruch und schweres Vergehen gegen seinen Herrn, sondern auch eine Sünde gegen Gott (V. 9). Hier wird Josef ohne Zweifel als Jüngling erkennbar, der sittlich und religiös dem Ideal eines Weisen entspricht.[91] Im-

---

90 Vgl. die Aussagen über die Schönheit Davids (1. Sam 16,12.18;17,24).

91 Das hat vor allem G. v. Rad (Josephsgeschichte und ältere

Abb. 5: Leicht verschleierte Frau auf ihrem Bett. Skizze auf einer Kalksteinscherbe aus Der el-Medine (12. Jh. v. Chr.)

mer wieder wurde den jungen Männern im Rahmen einer weisheitlichen Erziehung eingeschärft, sich dem Liebeswerben der fremden und verheirateten Frau zu entziehen (Spr 2,16–19;5,1–23;6,23–25;7,5–21).[92] Ein Nachgeben könnte lebensgefährlich sein. So heißt es von dem Jüngling, der der fremden Verführerin erliegt:

»Augenblicklich folgte er ihr
wie ein Ochse zum Schlachten geht …« Spr 7,22

Der standhafte Josef aber lässt keine Schwäche erkennen. Er rechtfertigt nicht allein das Vertrauen seines irdischen Herrn, Potifars, sondern hält sich auch an das Gebot JHWHs, des Gottes Israels (2. Mose 20,14; 3. Mose 20,10; 5. Mose 5,18).

Chokma, in: Ders., Gesammelte Studien zum Alten Testament, ThB 8, München [4]1958, 272–280) herausgearbeitet.

92 Siehe dazu Chr. Maier, Die »fremde Frau« in Proverbien 1–9. Eine exegetische und sozialgeschichtliche Studie, OBO 144, Freiburg/Göttingen 1995.

Die Widerständigkeit des hebräischen Hausssklaven hat jedoch dazu geführt, dass das Feuer der Begierde in seiner Herrin nur noch kräftiger entbrannte. Täglich drang sie mit ihrem Liebeswerben in ihn (V. 10a). Da spitzte sich die Situation zu. Weil die zweideutigen Augenaufschläge (V. 7a) und die eindeutigen Worte (V. 7b.10.12a) nicht fruchteten, griff die Frau zur Tat.

Der Erzähler bedient sich dabei eines Klischees, das uns wie ein schlechter Film vorkommen mag, aber schon in biblischer Zeit in Umlauf war: das leere Haus als Gelegenheit für ein verbotenes Schäferstündchen. Auch in den Sprüchen Salomos lockt die fremde Frau den Jüngling mit den Worten:

»Komm, lass uns kosen bis an den Morgen,
und lass uns genießen die Liebe.
Denn der Mann ist nicht in seinem Haus.
Er ging auf einen fernen Weg.« Spr 7,18–19

Diesmal will sich Potifars Weib den schönen Jüngling nicht entgehen lassen. Sie packt ihn an seinem Gewand und fordert ein letztes Mal: »Schlaf mit mir!« (V. 12a). Josef konnte sich der zudringlichen Person nur dadurch entziehen, dass er sein Gewand in ihren Händen zurückließ und die Flucht ergriff (V. 12b). Zum zweiten Mal hatte man ihm also die Kleider vom Leib gerissen (vgl. 37,23). Wieder stand er gleichsam nackt und schutzlos in der Welt. Was sollte nun aus ihm werden?

Die Psychologie des Erzählers weiß darum, dass nichts so schnell in Hass umschlägt wie verschmähte Liebe. Weil Josef dem Liebeswerben seiner Herrin nicht zu Willen war, nahm diese fürchterliche Rache an ihm (39,13–18). Da sie nichts von ihm in Händen hielt als dessen zurückgelassenes Kleid, machte sie dieses nicht etwa zu einem Liebesfetisch, sondern zu einem *corpus delicti.* Die oft übersehene Motivparallele zu 37,30–33 liegt auf der Hand. Wieder muss das Kleid Josefs dazu herhalten, ein Vergehen vorzutäuschen, das gar nicht stattgefunden hat. Dort wurde der Eindruck erweckt, ein wildes Tier sei über Josef hergefallen. Hier dagegen dient das Kleid seiner Herrin als Beweis für die falsche Anschuldigung, dieser sei über sie (wie ein wildes Tier) hergefallen. In beiden Fällen werden mit dem zurückgebliebenen Kleid diejenigen Personen getäuscht, die Josef besondere Liebe und Vertrauen entgegenbrachten. In Kapitel 37 Jakob, sein Vater, in Kapitel 39 Potifar, sein ägyptischer Herr.[93]

Die verschmähte Liebhaberin setzt ihren vernichtenden Plan in zwei Schritten um. Zunächst ruft sie das inzwischen wieder zurückgekehrte Hauspersonal zusammen, um Josef vor ihm zu verleumden (V. 14f.). Die besondere Perfidie und Raffinesse, mit der sie dabei vorgeht, wird vom Erzähler noch dadurch gesteigert, dass sie zusätzlich zu der verleumderischen Anklage (V. 14b) gegenüber dem ägyptischen Personal die »nationalistische« Trumpfkarte ausspielt:

»Seht, einen *hebräischen* Mann hat er uns gebracht, dass er seinen Spaß mit uns treibe.« 1. Mose 39,14a

Das Muster ist bekannt. Der Fremde ist der Wüstling, der sich an den hilflosen einheimischen Frauen vergreift. Neben diesem »antisemitischen«[94] Affront, mit

93 Das narrative Spiel mit dem Kleidermotiv wurde vom Erzähler als bewusstes kompositorisches Gestaltungsmittel eingesetzt. Schon deshalb verbietet sich m. E. die Zuweisung der beiden Kapitel an unterschiedliche Wachstumsstufen der Erzählung.

94 Die Verwendung des Terminus mag in diesem Zusammenhang als unangemessener Anachronismus erscheinen. Angesichts

dem sie einen Keil zwischen Josef und das übrige Hauspersonal treibt, setzt der Erzähler noch ein zweites Signal. Fast beiläufig wird die kühle Distanz eingespielt, die Potifars Weib ihrem Mann gegenüber hegte. »Er«, Potifar, hat den Hebräer ins Haus gebracht. Damit wird ihm eine erhebliche Mitverantwortung an dem vorgetäuschten Geschehen zugeschoben. Nicht sie, er soll sich schuldig fühlen.

Im zweiten, entscheidenden Anklageschritt (V. 16–18) setzt sie sich nun gegenüber Potifar in Szene. Dabei richtet sie die Anklage jetzt nicht allein gegen Josef, sondern auch direkt gegen ihren Mann:

»*Du* hast ihn (Josef) zu uns gebracht, damit er seinen Spaß mit *mir* treibe.« 1. Mose 17b

Der Vorwurf ist ungeheuerlich. Auch mit ihm lässt der Erzähler ein feines psychologisches Gespür erkennen. Hier wird der untaugliche Versuch unternommen, eigene Schuld anderen anzulasten. Die Täuschung dient nicht zuletzt der Selbsttäuschung. Die Täterin erklärt sich zum Opfer eines Männerkomplotts. Wenn er, Po-

---

der jüngeren deutschen Geschichte, in der Juden, die ein intimes Verhältnis zu deutschen Frauen unterhielten oder denen man ein solches unterstellte, der Blutschande bezichtigt wurden, macht er auf einen Sachverhalt aufmerksam, der offensichtlich bis in die Antike selbst zurückreicht. Potifars Weib bedient sich eines »nationalistischen« Vorurteils, das als Waffe im Arsenal der Fremdenfeindlichkeit unausrottbar scheint. A. Shenhar (Einen Hebräer hat er zu uns gebracht, sein Spiel mit uns zu treiben, KuI 15, 2000, 47–56) interpretiert diese Verhältnisbeschreibung eines Juden zu einer Frau aus der nichtjüdischen Welt im Spannungsfeld von »Natur« und »Kultur«. Dabei stehe der Mann und Jude Josef für die Überlegenheit der Kultur gegenüber der ganz im fleischlichen Begehren gefangenen Natur der fremden Frau.

tifar, den Josef gar nicht erst ins Haus gebracht hätte, dann wäre alles nicht geschehen. Potifar jedenfalls ist gezwungen zu handeln. Einmal in die missliche Lage gebracht, entbrennt sein Zorn. Galt dieser nur dem Josef oder auch der verleumderischen Frau, die ihn zu Unrecht mit so schweren Vorwürfen belegte?[95]

Es fällt jedenfalls auf, dass Potifar bzw. der Erzähler Josef in dieser Angelegenheit gar nicht mehr zu Wort kommen lässt. Offensichtlich hatte er gar kein Interesse an einer Aufklärung der falschen Anklage. Wollte Potifar einen Skandal vermeiden, der durch ein förmliches Rechtsverfahren möglicherweise entstanden wäre?[96] Hätte er damit Josef nicht noch einer viel härteren Strafe ausgesetzt? »Bei Ehebruch mit einer verheirateten Frau drohten sowohl dem Mann wie der Frau drastische Strafen wie Tod, Verbannung, Verstümmelung von Nase und Ohren, 1000 Schläge oder Zahlung hoher Geldbeträge.«[97] Allerdings dienten diese Strafen wohl eher der Abschreckung als der geübten Rechtspraxis, in der oft wesentlich milder verfahren wurde.[98] Auch Josef blieb mit seiner Überführung in das »Gefängnis« (*bet hassohar*)[99] vor dem

95 So die nicht unbegründete Vermutung von H. Seebass, Genesis III, 48 f.

96 So H. Seebass, Genesis III, 49.

97 Vgl. E. Feucht, Frauen, in: S. Donaldoni (Hg.), Der Mensch des Alten Ägypten, Frankfurt a. M. 1997, 361–394, Zit. 373.

98 So E. Feucht, Frauen, 373 f.

99 Wahrscheinlich handelt es sich um einen Ort, an dem Beschuldigte in Untersuchungshaft genommen wurden, um dort auf ihren offiziellen Prozess zu warten. Vgl. Kap. 40! Wann der Freiheitsentzug als Strafe in Ägypten und Israel aufkam, bleibt unsicher (R. Kratz, Gefängnis, NBL I, 756 f.). In Ri 16,21 wird die Institution des Gefängnisses bei Israeliten und Philistern bereits für die vorstaatliche Zeit als bekannt vorausgesetzt. Auf einem Siegel des 7. Jh. v. Chr. ist vom »Gefängnistorhüter« (*sch'r*

Schlimmsten bewahrt. Doch wurde auf diese Weise der Begehrte erneut zum Verstoßenen.

Immer wieder wurde darauf hingewiesen, dass der Erzähler dieser Episode von Josef und Potifars Weib das ägyptische »Zweibrüdermärchen«[100] zur Vorlage gehabt habe. Trotz aller Unterschiede zwischen beiden Texten gibt es verblüffende Gemeinsamkeiten.[101] Zwei Brüder, Anubis und Bata,[102] der ältere verheiratet, der jüngere ledig, leben einträchtig miteinander in einem Haus. Das geht solange gut, bis die Frau des Anubis ihren Schwager Bata heimlich zu verführen sucht. Nachdem sich dieser standhaft widersetzt, fügt sich die Verschmähte selbst Wunden zu, um vor Anubis, ihrem Mann, eine Vergewaltigung durch Bata vorzutäuschen. Daraufhin trachtet Anubis seinem Bruder Bata nach dem Leben. Erst nach einer ganzen Reihe von wundersamen Ereignissen erkennt Anubis die Un-

---

hmsgr) die Rede (N. Avigad/B. Sass, Corpus of Westsemitic Stamp Seals, Jerusalem 1997, Nr. 418). Auf Ostrakon 111 aus Arad (6. Jh. v. Chr.) ist wie in 1. Mose 40,3 f.7 vom *mischmar* die Rede. Ob damit allerdings ein Gefängnis gemeint ist, bleibt unsicher. Vgl. J. Renz/W. Röllig, Handbuch der althebräischen Epigraphik I, Darmstadt 1995, 401 f.

100 Siehe den Text bei H. Gressmann, Altorientalische Texte zum Alten Testament, Berlin/Leipzig ²1926 (Nachdruck 1970), 69–71, und E. Brunner-Traut, Altägyptische Märchen, Düsseldorf/Köln ²1963, 28 ff.

101 Darauf wurde erneut von H. J. Boecker (Überlegungen zur Erzählung von der Versuchung Josephs [Genesis 39], in: P. Mommer/W. Thiel [Hg.], Altes Testament. Forschung und Wirkung, FS H. Graf von Reventlow, Frankfurt a. M. u. a. 1994, 3–13) und J. Ebach (Gen 37–50, 178 f.) hingewiesen.

102 Bei beiden Namen handelt es sich um Götternamen. Der Verlauf des Brüdermärchens, vor allem sein Finale, lassen einen stark mythischen Charakter erkennen. Darin unterscheidet es sich am auffälligsten von der dagegen geradezu profan anmutenden Josefsgeschichte.

schuld des jüngeren Bruders und tötet daraufhin sein ehebrecherisches Weib. Die Übereinstimmungen und Differenzen zwischen beiden Erzählungen liegen auf der Hand. Zwar liegt dasselbe Motivbündel vor, eine typische Dreiecksgeschichte, der Versuch der Verführung eines Jünglings durch eine reife, verheiratete Frau, die ehrenwerte Weigerung des Jünglings und die Rache der verschmähten Frau durch eine vorgetäuschte Vergewaltigung.[103] Die Differenzen im sozialen Milieu, im Ausgang der Geschichte und in ihrem literarischen Genre (mythisch – profan) sind aber nicht zu vernachlässigen. Da 1. Mose 39 im Unterschied zum ägyptischen Zweibrüdermärchen wohl zu keiner Zeit selbständig existierte, sondern nur im größeren Kontext der Josefsgeschichte, wurde die ägyptische Motivvorlage vom biblischen Erzähler – wenn überhaupt – nur selektiv übernommen und ganz seiner narrativen Strategie untergeordnet.[104]

Sein Ziel war es ja, Josef an den Hof des Pharao gelangen zu lassen. Mit Josefs Überstellung in das »Gefängnis der Gefangenen des Königs« (39,20) war eine weitere Station auf diesem Weg erreicht, auch wenn zunächst alles danach aussah, als sei Josef weiter denn je davon entfernt. Aus diesem Grunde wendet sich der

103 Dieses Motivbündel erfreut sich von der Antike bis hinein in die seichte Unterhaltung der Fernsehserien größter Beliebtheit. Die griechische Antike (Euripides) erzählt z. B. von Hippolytos, den seine Stiefmutter Phaidra heftig begehrt, um ihn schließlich sexueller Übergriffe zu beschuldigen, nachdem er sich verweigert hatte. Weitere Beispiele bei H. Gunkel, Genesis, Berlin [6]1963, 421f.

104 Auch aus diesem Grund können alle Versuche, 1. Mose 39 nicht der ursprünglichen Erzählung zuzurechnen (so z. B. H.-Chr. Schmitt, Josephsgeschichte, 81ff.), nicht überzeugen. So mit gewichtigen Argumenten auch H. J. Boecker, Versuchung Josephs.

Erzähler jetzt zügig den dortigen Ereignissen zu. Alle Fragen, die dem Leser noch offen scheinen – Warum erhielt Josef keine Gelegenheit, sich zu rechtfertigen? Was wurde aus Potifars Weib? Blieb sie ohne gerechte Strafe? – mag dieser sich wieder selbst in seiner imaginativen Phantasie beantworten. Potifar und sein Weib waren eben nur Nebenfiguren für den Handlungsablauf der Gesamterzählung. Daher können sie, nachdem ihre Funktion erfüllt ist, unverzüglich aus dem Gang der Dinge ausscheiden.

Eines aber bleibt trotz der einsichtigen Ökonomie des Erzählers ein Rätsel: der schweigende Josef! Die Brüder packten ihn, zogen ihm den bunten Rock vom Leibe und warfen ihn in eine wasserlose Zisterne. Josef schweigt, keine Reaktion! Die Frau Potifars entriss ihm das Gewand, verleumdete ihn, er landete im Gefängnis. Josef schweigt! Wusste er sich nicht zu wehren? Stand er als einzelner gegen die Mehrheit der Brüder bzw. der Ägypter von vornherein auf verlorenem Posten? Warum duldet Josef schweigend das Unrecht, das ihm angetan wird, nimmt es hin, ohne zu klagen? Schneidet ihm der Erzähler das Recht auf Einspruch und Widerspruch gegen sein Geschick ab? Ist es Apathie, mit der er sich in sein Schicksal fügt, oder stimmt er still und unverdrossen ein in einen Weg, der ihm unvermeidlich scheint? Fehlt ihm die Kraft der Auflehnung, der Wille zur Selbstbestimmung? Ahnt er, dass alles das, was sein Leben durcheinanderwirbelt, letztlich nicht der Laune des Zufalls entspringt, sondern Puzzlestücke sind, die zunächst wie zusammenhangslose Brocken vor ihm liegen, um sich am Ende doch zu einem Bild zu fügen? Schweigt Josef, weil er JHWH, dem Gott Israels, der ja mit ihm ist, nicht dreinreden will? Hat er einen langen Atem und kann warten, weil er sich dessen gewiss ist, dass seine Stunde noch kommen wird? Sind ihm die Träume vergangen oder hält er daran fest? Das Schweigen Josefs bleibt ein Rätsel. Und doch mahnt uns der Erzähler mit dem Rätsel, uns nicht zu früh ein Bild von ihm zu machen. Wie wir ihn auch gern hätten, als demütigen Dulder oder als mutigen Kämpfer gegen Gewalt und Unrecht, er stellt alle unsere Bilder infrage, die wir uns von ihm machen. Josef bleibt ein Rätsel. Er bleibt unserem Urteil entzogen. Er hat ein Recht darauf, nicht durchschaut zu werden.

So saß er nun wieder in einem dunklen Loch. In Kapitel 37 war es eine wasserlose Zisterne, hier ist es das Gefängnis.[105] Wieder war ihm die Liebe zum Verhängnis geworden. Dort die Vorliebe des Vaters, hier die verwegene Liebe seiner Herrin, mit der sie ihm nachstellte. War der Mann, dem alles glückte, eben doch ein Unglücksrabe?

2.3. *Aufstieg II: im Königsgefängnis*

Die zweite Etappe des unaufhaltsamen Aufstiegs Josefs beginnt mit derselben Feststellung, die der Erzähler bereits bei dessen Eintritt in Potifars Haus machte:

»Und JHWH war mit Josef.« 1. Mose 39,2.21

Die Parallele ist unübersehbar. Josef bekommt eine zweite Chance! Wohl hat sich der Ort geändert. Er ist nicht mehr im Hause Potifars, sondern im Königsgefängnis. Das Verhältnis JHWHs zu Josef hat sich aber nicht geändert. Da, wo alles am Ende scheint, ist ein

---

105 Für die wasserlose Zisterne und das Gefängnis verwendet der Erzähler in 37,22.24.28 und 40,15 dasselbe Nomen *bor* (= Grube, Loch).

neuer Anfang möglich. JHWHs Beistand, sein Mit-Sein, bewahrt Josef zwar nicht vor bösen Erfahrungen und schlimmen Enttäuschungen, aber er hilft ihm dabei, in und trotz dieser bösen Erfahrungen nicht unterzugehen.

Schnell gelingt es Josef wiederum, die Gunst des Gefängnisverwalters zu finden (39,21), der schließlich den gesamten Betrieb des Gefängnisses einschließlich der Gefangenen selbst unter Josefs Aufsicht stellt (39,22f.). Wer war dieser Gefängnisdirektor, der solches Vertrauen in einen Gefangenen setzte? In 40,3 wird er wie Potifar als *sar hattabbachim* bezeichnet. Hatte er zufälligerweise nur die gleiche militärische (?) Funktion, denselben militärischen (?) Rang, den auch Potifar innehatte? Oder sollte der Leser Potifar mit dem Gefängnisdirektor identifizieren?[106] Wenn man von einer Identität der beiden Personen ausgehen darf, dann erhielte der Gefängnisaufenthalt Josefs einen ganz eigenen Akzent. Trotz der Strafe,[107] die Josef erfuhr, verlor er nicht das Vertrauen seines Herrn. Dieser nutzte die Fähigkeiten seines ehemaligen Hausverwesers jetzt lediglich auf andere Weise. Wie auch immer

---

106 J. Ebach (Genesis 37–50, 207f.) kommt zu dem Ergebnis, dass es sich um zwei getrennte Personen mit ein und demselben Beamtentitel handelt. Danach habe Potifar als »Oberster der Wache« auch die Oberaufsicht über das Gefängnis gehabt, das in seinem Zuständigkeitsbereich lag, aber von einem weiteren leitenden Beamten beaufsichtigt wurde, dem er Josef übergab.

107 H. Seebass (Genesis III, 49) vertritt die Auffassung, dass Potifar gar nicht dem Josef, sondern seiner Frau gezürnt habe. Mit seiner Überstellung ins Gefängnis habe er diesen lediglich aus der Schusslinie des gestörten Ehefriedens genommen, ihm aber keine wirkliche Sanktion für den Ehebruch auferlegt. Josef selbst empfindet seinen Gefängnisaufenthalt aber durchaus als ungerechtfertigte Strafe und nicht einfach als eine Dienstversetzung.

es um die Identität oder Nichtidentität dieser beiden Personen steht, Josef steht bei ihnen in hohem Ansehen.

2.3.1. ›warum seid ihr heute so traurig‹

Zwei prominente Gefangene werden seiner besonderen Fürsorge anvertraut, der Obermundschenk und der Oberbäcker des Pharao. Der Häftling wird zum Haftbetreuer. Die beiden Spitzenbeamten hatten sich eines Vergehens schuldig gemacht und warteten im Gefängnis auf den Ausgang ihres »Prozesses«. Als Josef sie am Morgen missmutig antrifft und nach dem Grund befragt, antworten sie ihm, dass sie jeder einen Traum gehabt hätten und keiner da sei, der ihnen ihren Traum deuten könne. So wie in Kapitel 39 das Kleidermotiv aus Kapitel 37 wieder aufgenommen wurde, so geschieht dies hier in 40,5 ff. mit dem Traummotiv. Wieder ist es ein Traumpaar. Diesmal allerdings nicht von einer Person geträumt. Und während in Kapitel 37 die Bedeutung der Träume auf der Hand lag, bedurfte es hier offensichtlich eines Spezialisten, der sich auf die Deutung schwieriger Träume verstand. Der fehlende Traumdeuter wird Josefs Chance. Er bietet sich an, sie mögen ihm ihre Träume erzählen. Gleichzeitig nimmt er sich aber auch wieder ganz zurück:

»Stehen die Deutungen [von Träumen] nicht bei Gott?«
1. Mose 40,8

Damit macht er den beiden prominenten Gefangenen deutlich, dass er die Kunst der Traumdeutung nicht aus sich selbst schöpft. Alles, was er weiß, hat er von Gott. Und alles, was er zu den Träumen zu sagen hat, sagt letztlich nicht er, sondern Gott selbst. Josef ist lediglich eine Art Medium, durch welches Gott spricht. In dieser

Feststellung fallen äußerste Bescheidenheit und höchster Anspruch zusammen. Die Person des Traumdeuters tritt ganz in den Hintergrund. Und gerade darin wird sie gewürdigt, Gottes Werkzeug zu sein.

Möglicherweise steckt hinter diesem Erzählzug eine indirekte Polemik gegen die weitverbreitete altägyptische Oneiromantie, die Traumdeutekunst. Danach konnte sich zumindest der schrift- und lesekundige Ägypter für die Deutung seiner Träume eines Traumbuches bedienen. In ihm waren Standardträume oder Traumsituationen und deren Deutungen listenartig zusammengestellt worden.[108] Dabei wurde regelmäßig vermerkt, ob der Traum ein *gutes* oder *schlechtes* Vorzeichen sei.

»Wer Wein trinkt – gut , wird in Rechtschaffenheit leben.
Wer den Mond scheinen sieht – gut -, dem wird Gott verzeihen.
Wer einen (Vogel) Strauß sieht – schlecht , den wird Kummer befallen.
Wer Blut trinkt – schlecht , hat Kampf zu erwarten.«[109]

Der beunruhigte Träumer musste also nur in seinem Traumbuch nachschlagen oder durch einen Kundigen nachschlagen lassen, um die Bedeutung eines Traumes zu erfahren. Nur bei schwierigen Träumen wurde gegen ein entsprechendes Honorar ein Spezialist konsultiert. Israels Haltung gegenüber Träumen und prophetischen Traumdeutern war ambivalent.[110] Einerseits wurden – wie bereits erwähnt – Träume als Botschaf-

108 Siehe dazu E. Brunner-Traut, Alltag unter den Pharaonen. So lebten die alten Ägypter, Freiburg u. a. 1998, 208 ff.
109 Zitiert nach E. Brunner-Traut, Alltag, 209 f.
110 Vgl. dazu J. Lanckau, Der Herr der Träume, 67–122.

ten Gottes angesehen. Andererseits gab es mindestens seit der späten Königszeit und den Reformbemühungen des Königs Josia (639–609 v. Chr.) harsche Kritik und Mahnungen zur Vorsicht gegenüber falschen Propheten und Träumern, die mit ihren Weissagungen und Träumen Israel zu anderen Göttern verlocken wollten (5. Mose 13,2–6; Jer 23,25–32). Der Prophet Jeremia warnt vor der Riege all derer, die mit ihren obskuren Praktiken die Zukunft schön färben:

»So hört nicht auf eure Propheten, Wahrsager, Traumdeuter, Zeichendeuter und Zauberer, die euch sagen: Ihr werdet nicht untertan sein müssen dem König von Babel. Denn sie weissagen euch Lüge, auf dass sie euch aus eurem Land fortbringen und ich [Gott] euch verstoße und ihr umkommt.« Jer 27,9 f.

Wenn der Erzähler der Josefserzählung Josef mehrfach darauf hinweisen lässt, dass die Deutung von Träumen ganz bei Gott stehe (40,8;41,16) und kein menschliches Werk sei, dann könnte dahinter nicht nur eine versteckte Kritik an der ägyptischen Oneiromantie stecken, sondern auch eine klare Abgrenzung von all jenen falschen Propheten, Scharlatanen und Traumtänzern in Israel, die mit zweifelhaften magischen Praktiken sich und anderen die trübe Zukunft schön gelogen haben. Josef jedenfalls sollte nicht mit einem aus dieser Mischpoke verwechselt werden. Er holte sich seine Kenntnisse weder aus dicken Traumbüchern, noch leitete er sie aus einem dunklen Geheimwissen ab, sondern verdankte sie seiner unmittelbaren Gottesbeziehung.

Der Obermundschenk und der Oberbäcker fassen Vertrauen zu diesem bescheidenen Traumdeuter, der ja wie sie ein Häftling ist. Sie erzählen ihm ihre sie beunruhigenden Träume (40,9–13.16–19). Man könnte diese als typische »Berufsträume« bezeichnen. Das, was sie sahen, hat etwas mit ihrer früheren Tätigkeit für den Pharao zu tun. Der Obermundschenk sieht gleichsam im Zeitrafferverfahren den Vorgang vom Wachsen, Blühen und Reifen eines Weinstocks mit drei Reben bis hin zur Zubereitung des Weines, den er schließlich dem Pharao in einem Becher kredenzt (V. 9–11). In der Rolle des Bäckerjungen, der das Backwerk zum Palast des Pharao bringt, sieht sich der Oberbäcker. Dabei trägt er drei Körbe auf dem Kopf. Aus dem obersten Korb aber, in dem das Gebäck für den Pharao lag, fraßen Vögel (V. 16f.). Soweit die beiden Träume, die für den Mitgefangenen Josef offensichtlich kein Problem darstellen.

Auch wenn Josef die folgende Deutung der Träume auf Gott selbst zurückführt, so bedient er sich doch einer bestimmten Technik. Sie besteht aus zwei Elementen. Das eine ist uns bereits aus dem Hinweis auf das ägyptische Traumdeutungsbuch bekannt. Die Traumbilder werden entweder als positive oder negative Vorzeichen entschlüsselt. Da im Traum des Obermundschenks der gesamte Prozess der Weinbereitung ohne Störungen verläuft und dieser sich in seinem früheren Amt wiederfindet, stellt er ein gutes Vorzeichen dar. Im Traum des Oberbäckers hingegen fressen die Vögel das eigentlich für den Pharao bestimmte Gebäck, ein negativer Zwischenfall. Da liegt es auf der Hand, dass der Traum Schlechtes bedeutet. Das zweite Element, dessen sich Josef bedient, ist die Zahlensymbolik. Drei Reben und drei Körbe, das sind jeweils drei Tage, die die beiden prominenten Gefangenen noch bis zu ihrem endgültigen Urteil auszuharren haben.[111] Dieses

111 Auch die beiden anderen Traumpaare arbeiten mit dem Ele-

Urteil entsprach dann auch exakt der Deutung Josefs. Das Haupt des Obermundschenks wurde am dritten Tag, dem »Geburtstag« des Pharao (?),[112] erhoben. Er setzte den Obermundschenk in sein früheres Amt wieder ein. Das Haupt des Oberbäckers hingegen wurde an den Galgen »erhöht« (40,20–22). Da konnten nun die Vögel sein Fleisch fressen, wie sie das leichtsinnigerweise im obersten Korb transportierte Gebäck des Pharao gefressen hatten.[113]

2.3.2. *›und er vergaß ihn‹*

Die Episode von Josef im Gefängnis diente allerdings dem Erzähler lediglich als Vorbereitung für die glorreichste Etappe seines Aufstiegs bei Hofe. Sie stellt gewissermaßen die Generalprobe für seinen Auftritt vor dem Pharao dar. Das wird durch die Bitte Josefs an den Obermundschenk deutlich, er möge an ihn denken, wenn er wieder vor dem Pharao steht (40,14f.). Diese Bitte steht im Zentrum von Kapitel 40. Mit ihr legt der Erzähler eine Spur, die unmittelbar an den Hof des

---

ment der Zahlensymbolik. In 1. Mose 37 werden die elf Sterne mit der Zahl der Brüder korreliert, in 1. Mose 41 die jeweils sieben mageren und fetten Kühe bzw. Ähren mit jeweils sieben Jahren.

112 Die Ausleger sind sich nicht darüber im Klaren, ob der Erzähler hier an den leiblichen Geburtstag denkt, an ein jährliches (?) Thronbesteigungsfest, bei dem die Thronbesteigung des Herrschers als »soziale Geburt« begangen wurde, wobei der Thron als »Mutter des Pharao« bezeichnet wurde, oder gar an das im Sedfest begangene 30-jährige Thronjubiläum. Die Feier des leiblichen Geburtstages des Pharao ist erst in ptolemäischer Zeit belegt. Vgl. dazu H. Seebass, Genesis III, 58, und M. Fieger/S. Hodel-Hoenes, Der Einzug in Ägypten, 131ff.

113 Für israelitische Leser war das eine der schwersten Strafen, unbestattet dem Fraß der Vögel und wilden Tiere ausgesetzt zu werden (5. Mose 28,26; 2. Sam 21,10; 1. Kön 14,11).

Pharao führt. Da es sich um das Königsgefängnis handelt, in dem Josef gelandet war, leuchtet die Bitte unmittelbar ein. Über das Geschick der »Gefangenen des Königs« wurde wohl nicht am Pharao vorbei entschieden,[114] zumal wenn es um Leben oder Tod ging.[115] Aus diesem Grunde musste Josef alles daran setzen, seinen Fall vor den Pharao zu bringen. Dabei beteuert er dem Obermundschenk gegenüber, dass ihm Unrecht widerfuhr. Aus dem Land der Hebräer sei er geraubt worden. Und auch in Ägypten habe er nichts getan, was seinen Zwangsaufenthalt in diesem »Loch« (*bor*)[116] rechtfertigen würde.

Die Bitte Josefs weckt eine Leseerwartung. Würde sich der Obermundschenk anlässlich seiner Rehabilitation seiner erinnern? Genau auf diese Frage antwortet 40,23. Er erinnerte sich nicht, sondern vergaß ihn. Dieser Vers stellt ein retardierendes Element im Erzählverlauf dar. Zwei Jahre noch muss Josef im Gefängnis schmachten (41,1) bis der Obermundschenk seiner gedachte.

Was uns also von der mehrjährigen Haft Josefs mitgeteilt wird, ist letztlich nur das Gespräch eines Morgens mit den beiden Spitzenbeamten des Pharao. In ihm geschah – auch wenn sie sich noch um zwei wei-

---

114 Zu den Grundpfeilern der ägyptischen Königsideologie gehört die Aufgabe des Pharao, den Menschen Recht zu sprechen. Er ist damit die Verkörperung des Prinzips der Ma'at, das das Funktionieren des Natur- und Sozialkosmos gegen die ständige Gefährdung durch chaotische Mächte absichert. Der Pharao sorgt für Ma'at, für eine solidarische Gerechtigkeit, indem er den Schwachen gegen den Starken schützt. Vgl. J. ASSMANN, Ma'at. Gerechtigkeit und Unsterblichkeit im Alten Ägypten, München 1990. DERS., Herrschaft und Heil. Politische Theologie in Altägypten, Israel und Europa, München/Wien 2000, 40f.

115 Siehe dazu auch E. HORNUNG, Der Pharao, in: S. Donadoni (Hg.), Der Mensch des Alten Ägypten, 358f.

116 Hier Metapher für Gefängnis wie in 41,14.

tere Jahre verzögerte – die entscheidende Weichenstellung für Josefs späteres Geschick. Der Erzähler konzentriert sich auf das Wesentliche. Er stellt uns den Häftling Josef vor allem als erfolgreichen Traumdeuter vor Augen, was dazu führt, dass er dem Pharao empfohlen wird. Über seine innere Verfassung wird nach wie vor geschwiegen. Die Bitte, sich seiner vor dem Pharao zu erinnern, da er unschuldig im Gefängnis sitze, lässt nur ahnen, wie ihm zumute ist. Und dies umso mehr, da der Obermundschenk zunächst jedenfalls dieser Bitte nicht nachkommt. Der Leser mag innehalten und denken: Undank ist der Welt Lohn! Und in der Tat stellte die Vergesslichkeit in Ägypten eine »Sünde gegen die Ma'at« dar. Die Ma'at verkörperte als Göttin das Ordnungsprinzip einer an Gegenseitigkeit und Solidarität orientierten Gerechtigkeit. So klagt ein ägyptischer Weiser:

»Zu wem kann ich heute noch reden?
Man erinnert sich nicht des Gestern,
man handelt nicht für den, der gehandelt hat
heutzutage.«[117]

Diese Klage charakterisiert trefflich das kurze Gedächtnis des Obermundschenks. Mit ihr »ist aber nicht die individuelle, sondern die soziale Vergeßlichkeit gemeint, der Zerfall des ›Füreinander-Handelns‹ … Wenn das soziale Gedächtnis zerfällt, ägyptisch gesprochen ›das Gestern vergessen wird‹, zerfällt auch das Netz der Solidarität, und die Welt wird zu einem Kampfplatz eines Kampfes aller gegen alle«.[118] Sollte Josef, der Häftling, in diesem Kampf doch noch unter-

117 Übersetzung nach J. Assmann, Ma'at, 61.

gehen? Fiel er aus der solidarischen Gesellschaft heraus, weil einer, für den er im Gefängnis als Traumdeuter gehandelt hatte, vergaß, nun seinerseits für ihn handelnd beim Pharao einzutreten?

Der Erzähler weiß darum, dass Erinnerung nicht nur eine kognitive, sondern auch eine zutiefst soziale Kategorie ist, während Vergesslichkeit das soziale Gedächtnis der Gesellschaft gefährdet. Sollte Josef also nicht nur im Gefängnis, sondern auch im dunklen Loch des Vergessens untergehen?

2.4. Aufstieg III: am Hofe des Pharao

Wieder wechselt der Erzähler den Ort der Handlung. Wie eine Kamera schwenkt er vom Gefängnis in den königlichen Palast. Zwei Jahre waren ins Land gegangen. Wir erfahren nichts darüber, wie es Josef in der Zwischenzeit im Gefängnis erging. Kein Wort über das langsame Sterben der Hoffnung. Würde sich der Obermundschenk seiner erinnern? War er verlassen, weil er sich auf einen Menschen verließ? Wieder sind es Träume, die Josefs Geschick eine Wende geben. Wieder kommt also der Anstoß von außen und nicht durch einen Menschen. Mit den Träumen öffnet sich eine andere Welt, die in das Leben Josefs eingreift und es in Bewegung bringt.

2.4.1. ›der Pharao hatte einen Traum‹

Königsträume waren in der Antike ein verbreitetes Erzählmotiv.[119] Das Geschaute betraf häufig nicht nur sie selbst, sondern auch die Geschicke ihrer Reiche. Der

118 So der Kommentar von J. Assmann, Ma'at, 62.

119 So träumte z. B. Sargon von seinem künftigen Königtum über Akkad. Vgl. TUAT II/1, 31 f.

Pharao sah, was jeder in Ägypten sehen konnte. Kühe, die aus der Nilschwemme ans Ufer traten (41,2–4) und Getreideähren, die aus einem Halm wuchsen (41,5–7). Bilder aus der Landwirtschaft also, die die Ernährung seines Reiches betrafen. Und doch hatte das, was er sah noch niemand im ganzen Reich gesehen. Den sieben fetten Kühen folgten sieben magere, die die fetten fraßen. Und den sieben dicken Kornähren folgten sieben dürre, die ebenfalls die dicken verschlungen haben. Die Normalität von Wachstum und Gedeihen des Viehs und der Felder, die der Nil mit seinen geregelten jährlichen Überschwemmungen garantierte,[120] wurde durchbrochen vom Anormalen, das Gute vernichtet vom Schlechten, die Ordnung verschlungen vom Chaos.

Wieder ist es ein Traumpaar, das hier begegnet, wie in Kapitel 37 und 40. Inzwischen ist uns das stilistische Spiel des Erzählers mit Doppelungen vertraut. Wie die Träume Josefs haben die Träume des Pharao bei aller Unterschiedlichkeit dieselbe Grundaussage. Dort müssen sich die älteren und stärkeren Brüder dem jüngeren beugen, hier werden die Dicken und Kräftigeren von den Dünnen gefressen.

Ist es ein Zufall, dass der Zyklus von drei Traumpaaren in der Josefsgeschichte auf einem Getreidefeld in Kanaan einsetzt (37,7) und auf einem Getreidefeld in

---

120 Als Personifikation des Nil mit seinem jährlichen Hochwasser galt der ursprünglich androgyne Gott Hapi, der für Fruchtbarkeit der Felder und gute Ernten sorgte. Von ihm heißt es in einem kosmogonischen Text: »Die Gestalt des Nil ist es, deren eine Hälfte Mann, deren andere Hälfte Frau ist.« Er ist »Vater der Götter, … dessen Ankunft die Menschen in Freude versetzt.« Nach M. Lurker, Lexikon der Götter und Symbole der alten Ägypter, Darmstadt 1987, 90f. Vgl. auch M. Görg, Nil, NBL II, 928.

Ägypten endet (41,5ff.)? Hat der Erzähler die Träume kompositorisch bewusst so angeordnet, dass der erste und der letzte Traum eine *inclusio* bilden? Will er zu erkennen geben, dass damit der erste Hauptteil seiner Erzählung zu seinem Abschluss kommt, ja dass sich der Traum Josefs mit dem letzten Traum des Pharao vollenden wird? Spielen der erste und letzte Traum dieses Zyklus bereits auf Josefs spätere Rolle als Ernährer Ägyptens und aller Welt an?

Der Pharao, durch die Träume aufs Höchste beunruhigt, schickt umgehend nach allen Magiern[121] und Weisen seines Landes (41,8). Doch keiner vermochte es, ihm den Traum zu deuten. Das große Traumbuch schwieg.

Der Midrasch, die klassische jüdische Auslegungsliteratur, schwieg allerdings nicht. In ihm wird über das Versagen der intellektuellen Elite Ägyptens gegrübelt. Danach hätten die Magier und Weisen sehr wohl Deutungen abgegeben. So z. B. die, dass der Pharao sieben Töchter zeugen und sieben Töchter begraben müsse, oder dass er sieben Reiche erobern und sieben von ihm abfallen würden.[122] Den Pharao konnten sie jedoch nicht überzeugen.

Das Versagen der Elite Ägyptens wird zur Gelegenheit für Josef. Es hilft dem Gedächtnis des Obermundschenks auf die Sprünge. Er berichtet dem Pharao von

---

121 Mit den Magiern Ägyptens (*chartumme mizrajim*) bedient sich der Erzähler eines ägyptischen Fremdwortes, das ins Hebräische übernommen wurde. Ursprünglich bezeichnete *chartom* einen Vorlesepriester und Zauberer, der über magische und mantische Fähigkeiten verfügte. Später wurde der Begriff auf alle möglichen Personen ausgeweitet, die über die Fähigkeit der Kontaktaufnahme mit übernatürlichen Mächten und Gewalten verfügten. Vgl. H. P. Müller, ThWAT III, 189–191.

122 So B. Jacob, Genesis, 243f.

seiner Begegnung mit Josef im Gefängnis (41,9–13), worauf ihn der Pharao umgehend an seinen Hof bringen lässt (V. 14–16). Es bedurfte also erst eines Anlasses, um dem Geschick Josefs eine neue Wendung zu geben. Ja, hier ist es wirklich angebracht, vom *Geschick* zu reden. Stellt sich denn nicht spätestens jetzt die Frage, wer da eigentlich immer wieder zur rechten Zeit die Träume *schickt,* durch die das Leben des Hebräers so entscheidende Wendungen erfahren sollte? Nur das verborgene Handeln Gottes bringt den Obermundschenk dazu, sich vor dem Pharao seiner Sünden zu erinnern (V. 10). Die Vergangenheit, die dunklen Punkte seiner Biographie finden keine Ruhe, solange der Makel des Vergessens an ihm klebt.

Zum zweiten Mal wird Josef aus einem »Loch« (*bor*) gezogen (41,14a). Das erste Mal führte dazu, dass er nach Ägypten kam (37,28). Das zweite Mal führte ihn an den Königshof. Frisch rasiert und in neuen Kleidern tritt er vor den Pharao (41,14b). Zweimal wurden ihm die Kleider vom Leib gerissen. Zweimal brachte dies eine Wende zum Bösen mit sich. Wird mit der Wiederaufnahme des Motivs, dem Anlegen neuer Kleider, eine Wende zum Guten vorbereitet?

Der Pharao eröffnet ohne Umschweife das Gespräch. Er teilt Josef mit, dass er Träume gehabt habe, die ihm niemand deuten könne. Von Josef hingegen habe er gehört, dass dieser die Träume nur hören müsse, um sie zu deuten (V. 15). Verbirgt sich hinter dieser Aussage eine Polemik gegen die Traumdeutungspraxis der Ägypter? Josef jedenfalls weist wieder von seiner Person weg und ganz auf den hin, der durch ihn spricht:

»Ohne mich! Gott wird dem Pharao *schalom* zur Antwort geben.« 1. Mose 41,16

Dass Josef ein begnadeter Traumdeuter war, das weiß der Leser inzwischen. Und doch erfährt seine Deutekunst noch eine Steigerung. Ehe er die Träume des Pharao vernommen hat, weiß er bereits, dass sie *schalom*, Heil, für den Pharao zur Folge haben.[123] Da verwundert es nicht, dass der Pharao ihm diese nun umgehend mitteilt (V. 17–24). Die ausführliche Wiederholung kommt dem orientalischen Erzählstil entgegen. Vor dem eigentlichen Höhepunkt des ersten Hauptteiles verlangsamt der Erzähler das Tempo und steigert die Spannung.

Schließlich setzt Josef mit seiner Deutung ein. Seine wohlgeformte Rede gliedert sich in zwei Teile, die eigentliche Traumdeutung (V. 25–32) und einen klugen Rat (V. 33–36). Er weist zunächst darauf hin, dass es sich bei beiden Träumen eigentlich um ein und denselben Traum handelt (V. 25–32). Damit wird das vom Erzähler vielfach verwendete Stilmittel der Doppelung offengelegt. Die Doppelung unterstreicht die Unumstößlichkeit und Unverzüglichkeit der Pläne Gottes, der mit seinem Handeln hinter all diesem Geschehen steht (V. 32). Der Doppeltraum ist also kein Traum- oder Luftgespinst, das wie der Morgennebel unter der Sonne verfliegt, sondern eine ernstzunehmende Botschaft. Die vielfältigen Doppelungen des Erzählers sind daher nicht nur eine Eigenart des Stils, sondern ein Stück narrativer Theologie, eine Demonstration der Gottesgewissheit. Bei der eigentlichen Ausdeutung der Träume (V. 26–31) verfährt Josef dann wieder nach den bewährten Regeln. Erneut das Spiel mit den Zahlen

---

123 Die Szenerie erinnert an Daniel, der im Unterschied zu den babylonischen Zeichendeutern und Weisen dazu in der Lage war, dem König Nebukadnezar nicht nur seinen Traum zu deuten, sondern diesen auch selbst zu erraten (Dan 2).

und Zeiten und der positiven oder negativen Wertung der Traumbilder. Die »Sieben« bedeutet, dass es jeweils sieben gute und sieben schlechte Jahre geben wird. Da es sich bei den Träumen um Bilder aus der Landwirtschaft handelte, liegt es nahe, diese auch auf die Ernährungslage des Reiches zu beziehen. Sieben fette Kühe und sieben fette Ähren bedeuteten sieben Jahre Überfluss. Wenn diese aber von sieben mageren Kühen und sieben mageren Ähren verschlungen werden, dann heißt dies, dass der Überfluss von sieben Hungerjahren aufgezehrt wird.

Ein interessanter Vergleichstext zu dieser Traumdeutung findet sich im berühmten Gilgameschepos, das im gesamten alten Orient bekannt war und über Jahrhunderte hinweg überliefert, abgeschrieben und gelernt wurde. Da ist auf Tafel VI davon die Rede, dass Gilgamesch einen Heiratsantrag der Göttin Ischtar ausschlägt. Daraufhin gerät diese derartig in Zorn, dass sie ihren Vater, den Himmelsgott Anu, bittet, ihr den Himmelsstier zu geben, damit dieser Gilgamesch töten soll. Und sie droht in ihrem Zorn dem Vater:

»[Wenn] du mir [den Himmelsstier] nicht gibst,
werde ich [die Türen der Unter]welt zerschlagen
...
Ich werde die Toten herauflassen, dass sie den Lebenden fressen.
Mehr als die Lebenden werden die Toten werden!«
VI, 96–100

Anu malt ihr daraufhin vor Augen, welches Unheil eintreten würde, wenn er ihrer Bitte entspräche:

»Wenn du den Himmelsstier von mir verlangst,
[wird es im] Lande Uruk 7 Jahre von Sp[reu geben].

Du solltest [dann für die Menschen *Get*]*reide* sammeln,
[und für die Tiere] Kräuter wachsen lassen!« VI, 103–106[124]

Dieses Streitgespräch kündigt zwei Katastrophen an. Ischtar droht damit, dass sie die Toten aus der Unterwelt herauflässt, die die Lebenden fressen werden. Das Negative frisst wie im Traum des Pharao das Positive. Anu hält dagegen und kündigt an, dass, wenn er der Ischtar nachgeben würde, eine siebenjährige Dürre käme, in der dann Ischtar für die Bereitstellung der Nahrung für Mensch und Vieh zu sorgen hätte.

Es wird sich wohl kaum jemals nachweisen lassen, ob der Erzähler der Josefsgeschichte das Gilgameschepos kannte.[125] Vielleicht gab es aber konventionelle Motive, siebenjährige Hunger- und Dürrekatastrophen bzw. das Gefressenwerden der Guten durch die Bösen, auf die auch unser Erzähler zurückgreifen konnte.[126]

Mit der Deutung der Träume hatte Josef im Grunde seine Pflicht erfüllt. Aber er weiß seine Chance zu nutzen. Aus dem Traumdeuter wird ein kluger Politikberater (V. 33–36). Im zweiten Teil seiner Rede rät er dem Pharao, einen klugen und weisen Mann auszusuchen und diesen über das Land zu setzen (V. 33). Dieser möge sich dann umgehend weitere Aufseher rekrutie-

---

124 Übersetzung nach K. Hecker, Das akkadische Gilgamesch-Epos, TUAT III/4, 702.

125 Dass der Text des Epos in Palästina im 14. Jh. v. Chr. im Umlauf war, geht aus einem Fragment hervor, das 1955 in Megiddo ausgegraben wurde.

126 Unter anderen hat vor allem H. Seebass den Versuch unternommen, die siebenjährige Hungersnot mit der Hungersnotstele aus Elephantine in Verbindung zu bringen. In seinem Genesiskommentar (Genesis III, 78 f.) ist er davon aber wieder abgerückt. Kritisch dazu auch M. Fieger/S. Hodel-Hoenes, Der Einzug in Ägypten, 154 ff.

ren, die in den Überflussjahren eine Getreidesteuer, den »Fünften« (20%), erheben sollen (V. 34). Auf diese Weise könne die in den Speicherstädten gehortete Überproduktion an Brotgetreide als Vorrat für die sieben Hungerjahre angehäuft werden, der das Land vor dem Schlimmsten bewahren würde (V. 35f.). Ägypten war ja landwirtschaftlich nur entlang des Nillaufes nutzbar. Das machte zur Versorgung der übrigen Landesteile eine ausgeprägte sowie zentralisierte Speicher- und Verteilungswirtschaft erforderlich. Lässt sich die Josefsgeschichte gar »als ätiologischer Mythos sowohl der eigentümlichen ägyptischen Eigentumsverhältnisse als auch der Staatsentstehung deuten«? Immerhin räumen die »Königsinschriften späterer Zeiten [...] dem König als Versorger und dem Bild der überquellenden Staatsspeicher einen zentralen Platz ein«.[127] Und nicht zufällig wird von den späteren Hebräern in Ägypten erzählt, dass sie als Sklaven am Bau der Speicherstädte Pitom und Ramses mitzuwirken hatten (2. Mose 1,11). Fast drängt sich der Eindruck auf, dass der Erzähler Josef, den Hebräer, zum Erfinder dieser Speicherwirtschaft erklärte. In jedem Falle bewährte sich dieser aber nicht nur als begabter Traumdeuter, sondern auch als kluger und weitblickender politischer Ratgeber, der drohenden Katastrophen zu begegnen wusste.

Auch in dieser Funktion begegnet uns Josef als exemplarischer Weiser. Diese zeichneten sich eben dadurch aus, dass sie bereit waren, auf einen guten Rat zu hören (Spr 1,5;5,2;12,15;13,10;19,20; Koh 4,13) und über die Fähigkeit verfügten, einen solchen auch zu geben (Spr 8,12;22,20;24,7), denn:

---

127 So J. Assmann, Ägypten. Eine Sinngeschichte, München/Wien 1996, 91f.

»Wo nicht weiser Rat ist, da geht das Volk unter;
wo aber viele Ratgeber sind, findet sich Hilfe.« Spr 11,14

So also wie im Umgang mit Potifars Frau, so erwies sich Josef auch vor dem Pharao als ein junger Mann, der die Regeln der Weisheit beherrschte.

2.4.2. *›du sollst über mein Haus sein‹*

Der Häftling hatte die Gelegenheit beim Schopfe ergriffen und sich ins rechte Licht gerückt. Bescheiden und zugleich selbstbewusst trat er vor dem Pharao und seinem Hofstaat auf. So ließ der Erfolg auch nicht auf sich warten. Der Pharao erkennt, dass in diesem Hebräer der Geist Gottes wirkt (1. Mose 41,38f.). Und so wird er umgehend in das Amt eingesetzt, dessen Einrichtung er selbst (wohl nicht ohne Hintersinn!?) dem Pharao vorgeschlagen hatte. Seine Erhöhung vollzieht sich in drei Akten, der Benennung des Amtes und Amtsbereiches, der Investitur und der öffentlichen Proklamation.[128]

Amt und Amtsbereich (V. 40f.): Immer wieder wird gerätselt, welches konkrete Amt der Erzähler eigentlich vor Augen hatte.[129] Wörtlich heißt es:

»Du sollst *über meinem Haus* (*'al-beti*) sein und auf deinen Befehl hin soll mein ganzes Volk innehalten.«[130] 1. Mose 41,40a

---

128 Zur differenzierten Struktur vergleichbarer Aufstiegsberichte siehe H.-M. WAHL, Das Motiv des »Aufstiegs« in der Hofgeschichte. Am Beispiel von Joseph, Esther und Daniel, ZAW 112, 2000, 59–74.

129 In der ägyptischen Staatsbürokratie gab es das hohe Amt des »Scheunenvorstehers«, der über die magazinierten Staatsvorräte an Getreide, ihre Ablieferung und Verteilung zu wachen hatte. Vgl. J. ASSMANN, Sinngeschichte, 1996, 91.

130 Die wörtliche Übersetzung heißt: »... und auf deinen Mund

Dieselbe Amtsbezeichnung »über sein/mein Haus« wurde auch bei Josefs Einsetzung zum Hausverweser Potifars verwendet (39,3f.). Avancierte Josef jetzt also zum Palastvorsteher des Pharao? Und reichten die Befugnisse des Palastvorstehers über die Angelegenheiten des Palastlebens hinaus? Auch in Israel gab es das Amt des an der Residenz tätigen Palastvorstehers (*'aschär 'al habbajit*), dessen Machtfülle teilweise königliche Züge annehmen konnte.[131] Dass Josef mit diesem Amt eine Spitzenstellung in der Beamtenhierarchie Ägyptens einnahm, geht jedenfalls aus der zusätzlichen Bemerkung hervor, dass der Pharao nur um seinen Thron höher sein wolle als er (1. Mose 41,40b) und dass er ihn damit über das gesamte Land einsetze (V. 41).

Investitur (V. 42): Nach der Benennung des Amtes und des Amtsbereiches stattet der Pharao Josef mit den Insignien seiner Macht aus. Mit dem Siegelring, den er ihm an die Hand steckt, erhält er Siegelgewalt, die der Beglaubigung seiner Person sowie der der von ihm erstellten Schriftstücke und Urkunden gilt.

Daraufhin erfolgt seine Einkleidung mit kostbaren Byssusgewändern. Zum zweiten Mal erhält Josef damit ein besonderes Ehrenkleid. Das Kleid des Vaters (37,3) dokumentierte die Vorliebe, die dieser seinem

---

möge dich küssen mein ganzes Volk«. Für viele Ausleger war dies schon immer ein unlösbares Rätsel. M. Görg (Zu einem »Verstehensproblem« in der Josefsgeschichte, BN 75, 1994, 13–17) hat den einleuchtenden Vorschlag gemacht, in dem Verb *jischaq* nicht die hebräische Verbwurzel *naschaq* (küssen), sondern ein ägyptisches Fremdwort *jsq* (innehalten/warten/verweilen) zu suchen. Da der Erzähler darüber hinaus weitere ägyptische Fremdwörter verwendet, erscheint der Vorschlag plausibel.

131 Vgl. 1. Kön 4,6;16,9;18,3ff. u. ö.

Abb. 6: Skarabäus mit eingraviertem Siegel als Fingerring (13. Jh. v. Chr.)

Sohn entgegenbrachte. Die Einkleidung durch den Pharao unterstreicht die Vorzugsstellung, die er im Hofstaat einnahm. Wieder wird die Kleiderfrage zur Statusfrage. Deutet der Erzähler damit aber noch mehr an als nur eine enorme soziale Aufwertung des Hebräers in Ägypten? Übernahm der Pharao die Rolle Jakobs für den hebräischen Sklaven, wird er für ihn zu einer väterlichen Gestalt? Zum Siegelring und den Kleidern kommt als drittes Kennzeichen seiner neuen Würde eine goldene Halskette, das sogenannte »Ehrengold«.

Öffentliche Proklamation (V. 43–44): Hohe Ämter nützen wenig, wenn niemand deren Inhaber kennt. Deswegen war damals wie heute öffentliche Präsenz gefragt. Ja, in der Antike um ein vielfaches mehr als heute, da es eine unseren technischen Möglichkeiten entsprechende mediale Präsenz nur in viel geringerem Maße gab. Aus diesem Grund stattet der Pharao seinen neuen Spitzenbeamten mit einer Staatskarosse aus, einem Duplikat seines eigenen Prunkwagens. Zusätzlich erhält er eine Reihe von Leibwächtern, die den Wagen im Rahmen einer öffentlichen Prozession und Proklamation begleiten.

Abb. 7: Der Bürgermeister von Theben, Paser, wird von zwei Dienern Ramses II. eingekleidet und mit dem Ehrengold ausgezeichnet (13. Jh. v. Chr.)

Die Ehrengarde kündet dem Volk den Wagen mit dem Ruf *'abrek* an. Israelitische Leser kannten wohl das aus dem Akkadischen[132] oder Ägyptischen[133] ableitbare Fremdwort, mit dem der Erzähler Josefs Wagen ausrufen ließ. Am Ende dieser öffentlichen Proklamation, an der – so wohl die Vorstellung des Erzählers – auch der Pharao teilnahm, nimmt dieser noch einmal das Wort und verkündet Josefs Einsetzung *coram publico.*

Damit ist Josef installiert. Er steht im Zenit seiner Macht. Was ihm im Haus des Vaters (noch) nicht gelungen war, die Spitzenstellung unter den Brüdern zu

---

132 Zum Versuch der Herleitung aus dem akkadischen *abarakku* (Palastvorsteher) siehe H.-Chr. Schmitt, Josephsgeschichte, 148 f.

133 M. Görg (Beziehungen, 122 f.) u. a. denken eher an eine ägyptische Wortbildung, die von der allgemeinsemitischen Wurzel *barak* abzuleiten wäre, möglicherweise ein Imp. im Sinne von »grüßt«, »erweist Ehre«.

Abb. 8: Amenophis IV. auf seinem Prachtwagen, begleitet von seiner Garde, die ihm vorauseilt. Tell el-Amarna (14. Jh. v. Chr.)

erringen, das erreichte er im Hofstaat des Pharao. Wurde ihm dieser zur zweiten Familie, zur Heimat in der Fremde? Mit dem Akt der Erhöhung Josefs zum zweiten Mann im Staate waren weitere Handlungen des Pharao verbunden, die nicht nur für sein öffentliches Amt, sondern auch für seine privaten Belange von Bedeutung waren.

2.4.3. *›und gab ihm Asenat zur Frau‹*

Der Pharao verlieh Josef einen ägyptischen Namen und verheiratete ihn mit der Tochter eines ägyptischen Priesters (1. Mose 41,45). Wurde der Hebräer aus Kanaan damit auch ethnisch eingegliedert, der ägyptischen »Leitkultur« unterworfen? Die Benennung von Fremden mit ägyptischen Namen war kein außergewöhnlicher Akt. Es blieben umfangreiche Listen erhalten, auf denen ausländische Sklaven mit ihren syrisch-palästinischen Herkunftsnamen und den ihnen beigelegten ägyptischen Namen säuberlich verzeichnet wurden.[134]

---

134 Vgl. C. Westermann, Genesis I/3, 99.

So unterschiedlich diese Umbenennungen auch motiviert gewesen sein mögen, immer verband sich mit ihnen der Aspekt der Macht. Namengebung ist dem innersten Wesen nach bis heute ein Herrschaftsakt. Päpste und Könige erhielten und erhalten anlässlich ihrer Thronbesteigung einen eigenen Königsnamen, der nicht selten ein ganzes Regierungsprogramm enthielt.[135] Sollte auch der ägyptische Name Josefs, *Zafenat-Paneach* mit der Bedeutung »Gott spricht: Er möge leben!«, in diesem Sinne als Ehrenname verstanden werden? Alles spricht dafür, dass es hier um eine Nobilitierung des Hebräers ging und nicht um eine Unterwerfung. Gleichzeitig darf aber nicht übersehen werden, dass Josef trotz aller Machtfülle dem Pharao unterstellt blieb, wie jeder Sklave, der ihm diente. War die Umbenennung damit auch eine Machtdemonstration des Pharao, mit der er die hebräische Identität Josefs gegen eine ägyptische austauschte?[136] Möglicherweise kam in der Umbenennung Josefs beides zugleich zum Ausdruck, der Aspekt der Ehrung und der Unterstellung unter den Pharao. Darüber hinaus stellte er aber sicherlich einen Akt der ethnischen Integration dar, durch den dem Hebräer deutlich gemacht wurde, dass er nun »einer von uns« sei.[137] Das kommt

135 So z. B. bei der Ankündigung des künftigen Friedenskönigs in Jes 9,5f.

136 In diesem Sinne wurden die judäischen Vasallenkönige Eljakim von Pharao Necho in Jojakim umbenannt (2. Kön 23,34) oder Matanja durch den König von Babel in Zedekia (2. Kön 24,17). Diese Umbenennungen sind allerdings nur entfernt mit der Umbenennung Josefs vergleichbar, da beide keine fremdländischen Thronnamen beigelegt bekommen, sondern hebräische Namen, die den israelitischen Gottesnamen JHWH als theophores Element enthalten.

137 Deswegen spricht M. Wahl (Hofgeschichte) zutreffend von einem Vorgang der »Nostrifizierung«.

in der damit verbundenen Vermählung Josefs mit einer Ägypterin zum Ausdruck.

Josefs Ehe mit Asenat, der Tochter eines Priesters von On, war wohl der weitestgehende Akt der Integration, für die der Pharao sorgte. On, das spätere Heliopolis, galt als eines der großen Kultzentren Ägyptens. Die Ehe eines ehemaligen hebräischen Sklaven mit der Tochter eines angesehenen ägyptischen Priesters sollte ohne Zweifel den sozialen Aufstieg Josefs unterstreichen. Für spätere Leser stellte diese Ehe Josefs mit einer ägyptischen Priesterstochter – wie wir noch sehen werden – ein erhebliches Problem dar. Schließlich widersprach sie vollkommen dem angestrebten Ideal einer endogamen Ehe, in der die Partner aus einer Familie (Verwandtschaftsehe) bzw. aus ein und demselben Volk kommen sollten. Abraham und Sara achteten ebenso wie Isaak und Rebekka darauf, dass ihre Söhne keine fremden Frauen heirateten, sondern Töchter aus der Verwandtschaft (1. Mose 24;28,1 ff.). Das Verhalten Esaus, der sich an diese Regel nicht hielt, wird ausdrücklich getadelt (1. Mose 26,34 f.;27,46;28,8). Ursprünglich hatte die Verwandtenehe nicht zuletzt ökonomische Ursachen.[138] In späterer Zeit aber wurde in der Ehe mit Ausländerinnen weniger eine ökonomische als eine religiöse Gefährdung gesehen. Fremde Frauen verführten zu fremden Göttern. Aus diesem Grund werden Salomos Ehen mit ausländischen Prinzessinnen heftig kritisiert (1. Kön 11,1–13). Diese Sicht hat sich vor allem im Kreise derjenigen Erzähler durchgesetzt, die die Kultreform des Königs Josia (639–609 v. Chr.) unterstützten. In dieser Reform wurde auf der Grundlage des deuteronomi-

138 Vgl. 4. Mose 36,10 f. und B. Lang, Ehe, NBL I, 476 f.

schen Gesetzes (5. Mose 12–26) die Alleinverehrung JHWHs, des Gottes Israels, gefordert. Jeder, der die Israeliten vom Weg der Alleinverehrung JHWHs in Jerusalem abhielt und anderen Göttern zuführte, verfiel dem Bann, auch wenn es sich um Glieder der eigenen Familie handelte (5. Mose 13,7–10).[139] Noch und gerade in der nachexilischen Zeit stellen die Mischehen ein zentrales Problem für die Neuordnung des religiösen und politischen Lebens in Jerusalem und der Provinz Jehud dar (Esra 9–10; Neh 13,23 ff.).

Die Josefserzählung atmet in dieser Hinsicht einen vollkommen anderen Geist. In ihr wird das Fremde und die Fremde in keiner Weise ausgegrenzt, auch nicht aus religiösen Gründen. Der Erzähler sah in der Ehe Josefs mit der Tochter eines ägyptischen Priesters eher eine Auszeichnung als einen Makel, in jedem Falle aber eine legitime Möglichkeit, der sich Josef mit keiner Silbe widersetzte. Es war also nicht die *ägyptische* Frau, die er in der Begegnung mit Potifars Weib verschmähte, sondern diese als *verheiratete* Frau. Auch sonst wird Ägypten in keinerlei Weise als eine religiöse Versuchung oder gar Gefährdung für Josef gesehen.[140] Vielmehr erkennen Potifar und der Pharao in Josef einen von der Gottheit in besonderer Weise befähigten Jüngling.[141] Die Einheirat Josefs in den ägyptischen

---

139 Das war auch der Grund dafür, warum sich nach dem deuteronomischen Königsgesetz der König nicht viele Frauen nehmen sollte, damit »sein Herz nicht (zu anderen Göttern) abgewandt werde« (5. Mose 17,17).

140 Die Episode mit Potifars Frau wird lediglich als ethische Gefährdung dargestellt, durch welche sich Josef an Potifar und Gott schuldig machen würde. Dabei war für den Erzähler die Schuld gegen Gott ebenfalls ethisch und nicht religiös begründet.

141 Wenn der Erzähler Potifar und den Pharao dabei stets von *Elo-*

Priesteradel hätte unter denjenigen Kreisen, die sich dem Deuteronomium oder dem Geist Esras und Nehemias verpflichtet wussten, mit Sicherheit schwere Bedenken hervorgerufen. Schon der Name der Frau Josefs, Asenat (»Der [Göttin] Neith zugehörig«), signalisierte ja deren fremde Religiosität. So sehr daher Josef durch diese Ehe in die ägyptische Gesellschaft integriert wurde, so stand er – aus der Sicht späterer Generationen in frühjüdischer Zeit – in der Gefahr, sich damit aus der israelitischen Volks- und Glaubensgemeinschaft zu verabschieden. Der Erzähler der Josefsgeschichte sah das ursprünglich aber noch ganz anders. Für ihn fand auch derjenige Israelit, der unter dem Beistand JHWHs, des Gottes Israels, stand (39,2.35.21.23), seinen Weg in der Fremde, ohne dabei zwangsläufig den Göttern der Fremden verfallen zu müssen. Die Josefsgeschichte jedenfalls atmet einen Geist der Unbefangenheit, der Weite und des Internationalismus, in dem weder das fremde Land, noch der fremde Herrscher und auch nicht die fremde Frau als unvermeidliche religiöse Bedrohung gesehen werden.

Dass diese Sicht nicht von jedermann und zu jeder Zeit geteilt wurde, wird an der Art und Weise deutlich, in der die beiden Söhne Josefs, Manasse und Efraim, die ihm Asenat geboren hatte, in die Erzählung eingeführt werden (41,50–52). Offensichtlich gab es in späterer Zeit Auseinandersetzungen darüber, inwieweit die Söhne Josefs, die aus dieser Ehe mit der Ägypterin Asenat hervorgegangen waren, legitime Nachkommen Jakobs/Israels seien. Da es sich aber sowohl bei

---

him und nicht von JHWH reden lässt (vgl. Anm. 86), dann deutet er damit an, dass sich die Ägypter mit Josef in einem allgemeinen Gottesglauben einig wussten, ohne dass die Götter der beiden Seiten miteinander identisch sein mussten.

41,50–52 wie auch bei Kapitel 48 um spätere Zusätze zur ursprünglichen Josefserzählung handeln dürfte, werden wir auf diese Frage noch einmal zurückkommen müssen, wenn es darum geht, frühe Leserstimmen zu sammeln.

2.4.4. *›was der euch sagt, das tut‹*

Nachdem Josef in seinem neuen Amt installiert und in die ägyptische Gesellschaft weitestgehend integriert worden war, unternahm er eine Inspektionsreise durch das gesamte Reich (1. Mose 41,46b). Alles, was der Pharao träumte und Josef ihm in seiner Deutung weissagte, geschah auch so. Mit Josefs Amtsantritt begannen unverzüglich sieben Jahre des Überflusses (V. 47–49). Das Getreide, das im Umland der Städte geerntet wurde, ließ Josef in ihnen speichern. Auch aus kanaanäischen Ortslagen sind uns derartige Getreidespeicher gut bekannt. Mit dem beliebten Bild vom »Sand am Meer«[142] malt der Erzähler seinen Lesern die Überproduktion an Brotgetreide plastisch vor Augen.

Als die sieben satten Jahre ins Land gegangen waren, begannen die sieben Hungerjahre (V. 53–57). Die Hungerkatastrophe erfasste nicht nur Ägypten, sondern alle Länder (V. 54). Es kam also noch schlimmer als befürchtet, weil es schlimmer kommen musste. Mit der Ausweitung der Hungerkatastrophe über Ägypten hinaus bereitet der Erzähler ja den zweiten Hauptteil seiner Erzählung vor, der schließlich zur Übersiedlung der gesamten Jakobssippe nach Ägypten führte. Nur weil der Hunger alle Länder im Würgegriff hatte und weil allein Ägypten nicht unvorbereitet in diese Katastrophe stolperte, kam nun auch Bewegung in das

---

142 Vgl. 1. Mose 32,13; Jos 11,4; Ri 7,12; 1. Sam 13,5; 2. Sam 17,11; 1. Kön 4,20;5,9; Hos 2,1.

Geschehen zwischen Jakob, Josef und seinen Brüdern. Jetzt beginnt der Leser bereits zu ahnen: Der Traum des Pharao, Josefs Deutung und sein Rat, alles das geschah nicht allein um der Ägypter oder um Josefs Aufstieg und Karriere willen. Es waren vielmehr Bausteine in einem verborgenen Plan, der Schritt für Schritt vor den Augen des gespannten Publikums enthüllt wird. Der, mit dem die Brüder nicht mehr aßen (37,25), war jetzt zum Ernährer Ägyptens – und nicht nur Ägyptens! – geworden. Das Volk, das in seiner Not zum Pharao schrie, wird von diesem an Josef verwiesen:

»Geht zu Josef, alles, was er euch sagt, das tut.« 1. Mose 41,55

Josef, der selbst in so viele Lebenskrisen geraten war, wird zum Meister der Krise. Sein Wort und Wille bestimmt das Gesetz des Handelns, weil in und hinter seinem Willen der Wille JHWHs Gestalt annimmt.

Mit dieser Mitteilung endet der erste Hauptteil unserer Erzählung. Der Erzähler vergaß nicht, seinen Lesern noch mitzuteilen, dass Josef dreißig Jahre alt war, als ihn der Pharao erhöhte (V. 46). Als Siebzehnjähriger betrat er den Boden Ägyptens. Als Dreißigjähriger erreichte er den Höhepunkt seiner Laufbahn. Dreizehn lange Jahre dauerte es, bis aus dem Hütejungen der zweite Mann im Reich der Pharaonen geworden war. Jahre des Erfolgs und der bedrückenden Niederlagen. In allem Unglück aber, das den Josef erfasste, hatte er immer wieder Glück. Doch auch die Umkehrung des Satzes gilt: in allem Glück war immer schon ein Unglück anwesend; als Lieblingssohn von den Brüdern gehasst, als Hausverweser von seiner Herrin bedrängt, als Gefängnisverwalter vom Obermundschenk vergessen. Drei Anläufe brauchte es, bis Josef endlich zu Einfluss, Ruhm und Ehre kam. Im Hause Potifars, im Gefängnis und schließlich am Hofe des Pharao hatte er sich als umsichtiger und treuer Diener seines Herrn, als kundiger Traumdeuter und als politischer Ratgeber zu bewähren. Seine Erhöhung durch den Pharao mag dem Leser als ein märchenhaftes Glück erscheinen. Doch gleichzeitig mag er sich fragen, ob auch in diesem außergewöhnlichen Glück bereits der Keim zum Unglück steckte.

Wie auch sonst häufig im Märchen hatte der »Held« gleichsam drei Proben zu bestehen. Emma Brunner-Traut hat auf die besondere Bedeutung der Drei und der Sieben in der ägyptischen Märchenliteratur hingewiesen. Häufig vollziehen sich dort die Handlungen in drei Stufen. Ja die Drei steht in Ägypten für den Plural schlechthin, für Wiederholung und Wirksamkeit.[143] Gleichzeitig gehört es aber wohl zum impliziten Regelwerk der Märchen, dass die jeweils dritte Probe die letzte und entscheidende darstellt. Wurde sie vom Märchenhelden bestanden, dann war der endgültige Durchbruch vom Bösen zum Guten vollzogen.

Ist es ein Zufall, dass auch der Erzähler der Josefsgeschichte mit diesen beiden Symbolzahlen Drei und Sieben arbeitet?[144] Es wäre sicherlich verfehlt, wollte man die Josefsgeschichte aufgrund dieses Befundes ganz und gar der Märchenliteratur zuordnen.[145] Dass

---

143 E. Brunner-Traut, Frühformen, 146 f.

144 In diesem Zusammenhang ist nicht allein auf die dreistufige Handlungsfolge im Aufstieg Josefs zu verweisen bzw. auf die drei Traumpaare, sondern auch auf die Träume des Obermundschenks und des Oberbäckers, die von der Symbolzahl Drei beherrscht werden, und auf die Träume des Pharao, die mit der Sieben arbeiten.

145 Vgl. dazu H. Gunkel, Das Märchen im Alten Testament, Frankfurt a. M. 1987. Dem 1921 erstmals erschienen Werk wurde in seinem Nachdruck von 1987 ein Nachwort von H.-J. Hermis-

ihr Erzähler aber Anleihen bei dieser gemacht hat, dass er sich ihrer verborgenen »Grammatik« bedient, um seine Hörer nicht nur zu belehren, sondern auch zu unterhalten, das liegt nahe. Und doch ist die Josefserzählung kein Märchen. Denn das Märchen hätte wohl mit Josefs glanzvoller Erhöhung am Hofe des Pharao sein Ende finden können. Der Gedemütigte, Verstoßene, Verleumdete und Vergessene hat am Ende doch sein Glück gemacht. Das Gute hat den Sieg davongetragen. Die Josefsgeschichte aber geht weiter.

2.5. Reise I: Josefs Brüder in Ägypten

Im zweiten Hauptteil der Erzählung wird wieder zusammengeführt, was in der Exposition der Erzählung (1. Mose 37) zerbrach, die Familie Jakobs. Dabei bedient sich der Erzähler derselben Regeln, die er bereits im ersten Hauptteil zur Anwendung brachte. So wie Josef gleichsam drei Anläufe brauchte, um der Erfüllung seines Traumes nahezukommen, so müssen die Brüder nun den Weg zwischen Kanaan und Ägypten dreimal bewältigen, bis sie wieder miteinander vereint ist, Jakobs Sippe. Dabei lassen die drei Reisen der Brüder Josefs in sich deutlich ein Moment der Steigerung erkennen. Während der ersten Reise treffen sie auf Josef, ohne ihn zu erkennen (1. Mose 42). Auf der zweiten Reise führen sie auch Benjamin, Josefs leiblichen Bruder, mit sich. Und nach einer derben Prüfung gibt sich Josef ihnen zu erkennen (1. Mose 43–45). Die dritte Reise schließlich wird zu einer Art Triumphzug, in

---

SON (Das Alte Testament und die Märchen, 189–202) beigegeben, das für die oben angedeutete Problematik besonders lesenswert ist.

dem nun auch Jakob mit seinem gesamten Clan nach Ägypten übersiedelt (1. Mose 46) und sich dort niederlässt (1. Mose 47,1–27). Und so, wie in der Aufstiegsgeschichte Josefs eine Etappe die darauf folgende vorbereitet, so bereitet auch eine Reise die jeweils nächste vor.

Die Reise der Söhne Jakobs geht auf eine Initiative ihres Vaters zurück. Sie selbst werden angesichts des Hungers in Kanaan eher als ratlos und initiativlos beschrieben. Jakob fragt sie recht vorwurfsvoll:

»Was seht ihr euch (so lange) an?« 1. Mose 42,1

Möchte der Erzähler damit die bleibende Entfremdung Jakobs von seinen Söhnen seit dem Verschwinden Josefs andeuten? Oder wird hier mehr indirekt als direkt das unschlüssige zögerliche Verhalten der Jakobssöhne mit dem klugen Rat und der entschlossenen Tat Josefs im vorhergehenden Kapitel konfrontiert? Während dieser Herr jeder Lage war und wusste, wie man mit einer Hungersnot umgeht, wissen jene nicht, wo und wie man das nötige Brot zum Überleben auftreiben könnte. Jakob selbst als tatkräftiger Clanchef hatte dagegen längst in Erfahrung gebracht, dass es in Ägypten noch Brotgetreide gab. Daher gibt er seinen Söhnen den Auftrag, dorthin zu reisen, um etwas davon zu erwerben.

»... damit wir leben und nicht sterben.« 1. Mose 42,2

Hier deutet der Erzähler erstmals an, dass es in der Erzählung um mehr als nur um das Geschick Josefs und seinen Aufstieg geht. Tod oder Leben der Jakobssippe stehen zur Debatte. Und mit ihnen das heimliche Leitthema der Erzählung. Immer wieder wird es von nun an in die Texte eingespielt (42,20;43,8;45,5;50,20).[146] So machen sich zehn der Söhne auf nach Ägypten (42,3.5). Lediglich Benjamin behält Jakob bei sich, den zweiten Sohn, den ihm seine geliebte Rahel geboren hatte (1. Mose 35,16–22). Er war ja nach dem Verlust Josefs die einzige lebendige Erinnerung, die ihm von seiner Lieblingsfrau verblieb. Benjamin, das »Glückskind«,[147] sollte nicht auch noch Opfer eines überraschenden Unglücks werden.

2.5.1. *›und sie fielen vor ihm nieder‹*

Inmitten einer größeren Schar von kanaanäischen Hungerleidern kamen die zehn Jakobssöhne nach Ägypten. Mehrfach wird in altägyptischen Texten dargestellt, wie derartige hungernde Kanaanäer und Sinainomaden an die Pforten des fruchtbaren Nillandes klopften, um dem sicheren Hungertod zu entgehen.

So heißt es auf dem ältesten außerbiblischen Text, auf dem Israel überhaupt als eine eigene ethnische Gruppe begegnet, auf der Stele des Merenptah (1208 v. Chr.):

»Israel ist verwüstet; es hat kein Saatgut.«[148]

Diese Notiz, mit der Israel neben anderen durch Merenptah unterworfenen Völkern erwähnt wird, »ist ein

146 Das gilt allerdings nicht allein für Jakob und seine Leute, sondern auch für die Ägypter (47,15.19). Vgl. dazu vor allem A. Meinhold, »… damit wir leben können«, 77–108.

147 Nachdem die sterbende Rahel ihren zweiten Sohn *ben-'oni* (»Sohn meines Unheils«) benannt hatte, gab Jakob ihm den Namen *ben-jamin,* was nach einer volksetymologischen Erklärung »Sohn des Glücks« bedeutet (1. Mose 35,18). In Benjamin lebte also Jakobs Glück, die zu früh verstorbene Rahel, weiter.

148 Übersetzung nach U. Kaplony-Heckel, TUAT I/6, 546–552, Zit. 552.

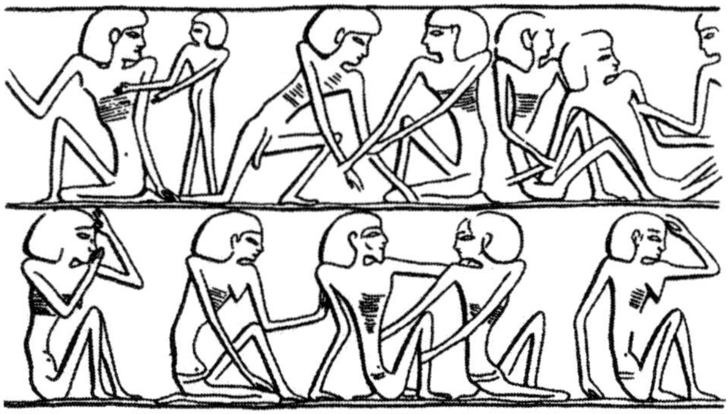

Abb. 9: Hungernde Nomaden auf einem Kalksteinrelief, Saqqara (3. Jt. v. Chr.)

Topos, der in ägyptischen Texten mehrfach vorkommt; man kennzeichnet primär damit die miserable wirtschaftliche Situation eines Gegners: Mit der Verwüstung der Äcker ist in Israel die Hungersnot für das laufende Jahr, mit dem Mangel an Saatgut die Hungersnot für das nächste Jahr vorprogrammiert.«[149] Im »Brief eines Grenzbeamten an seinen Vorgesetzten« (ca. 1192 v. Chr.) ist zu lesen:

»Wir sind damit fertig geworden, die Š'sw-Stämme von Edom durch die Festung des Merneptah in Ṯkw passieren zu lassen bis zu den Teichen von Pitom des Merneptah in Ṯkw, um sie und ihr Vieh durch den guten Willen des Pharao, der guten Sonne eines jeden Landes am Leben zu erhalten ...«[150]

Die Texte werden durch ikonographische Darstellungen ergänzt.

149 U. Kaplony-Heckel, TUAT I/6, 546.

150 Übersetzung nach K. Galling, TGI, 40.

Abb. 10: Semitische Kleinviehnomaden, die in Ägypten Einlass begehren. Grabmalerei aus Beni-Hassan (19. Jh. v. Chr.)

Hatte der Erzähler der Josefsgeschichte solche Notsituationen vor Augen, als er von der Reise der Jakobssöhne nach Ägypten erzählte? Auch andere biblische Texte wissen darum, dass es immer wieder Hungersnöte waren, die Menschen nach Ägypten trieben (1. Mose 12,10;26,1f.). Und die gerade erst dem Sklavenhaus entflohenen Israeliten sehnen sich angesichts leerer Töpfe wieder nach den berühmten »Fleischtöpfen Ägyptens« zurück (2. Mose 2,16), ja, sie tun das, was alle Hungerleider gerne tun, sie reden und träumen von üppigen Mahlzeiten:

»Wir erinnern uns des Fisches, den wir gegessen haben in Ägypten umsonst, an die Kürbisse, die Melonen, den Lauch, die Zwiebeln und den Knoblauch.« 4. Mose 11,5

Ein knurrender Magen sorgte schon immer dafür, die leere Tafel üppig zu decken. Um dem Hunger zu entgehen, nahm man viel in Kauf. Dafür warf man sich selbst einem ägyptischen Beamten vor die Füße.

Unmittelbar mit der Ankunft der Söhne Jakobs in

Ägypten steht Josef erneut im Mittelpunkt des Interesses. Wenn der Erzähler gleich am Anfang der Begegnung betont, was wir als Leser längst wissen, dass Josef nämlich ein Machthaber (*schalit*) und ein Ernährer (*maschbir*) in Ägypten geworden sei, dann spielt er damit wohl auch auf die Träume in Kapitel 37 an. So, wie sich dort im Traum die Getreidegarben der Brüder vor der Garbe Josefs niederwarfen (37,7: *wattischtach^{a}wäna*), so fielen nun die Brüder tatsächlich vor ihm auf ihr Angesicht (42,6b: *wajjischtach^{a}wu*).

Ein Traum war in Erfüllung gegangen. Josef, der jüngere Bruder, hatte tatsächlich Macht über seine älteren Brüder gewonnen. Aber das wusste nur er selbst (42,9a), nicht die Brüder, die vor ihm im Staube lagen.

Abb. 11: Ausländische Bittsteller vor einem ägyptischen Beamten. Kalksteinrelief aus Saqqara 14. Jh. v. Chr.

2.5.2 *›sie aber erkannten ihn nicht‹*

Mit dem Motiv, dass Josef seine Brüder bei ihrer Ankunft erkannte, diese ihn aber nicht (1. Mose 42,7 f.), kommt ein neues Spannungsmoment in die Erzählung. Auf den ersten Blick scheint das nach so vielen Jahren der Trennung auch plausibel zu sein. Und doch stellt sich die Frage, warum Josef sie sofort erkannte, während ihnen auch im Zuge der merkwürdigen Verwicklungen und Verhöre, ja selbst der geheimnisvollen Zeichen, die Josef ihnen später geben sollte, keinerlei Licht aufging. Diese Ahnungslosigkeit und Blindheit, mit der die Brüder geschlagen waren, ist eben nur auf dem Hintergrund dessen erklärbar, dass sie Josef gar nicht in Ägypten vermuteten, ja, in dem trügerischen Bewusstsein lebten, dieser sei gar nicht mehr am Leben (V. 13b). Glaubten sie inzwischen also selbst an ihren raffinierten Betrug, mit dem sie dem alten Vater den Tod des Lieblingssohnes vorgegaukelt hatten (37,31 ff.)? Diese Ahnungslosigkeit hatte der Erzähler sorgfältig in Kapitel 37 vorbereitet, indem er die Brüder mit ihrer Absicht, Josef nach Ägypten zu verkaufen, gar nicht mehr zum Zuge kommen ließ. Sie wussten ja nicht, dass ihnen die Midianiter zuvorgekommen waren (37,28). Er war einfach verschwunden. Und da in all den Jahren keinerlei Lebenszeichen von Josef nach Kanaan gedrungen war, hatten sie ihn innerlich wohl längst verloren gegeben.

Auch das also kann Schuld bewirken, die zwischen Menschen steht, Fremdheit, elementare Wahrnehmungsstörungen, die bis zur Blindheit führen. Den Brüdern geht der Blick verloren für den Bruder. Der, mit dem sie nicht mehr friedlich reden konnten (37,4), den *erkennen* sie jetzt nicht mehr, obwohl er leibhaftig vor ihnen steht. Wo die Worte ausgehen, werden die Augen gehalten. Wie eine Wand steht die Schuld zwischen ihnen. Sie beraubt sie ihrer Sinne und macht sie taub und blind für die feinen Zwischentöne und zaghaften Gesten, die Josef ihnen gewährt.

Mit diesem narrativen Versteckspiel, dem Erkennen und Nichterkennen, baut der Erzähler ein Spannungsmoment auf, von dem fast der gesamte zweite Hauptteil seiner Erzählung lebt. Nur weil die Brüder Josef nicht erkennen, nur weil sie eben *nicht* »sehen, was aus seinen Träumen wurde« (vgl. 37,20), kann Josef jetzt sein strenges Spiel mit ihnen treiben.

2.5.3. *›Kundschafter seid ihr‹*

Mehrfach wirft er ihnen vor, dass sie als Kundschafter (*m^eragg^elim*)[151] gekommen seien, um die »Blöße«[152] des Landes«, seine verletzlichste Stelle, auszuspähen (1. Mose 42,9.12.14.16). Verzweifelt versuchen die Söhne Jakobs sich gegen diesen schweren Vorwurf zu wehren. Wiederholt beteuern sie, dass sie lediglich gekommen seien, um Brotgetreide zu kaufen (V. 10). Dabei bezeichnen sie sich mehrfach als »Knechte« (V. 10.11.13) des »fremden« Herrn, in dem sie Josef nicht erkannten.

---

151 Der Begriff (Pi Ptz. pl.) ist eine denominalisierte Form von *rägäl* (»Fuß«). Eine Person, die zu eifrig ihre Füße gebrauchte und sich an Orten und in Ländern bewegte, die sie nichts angingen, machte sich offensichtlich schon in biblischer Zeit verdächtig. So wurde aus dem harmlosen »Fußgänger« ein »Kundschafter«. Dass diese in der Regel nicht als »Kundschafter des Friedens« kamen (so die verlogene Selbstbezeichnung der Staatssicherheit der untergegangenen DDR für ihre Auslandsmitarbeiter), sondern die Schwachstellen der auszuspionierenden Länder suchten, verstand sich von selbst. Zur Spionage und den Umgang mit Spionen im Alten Ägypten siehe M. FIEGER/S. HODEL-HOENES, Der Einzug in Ägypten, 215 ff.

152 Das Nomen *'ärwah* bezeichnet eigentlich die Schamgegend von Mann und Frau. Es ist die Stelle, an der die Ehre einer Person am verletzlichsten ist.

Auch durch diese Selbstbezeichnung unterstreicht der Erzähler noch einmal, dass Josefs Traum in Erfüllung gegangen war. Jetzt hatte er Gewalt über seine Brüder, die ihn einst so gewalttätig behandelten. Und weil alle Beteuerungen ihrer Redlichkeit nicht verfingen, glaubten sie allein dadurch ihren Kopf aus der Schlinge ziehen zu können, dass sie den strengen Herrn über ihre Familienverhältnisse aufklärten. Söhne eines Mannes aus Kanaan (V. 11a.13a), zwölf Brüder seien sie, von denen der jüngste beim Vater geblieben sei und einer nicht mehr vorhanden sei (V. 13b). Damit kommt fast ein Zug unfreiwilliger Komik in die Erzählung. Derjenige, der nicht mehr vorhanden sei, Josef, stand ja vor ihnen. Mit dem, der nicht mehr war, sprachen sie. Und ausgerechnet mit dem Argument, das sie entlasten sollte, mit der Offenlegung ihrer Herkunft, stürzten sie sich in noch viel tiefere Verlegenheit.

Josef gibt sich mit ihren Beteuerungen daher auch nicht zufrieden. Er setzt sie einer Prüfung aus. Sie sollen das Land nicht eher verlassen dürfen, bis ihr jüngster Bruder Benjamin als lebender Beweis für die Richtigkeit ihrer Aussagen durch einen von ihnen nach Ägypten gebracht worden ist (V. 15f.). Und um den Ernst seiner Forderung zu unterstreichen, ließ er sie verhaften und für drei Tage in Gewahrsam nehmen (V. 17). Wieder das Spiel mit der Drei. Der Erzähler greift auf das Gefängnismotiv aus 39,19ff. zurück.[153] Jetzt – und sei es auch nur für drei Tage – hatten die Brüder zu erdulden, was einst dem Josef widerfuhr. Da hatten sie nun Zeit, zur Besinnung zu kommen und

153 Mit der Wiederholung der Lexeme *'asar* (binden/gefangen nehmen) und *mischmar* (Gewahrsam/Gefängnis) aus 1. Mose 39,20.22;40,3 in 42,16f.19 wird dem Leser das Schicksal Josefs in Erinnerung gerufen.

darüber nachzudenken, was mit ihnen geschehen war. Am dritten Tage ließ Josef sie erneut vorführen und sprach zu ihnen:

»Tut Folgendes, damit ihr am Leben bleibt!« 1. Mose 42,18

Mit diesem Sätzchen setzt der Erzähler ein deutliches Signal. Josef will nicht den Tod der Brüder, wie diese einst den seinen wünschten (37,20). Er handelt nicht nach dem Gesetz der Vergeltung. Vielmehr will er, dass die Brüder leben, denn er »fürchtet Gott« (V. 18b).

Mit dem Verweis auf die Gottesfurcht Josefs spielt der Erzähler ein weiteres klassisches Thema der Weisheitsliteratur Israels ein.[154] Wieder wird Josef zum vorbildlichen Weisen gemacht.[155] Wer Gott fürchtet, respektiert, maßt sich keine letzten Urteile über seine Mitmenschen an und verzichtet auf Vergeltung (Spr 20,22;24,29). Ihm liegt am Leben und nicht am Untergang seiner Feinde (Spr 25,21f.).

Darum hält Josef auch nicht an seinem ursprünglichen Plan fest, alle Brüder solange in Ägypten festzuhalten, bis einer von ihnen Benjamin nach Ägypten gebracht hat (V. 16). Jetzt soll lediglich einer zur Sicherheit zurückbleiben, während alle anderen heimkehren

---

154 Vgl. Spr 1,7.29;2,5;8,13;10,27;14,26f. u. ö.; Hi 6,14;15,4;22,4; Koh 5,6;7,18;12,13. Dabei verwendet unser Erzähler nicht die im Sprüchebuch geläufige Formel *jir'at JHWH* (Furcht JHWHs), sondern den allgemeinen Gottesbegriff *Elohim* + *jare'* (fürchten). Josef redet eben als vermeintlicher »Ägypter« zu den Brüdern und offenbart sich ihnen – der Logik der Erzählung folgend – nicht als Anhänger JHWHs. Für den allwissenden Autor und seine Leser steht dabei außer Frage, dass er sich natürlich auf den Gott Israels bezieht.

155 Vgl. dazu R. Lux, Die Weisen Israels. Meister der Sprache – Lehrer des Volkes – Quelle des Lebens, Leipzig 1992, 93f.

dürfen, um mit dem in Ägypten erworbenen Getreide den Hunger ihrer Familien zu stillen (V. 19). In einem Punkt allerdings entlässt er sie nicht aus der Pflicht. Er besteht darauf, dass sie unverzüglich mit Benjamin zurückkehren (V. 20a). Doch auch bei dieser harten Forderung, die die Brüder in tiefste Verzweiflung treibt, ging es Josef nur vordergründig darum, den Wahrheitsgehalt ihrer Aussagen zu überprüfen, um den er ja längst wusste. Und schon gar nicht trieben ihn blinde Rache oder gnadenlose Vergeltungsphantasien. Durch kleine, fast nebensächliche Bemerkungen lenkt der Erzähler immer wieder die Sympathien des Lesers auf Josef. Alles das sollen die Brüder tun, »damit sie nicht sterben« (V. 20). Wieder wird es fast am Rande eingespielt, das verborgene Leitthema der Josefserzählung. Es geht um Tod oder Leben (V. 2.18.20). Und alles, was Josef tut, mag es für die Brüder auch noch so beängstigend oder verwirrend erscheinen, das tut er im Dienste des Lebens!

2.5.4. ›schuldig wurden wir‹

Welche Absicht aber verband Josef mit der harten Prüfung, die er seinen Brüdern auferlegte? Wollte er feststellen, ob diese nicht nur äußerlich brüderlich miteinander umgingen, sondern auch eine innere Wandlung vollzogen hatten? Wollte er sehen, ob sie erneut einen von ihnen mitleidlos im Elend sitzen ließen, um nur ihren eigenen Vorteil zu suchen und dem strengen ägyptischen Herrn zu entkommen? Wenn ja, dann ist ihm diese Absicht bestens gelungen. Die Verse in 1. Mose 42,21–24a bilden das Zentrum des Kapitels. Sie markieren eine Wende im Verhalten der Brüder. Josefs Prüfung führt sie zur Erkenntnis ihrer eigenen Schuld, die sie seit Jahren unausgesprochen mit sich herumschleppten (V. 21). Sie sahen die Bedrängnis, in die sie

Josef einst gebracht hatten, sie hörten sein Flehen und erhörten ihn doch nicht (V. 21a). Jetzt, Jahre später, hat sie die Not des Bruders eingeholt (V. 21b). Das, was gelungen schien, dass sie sich den verhassten Josef vom Halse geschafft hatten, die Täuschung des alten Vaters, dessen unstillbare Trauer, alles das stand plötzlich wieder vor ihnen auf. Die böse Tat kehrte zu den Tätern zurück.[156] Auch wenn es lange dauerte und sie sich möglicherweise über Jahre hinweg in Sicherheit wähnten, am Ende fiel es doch auf sie zurück, was sie dem Bruder einst angetan haben. Keiner soll glauben, er wäre für immer sicher und käme ungeschoren davon (Ps 37,10; Koh 8,11f.;20,5). Es gibt ihn, den Zusammenhang zwischen dem Tun und dem Ergehen eines Menschen, auch wenn das Glück der Frevler immer wieder dagegen zu sprechen scheint (Ps 73,3ff.; Hi 9,22;21,7ff.13ff.; Koh 9,2f.).[157] Und dem Erzähler der Josefsgeschichte ist wohl bewusst, dass es sich dabei um einen zutiefst sozialen Zusammenhang handelt, einen Gerechtigkeitszusammenhang, in dem es um das Handeln der Menschen aneinander und füreinander geht.[158]

Josefs Brüder müssen diese vergessene Lektion schmerzlich lernen. So, wie sie sich einst dem Flehen

156 Zum Tat-Folge-Denken im Alten Israel siehe G. Freuling, »Wer eine Grube gräbt ...«. Der Tun-Ergehen-Zusammenhang und sein Wandel in der alttestamentlichen Weisheitsliteratur, WMANT 102, Neukirchen-Vluyn 2004.

157 Vgl. R. Lux, Die Weisen Israels, 76–84.

158 Das hat vor allem B. Janowski (Die Tat kehrt zum Täter zurück. Offene Fragen im Umkreis des »Tun-Ergehen-Zusammenhangs«, in: Ders., Die rettende Gerechtigkeit. Beiträge zur Theologie des Alten Testaments 2, Neukirchen-Vluyn 1999, 167–191) in Anschluss an die Arbeit J. Assmanns (Ma'at) deutlich gemacht.

des Bruders gegenüber taub stellten, sich unsolidarisch und unbarmherzig verhielten, so trafen sie jetzt selbst scheinbar unbarmherzig die Folgen ihrer Tat. Im Fortgang aber bleibt es nicht allein bei dieser Einsicht. Die Aktionen Josefs zielen ja – wie bereits deutlich wurde – viel weiter als nur darauf, den Brüdern ihre Schuld bewusst zu machen, sie unbarmherzig mit ihren begangenen Untaten zu konfrontieren. Das mag den Brüdern so scheinen. Sie sehen bisher nur, dass sie nun trifft, was sie ehemals dem Bruder taten. Und Ruben weist darauf hin, dass er sie einst erfolglos gewarnt hatte. Nun würde ihnen die Rechnung präsentiert, ja das vermeintlich vergossene Blut des Bruders würde von ihnen gefordert werden (V. 22). Josef hingegen holt sie durch die Erkenntnis ihres schuldhaften Verhaltens wieder zurück in den zerbrochenen sozialen Zusammenhang, der durch brüderliche Solidarität und Barmherzigkeit, durch ein Handeln füreinander und nicht gegeneinander bestimmt ist. Denn er will ja nicht ihren Tod, sondern ihr Leben. Und das ist eben nur dort möglich, wo Schuld erkannt, bekannt und dadurch überwunden wird. Während die Brüder das Geschehen allein aus der Perspektive des Zusammenhangs von Tun und Ergehen betrachten, durch den sich jetzt der Kreis ihres schuldhaften Verhaltens zu schließen scheint, steht das Handeln Josefs in der Perspektive der Versöhnung, die das Tat-Folge-Denken hinter sich lässt.[159]

Josef wird – ohne Wissen der Brüder – Zeuge ihres Schuldeingeständnisses. Um das Spiel der Verhüllung

---

159 Siehe dazu K. Koenen, Gerechtigkeit und Gnade. Zu den Möglichkeiten weisheitlicher Lehrerzählungen, in: J. Mehlhausen (Hg.), Recht – Macht – Gerechtigkeit, VWGTh 14, Gütersloh 1998, 274–303, und A. Meinhold, »… damit wir leben können«, 91 ff.

durchzuhalten, hatte er bisher durch einen Dolmetscher mit ihnen verkehrt (V. 23).[160] Sie wussten also nicht, dass er ihre Gespräche verstand. Mit der folgenden Notiz aber lässt der Erzähler seine Leser aufhorchen. Bisher hatte er uns kaum einen Blick in das Innere Josefs werfen lassen. Merkwürdig ungerührt, fast apathisch duldete er jeden Schlag, der ihn traf. Jetzt aber brach der Schmerz aus ihm heraus, der sich in all den Jahren angestaut hatte:

»Und er wandte sich von ihnen ab und weinte.« 1. Mose 42,24a

Es waren nicht die Anschläge der Brüder, ihr Hass und ihre Missgunst, auch nicht das Unrecht, das ihm im Hause Potifars widerfuhr, oder die Vergesslichkeit des Obermundschenks, die ihm die Tränen in die Augen trieben. Seltsam ungerührt nimmt er all dieses hin. Die Reue der Brüder aber war es, die ihn weinen ließ, ihre innere Wandlung, die sich in der Erkenntnis und der Anerkennung ihrer Schuld abzuzeichnen begann. Zuweilen löst eine tastende Bewegung hin zum Guten eine tiefere Erschütterung aus als das Böse selbst.

2.5.5. ›warum hat Gott uns das getan‹

Nachdem Josef auf diese Weise das Gesetz des Handelns bestimmt hatte, läuft der Bericht über die erste Reise der Brüder zielstrebig seinem Ende zu. Simeon

---

160 Zur Inanspruchname von Sprachmittlern im Kontakt mit Fremden im Alten Ägypten siehe M. Fieger/S. Hodel-Hoenes, Der Einzug in Ägypten, 221 ff. Der Midrasch weiß zu berichten, dass Manasse, der älteste Sohn Josefs als Dolmetscher fungiert habe. Damit will er wohl andeuten, dass Josef privatim mit seinen Söhnen Hebräisch sprach, sich also nicht vollkommen den Sitten und der Sprache Ägyptens angepasst hatte. Vgl. B. Jacob, Genesis, 771.

wird als Sicherheit für ihre Wiederkehr vor ihren Augen festgenommen (1. Mose 42,24b). Den übrigen lässt er die Säcke mit Brotgetreide füllen. Den Kaufpreis aber, den sie ihm dafür entrichtet hatten, ließ er ihnen wieder obenauf in die Säcke legen (V. 25). Die Brüder beladen ihre Esel und treten den Rückweg nach Kanaan an.

Zunächst einmal könnte man diese Geste als Zeichen von Josefs Uneigennützigkeit und Fürsorge interpretieren.[161] Er wollte sich nicht am Hab und Gut der Brüder bereichern. Schließlich hatte er sie ja selbst noch mit der notwendigen Wegzehrung für die Rückreise ausgestattet (V. 25). Aber über die Absicht Josefs, die er damit verfolgte, dass er ihnen ihr Geld zurückgeben ließ, macht der Erzähler keinerlei Mitteilung. War es ein Akt der Großzügigkeit oder der List? Schob er ihnen ein Delikt unter, für das er sie später abstrafen könnte? Machte er ihnen damit nicht eine zweite Reise nach Ägypten unmöglich? Was unter normalen Bedingungen eine Wohltat hätte sein können, wurde jedenfalls für die Brüder zum Albtraum. Als einer der Brüder unterwegs in der Herberge seinen Sack öffnet, entdeckt er das Geld:

»Ihr Herz entwich und sie zitterten. Ein jeder sprach zu seinem Bruder: Was hat Gott uns da getan?« 1. Mose 42,28b

Hatten die Brüder die »Wohltat« des unerkannten Bruders missverstanden? Oder hatte Josef damit genau

161 In diesem Sinne wird sie auch von B. Jacob (Genesis, 772) und G. v. Rad (Das erste Buch Mose, 336) gedeutet: »Daß ihnen Joseph das Geld wieder in die Säcke legen lässt, soll zeigen, daß sie seine Gäste waren; ja es ist wohl ein Zeichen seiner tief verhüllten Liebe, die ihnen ein so großes Geschenk macht.«

das erreicht, was er beabsichtigte? Wollte er in Erfahrung bringen, ob seine Brüder auch auf die Gefahr hin, dass sie des Betruges bezichtigt würden, nach Ägypten zurückkehrten, um Simeon auszulösen? Wollte er wissen ob ihr solidarisches Verhalten auch dann noch gegeben war, wenn sie selbst in Schwierigkeiten kamen? Die Brüder jedenfalls sahen in der wundersamen Wiederkehr ihrer Geldbörsen ein Verhängnis. Da ging es nicht mit rechten Dingen zu.

Hatte Gott selbst bei alledem seine Hand im Spiel? So lautet die Klage der Brüder: »Was soll das, was uns Gott angetan hat« (V. 28)? Reden hier Selbstgerechte, die ihre gerade erst erkannte Schuld schon wieder vergessen haben? Schwingt da der unausgesprochene Vorwurf mit, dass sie solch eine Behandlung eigentlich gar nicht verdient hätten? Oder halten sie mit dieser Frage an der Einsicht fest, dass Gott für den Zusammenhang zwischen Tun und Ergehen einsteht, auch dann und gerade dann, wenn er von Menschen zerbrochen wurde? Ist es also Gott, durch den ihre böse Tat, die sie begingen, nun auch ein böses Ergehen zur Folge hat? Hat er sie in diese unerträgliche Zwangssituation gebracht? Nicht immer, wenn solche Fragen einem Menschen über die Lippen kommen, verbirgt sich hinter ihnen eine Anklage Gottes, sind es Fragen gegen Gott und sein undurchsichtiges, willkürlich anmutendes Regiment. Sie können auch das Tor sein, durch das ein mit Schuld beladener Täter wieder eintritt in das Land, in dem nicht mehr er selbst die Gesetze des Handelns diktiert, sondern sich dem Handeln Gottes überlässt. Zu beidem kann das »Was soll das?« führen, zur Abkehr von Gott und zur Hinkehr zu ihm. Zum Verharren in widergöttlichem Trotz, der als Schuld zwischen ihm und Gott sowie ihm und den Brüdern steht, aber auch zum Aufbruch aus der Renitenz, zur erneuten Einkehr in die

Spielräume Gottes. Das Spiel selbst mag undurchschaubar sein. Wer aber teilnimmt an ihm, tut dies in dem Vertrauen, dass sich seine Regeln als Lebensregeln erweisen mögen. War also die Frage der Brüder nach dem Eingeständnis ihrer Schuld der zweite Schritt, den sie auf Gott und den verlorenen Bruder zugingen?[162]

Zurückgekehrt zu Jakob berichten sie diesem so schonend wie möglich,[163] was ihnen auf der Reise zugestoßen war (V. 29–34). Beim Abschirren der Tiere und dem Leeren der Säcke entdecken schließlich auch die übrigen Brüder ihr Geld (V. 35), was bei ihnen wie bei ihrem alten Vater höchste Besorgnis erregt. Auch er sieht in der wundersamen Wiederkehr des Geldes ein Unglück und kein Glück. Und so bleibt ihm nichts als die Klage:

»Ihr beraubt mich meiner Kinder. Josef ist nicht mehr da, Simeon ist nicht mehr da, und Benjamin wollt ihr auch noch nehmen …«. 1. Mose 42,36

Die Klage ist verständlich, für die Brüder aber muss sie doch eine Kränkung gewesen sein. Zählten denn bei Jakob nur die »verlorenen« Söhne? Hatte er sie nicht nach Ägypten geschickt? War es denn ihre Schuld, dass sie Simeon zurücklassen mussten? Und schließlich war es doch auch nicht ihre Idee gewesen, ihre Unschuld dadurch zu beweisen, dass sie Benjamin nach Ägypten bringen sollten. Auch das vermag der Schmerz des Verlustes zu bewirken, dass ein Mensch ungerecht gegen seine Mitmenschen wird.

---

162 In diesem Sinne die Deutung von B. Jacob, Genesis, 774.

163 Kein Wort davon, dass sie selbst vorübergehend im Gefängnis landeten, auch davon nicht, dass Simeon dort nach wie vor ausharren muss.

Daher interveniert Ruben. Er bietet Jakob seine eigenen Söhne, dessen Enkel, für den Fall an, dass er Benjamin nicht wieder zurückbringen werde. Dann mag Jakob sie zur Strafe an seiner Statt töten (V. 38). So selbstlos der Vorschlag des Erstgeborenen ist, so absurd ist er. Wieder ist es wie schon in Kapitel 37 Ruben, der Erstgeborene, der die Initiative ergreift. Für das Leben Simeons und Benjamins setzt er alles ein, was er hat, seine eigenen Söhne. Das ist mehr als irgendjemand von ihm verlangen dürfte. Ohne Zweifel wird hier das ritterliche Verhalten Rubens in kräftigen Farben gemalt. Doch wie bereits im Falle Josefs, so führen auch diesmal seine Absichten nicht zum Ziel. Ruben scheitert trotz des besten Willens, den er hat, an der Unnachgiebigkeit des Vaters (V. 38). Er verweigert ihm die Herausgabe Benjamins mit dem Hinweis auf Josef. Dieser sei bereits tot. Und Benjamin sei ihm allein geblieben von Rahel, seiner Lieblingsfrau. Stieße ihm ein Unglück zu, so würde es den grauhaarigen Greis voll Kummer in die *Scheol* fahren lassen. Damit stehen Jakob und seine Söhne wieder an dem Punkt, an dem sie bereits am Ende von Kapitel 37 standen.[164] Josefs Verlust weckte im Vater den Todestrieb. Benjamins Verlust würde ihn vollenden. Wodurch und durch wen ließe sich das verwirrte Lebensknäuel dieser Familie wieder entwirren? Hatte Josef – vielleicht mit bester Absicht und gegen seinen Willen – nicht letztlich doch kräftig dazu beigetragen, dass den Brüdern eine zweite Reise nach Ägypten unmöglich wurde?

---

164 Das wird schon durch die Wiederaufnahme des Nomens *sche'ol* aus 37,35 deutlich.

2.6. *Reise II: Benjamin in Ägypten*

Der Bericht über die zweite Reise der Brüder Josefs nach Ägypten (1. Mose 43–45) übertrifft schon vom Umfang her die erste Reise bei Weitem. Damit wird deutlich, dass der Erzähler auf diese zweite Reise ein besonderes Gewicht gelegt hat. In ihrem Verlauf bahnt sich ein weiterer Höhepunkt an, der wohl das Zentrum der gesamten Erzählung bildet, die Enthüllung des Geheimnisses der Person dieses seltsamen »Ägypters«, Josefs (45,1–8). In umfangreichen Dialogen und Reden wird das bisherige Geschehen rekapituliert. Der Erzähler verlangsamt das Tempo und steigert so die Spannung, bevor er auf diesen Höhepunkt zusteuert. Der heutige Leser mag den Eindruck haben, dass hier der Stoff »sehr langatmig erzählt und durch mancherlei nachträglich eingefügte Verwicklungen immer weiter in die Länge gezogen« worden ist.[165] Es sollte allerdings nicht vergessen werden, dass wir es hier mit einem orientalischen Erzähler zu tun haben. Die orientalische Erzählkunst folgt anderen Gesetzen als unser an zügige Mitteilungen und knappe Handlungssequenzen gebundenes Ohr. Der Orientale hat Muße, er lässt sich Zeit beim Erzählen und Hören. In dieser anderen Erzähl- und Hörkultur werden die Wiederholungen gepflegt. Wie Kinder eine Geschichte gar nicht oft genug hören können, so wird der Stoff mehrfach durchgearbeitet und ausgeschmückt.

---

165 So das Urteil von R. G. KRATZ (Komposition, 282). Ob man in Kap. 43–45 wirklich mit zahlreichen späteren Ergänzungen rechen muss, bleibt fraglich.

2.6.1. *›lass den Knaben mit mir ziehen‹*

Nachdem Jakob seinen Söhnen die Mitnahme Benjamins nach Ägypten verweigert hatte, erübrigte sich zunächst eine zweite Reise. Die Brüder hätten ja fürchten müssen, nun tatsächlich als Spione enttarnt und mit dem Tode bestraft zu werden (1. Mose 42,19f.). Dass Simeon darunter zu leiden hatte, mussten sie wohl oder übel in Kauf nehmen. Schließlich aber waren die Vorräte aufgebraucht und »der Hunger lag schwer auf dem Land« (43,1). So blieb Jakob, wollten sie nicht allesamt verhungern, gar keine andere Wahl als die, seine Söhne erneut nach Ägypten zu schicken (43,2). Nachdem Ruben im Blick auf die Mitnahme von Benjamin eine Abfuhr erteilt wurde (42,37f.), versuchte jetzt Juda noch einmal zu intervenieren. Er teilte dem Vater ohne Umschweife mit, dass sie nur mit Benjamin die geforderte Reise antreten würden (43,3–5). Daraus ergibt sich ein längerer Dialog, an dessen Ende es Juda schließlich gelingt, Jakob von der Notwendigkeit der Mitnahme Benjamins zu überzeugen (43,6–14). Auch ihm liegt daran, dass die Sippe Jakobs lebt und nicht stirbt (V. 8). Wieder klingt das bereits in 42,2.20 angeschlagene Thema an. Es geht um das Überleben der Jakobssippe. Und das ist eben nur unter der Bedingung zu erreichen, die ihnen der unerkannte Josef in Ägypten diktiert hatte, die Vorführung Benjamins. Was Jakob letztlich überzeugt hat, war das Angebot Judas, als Bürge[166] für Leib und Leben Benjamins einzutreten

166 Das hebräische Verb *'arab*, das hier und in 44,32 begegnet, ist ein *terminus technicus* der Rechtssprache, der in den Rechtsdokumenten des gesamten Alten Orients begegnet. Er bezeichnet den Rechtsakt, in dem jemand als Sicherheit für eine andere Person eintritt, bzw. für die Sicherheit einer anderen Person bürgt. Siehe dazu E. Lipinski, ThWAT VI, 349ff.

(43,8 f.). Falls dem Knaben etwas zustoßen sollte, so wolle er persönlich die Verantwortung dafür übernehmen und lebenslang die Schuld abtragen (V. 9).

Jakob weiß, dass er keine andere Wahl hat. Und so tut er seinerseits alles dafür, zum Gelingen der Reise beizutragen. Er rüstet seine Söhne mit Gastgeschenken aus, Kostproben von den besten Erzeugnissen des Landes: Balsam, Honig, Ladanumharz, Mastix, Pistazien und Mandeln (V. 11). Die Liste erinnert an die Ismaeliterkarawane (37,25). Die Gaben der Söhne Jakobs gehen aber noch über die Güter hinaus, die diese nach Ägypten transportierte. Sie haben nicht nur kosmetische Erzeugnisse in ihrem Gepäck, sondern auch etwas davon, was dem Gaumen schmeichelt. Darin hatte Jakob Erfahrung, dass man durch Geschenke einen Mächtigen milde stimmen kann (1. Mose 32,14.19.21;33,10), ja darin war er ganz ein Weiser:

»Das Geschenk des Menschen schafft ihm Raum
und bringt ihn zu den großen Herren.« Spr 18,16[167]

Die Darbringung von Geschenken, die fremden Herren und Königen von Untergebenen überbracht werden, gehört zu den stets wiederkehrenden Motiven der altorientalischen Ikonographie.

Neben den Gastgeschenken bekommen die Brüder auch die doppelte Summe des Geldes mit, das sie auf ihrer ersten Reise mit sich führten. Damit sollten sie – falls von ihnen gefordert – die Schuld begleichen, die durch das Geld, das sie in ihren Säcken fanden, entstanden war (43,12). In dieser Weise üppig ausgestattet

167 Vgl. auch 1. Sam 10,27; 1. Kön 5,1;10,25; Spr 19,6;21,14.

Abb. 12: Asiaten überbringen einem ägyptischen Beamten kostbare Gaben als Tribut. Wandmalerei aus einem Grab in Abd el Qurna (15. Jh. v. Chr.)

gibt der Vater ihnen schließlich einen Reisesegen mit auf den Weg:

»*El Schaddaj*[168] möge euch Erbarmen geben bei diesem Mann, damit er euch, euren anderen Bruder und Benjamin entlasse.« 1. Mose 43,13a

Wie schwer dem Alten all dies gefallen ist, das wird aus der abschließenden Klage deutlich, die er den Söhnen nicht erspart:

168 Hier handelt es sich um eine alte Gottesbezeichnung, deren Etymologie nach wie vor umstritten ist. Möglicherweise kann sie mit »Gott des Berges« oder »Gott des Feldes« übertragen werden. Siehe H. Niehr, ThWAT VII, 1078 ff.

»Ich aber – wie ich kinderlos war, so bin ich kinderlos geworden.« 1. Mose 43,13b

Jakobs Söhnen mag diese Klage ungerecht erscheinen. Trotz des Verlustes Josefs waren ihm ja immer noch elf Söhne verblieben. Zählten die denn nichts gegen den Lieblingssohn? Jetzt aber in der Stunde des Abschieds enthielt diese Klage ihre eigene Wahrheit. Denn nun blieb er ja wirklich ganz ohne Söhne zurück. Und die Gewissheit, sie jemals wiederzusehen, konnte ihm niemand geben.

2.6.2. ›er aber grüßte sie freundlich‹

So ausführlich der Erzähler über die Vorbereitung der Reise berichtet, so knapp schildert er die Reise selbst. Mit drei kurzen Sätzen lässt er die Brüder an ihr Ziel gelangen:

»Sie brachen auf, sie zogen hinab nach Ägypten und traten vor Josef hin.« Mose 43,15b

Besser lässt sich gar nicht demonstrieren, was dem Erzähler wichtig war. Nicht die Reise, staubige Wüstenpisten, sondern das Abenteuer des Menschen mit dem Menschen, seine soziale Einbindung in eine Familie, Konflikte, Interaktionen, Begegnungen und Zergegnungen. Der Erzähler war weniger Reiseberichterstatter als Sozialpsychologe. Obwohl er seine Figuren auf mehrwöchige Wanderungen schickt, lässt er diese in der Erzählung auf Bruchteile einer Minute zusammenschrumpfen. Ihn interessieren die Menschen, die Charaktere, die Gespräche, das, was zwischen ihnen zur Debatte steht. Da wird er ausführlich, stellt Gleichzeitigkeit her und lässt seine Leser zu unmittelbaren Zeugen des Geschehens werden.

Als Josef die Brüder kommen sieht, wahrt er zunächst Distanz. So wie er bisher nur über Dritte, einen Dolmetscher, mit ihnen verkehrte (42,23), so überlässt er sie jetzt seinem Hausverwalter. Der soll sie ins Haus führen und zum Mittagessen laden (43,16). Die Brüder, die das Schlimmste befürchten (V. 18), treffen aber auf einen äußerst zuvorkommenden, höflichen Mann. Und als sie ihm ihre Verlegenheit wegen des Geldes schildern, das sie auf dem Rückweg ihrer ersten Reise in ihren Säcken gefunden hatten, beruhigte er sie und sprach ihnen *schalom* zu (V. 19–23a). Ja, mehr noch, er deutet ihnen die merkwürdige Entdeckung:

»Fürchtet euch nicht, euer Gott und der Gott eures Vaters hat euch einen Schatz in eure Säcke gelegt.« 1. Mose, 43,23

Der fremde Hausverwalter öffnet ihnen die Augen für das verborgene Handeln Gottes. Natürlich weiß er, dass Josef selbst es war, der den Auftrag gab, das Geld in ihre Säcke zurückzulegen (42,25). Aber Josef handelte ja als einer, der »Gott fürchtet« (42,18), und daher handelte Gott durch ihn. Ja, in dem, worin die Brüdern eine Strafe Gottes sahen, die er ihnen angetan habe (42,28), sollten sie dessen Wohltat sehen (43,23). Es mutet grotesk an: alle Welt erkennt, dass dieser hebräische junge Mann in besonderer Weise von Gottes Geist und Willen durchdrungen ist, Potifar (39,3), der Gefängnishauptmann (39,23), der Pharao (41,38 f.) und nun auch Josefs eigener ägyptischer Hausverwalter. Nur den eigenen Brüdern Josefs muss das gesagt werden, und dazu noch von einem Fremden. Deutet der Erzähler damit an, dass diese eben von Anfang an keinen Blick für ihren Bruder hatten, dass er ihnen nicht erst in Ägypten, sondern bereits im Haus des Vaters wie ein Fremder war, den sie in seinem Wesen und seiner Würde als von JHWH Erwählten nicht erkannten?

Nach dieser freundlichen Aufnahme im Hause Josefs wird Simeon zu ihnen geführt und alle Vorbereitungen werden getroffen für das Mittagsmahl und die entscheidende Begegnung mit dem unerkannten Bruder Josef (43,23b–25). Als dieser am Mittag ins Haus kommt, bringen sie ihm ihre Geschenke dar und fallen – wie bereits bei ihrer ersten Reise – vor ihm zur Erde (V. 26). Wieder die Bestätigung, dass sich Josefs Traum erfüllte! Josefs erste Frage, die er an sie richtet, gilt Jakob:

»Geht es eurem alten Vater gut? [...] Lebt er noch?« 1. Mose 43,27

Spätestens hier wird deutlich, dass der Erzähler nicht allein das Wiedersehen der Brüder im Blick hat. Der in Kapitel 37 aufgebrochene Konflikt wird vielmehr erst dann geheilt sein, wenn der alte Vater den verlorenen Sohn wieder in den Armen hält. Hätte die Brüder dieses merkwürdige Interesse des vermeintlichen »Ägypters« an ihrem Vater nicht stutzig machen müssen?

Der Anblick Benjamins, seines leiblichen Bruders, den sie mit sich führten, erschüttert Josef bis ins Mark. Er muss sich in seine Gemächer zurückziehen, um sich nicht durch seine Tränen zu verraten (43,30, vgl. 42,24). Danach aber lässt er auftragen zum Mittagsmahl.

»Und man legte ihm besonders auf und ihnen [den Brüdern] besonders und den Ägyptern, die mit ihm aßen, besonders. Denn die Ägypter können nicht gemeinsam mit den Hebräern Speise essen. Fürwahr, ein Greuel wäre das für Ägypten.« 1. Mose 43,32

In den Kommentaren wurde und wird viel darüber nachgedacht, welche Absicht der Erzähler mit dieser Bemerkung wohl verfolgte. Stand da ein besonderes kulturgeschichtliches Interesse im Hintergrund? So wusste Herodot zu berichten, »daß kein Ägypter das Messer, den Bratspieß oder Kochtopf eines Griechen gebraucht oder Fleisch gegessen hätte, das mit dem Messer eines Griechen zerschnitten war.«[169] Ein allgemeines Verbot, mit Fremden gemeinsam zu essen, gab es im Alten Ägypten allerdings nicht. Erst in der Spätzeit Ägyptens mag es derartige Tendenzen gegeben haben, was weniger ethnische Ursachen hatte als vielmehr eine zunehmende kultisch-religiöse Überformung täglicher Lebensvollzüge.[170] Wenn der hebräische Erzähler hier auf solch ein Speisetabu für Ägypter hinweist, dann wohl nicht so sehr, um sein kulturgeschichtliches Wissen zu präsentieren. Vielmehr wird mit dieser Notiz das Spiel um die Verhüllung und Enthüllung der Identität Josefs weitergeführt. Spätestens als die Brüder wahrnahmen, dass nicht nur ihnen, sondern auch Josef besonders aufgetragen wurde, hätten sie stutzig werden können. Hätte sich ihnen da nicht die Frage aufdrängen müssen, was es denn mit dem geheimnisvollen »Ägypter« auf sich habe?

Schließlich lässt Josef sie Platz nehmen, es geht zum Mahl. Dabei sah die Tischordnung offensichtlich vor, dass sie der Reihe ihrer Geburt entsprechend Plätze zugewiesen bekamen, der Erstgeborene zuerst bis hin zum Jüngsten (V. 33). Die Brüder geraten darüber ins Staunen, aber ein Licht geht ihnen immer noch nicht

---

169 Nach B. Jacob, Genesis, 790.

170 Vgl. J. Assmann, Herrschaft und Heil, 226, und M. Fieger/S. Hodel-Hoenes, Der Einzug in Ägypten, 247–254.

auf. Da schließlich gibt Josef ihnen einen weiteren Fingerzeig. Er lässt ihnen Ehrenportionen auftragen von den Speisen, die *vor ihm* stehen (V. 34). Spätestens jetzt hätten sie doch begreifen können, was da eigentlich vor sich geht. Wenn die Ägypter nicht gemeinsam mit den Hebräern aßen, Josef dagegen mit den Brüdern seine Speisen teilte, lag denn da der Schluss noch fern, dass eben dieser »Ägypter« gar kein Ägypter, sondern eigentlich einer von ihnen sei, ein Hebräer? Aber weil sie immer noch nicht kapierten, gab er ihnen einen weiteren Hinweis. Benjamin wird vorgezogen. Er bekommt die fünffache Portion (V. 34). Der Jüngste überflügelt die Älteren, der Letzte wurde von Josef zum Ersten gemacht. Ja, Josef zeigte dadurch doch auch seine besondere Nähe und Sympathie zu Benjamin an. Hätte er denn nun nicht endlich platzen müssen, der berühmte Knoten?

Dieses diffizile Spiel des Erzählers um die Verhüllung und Enthüllung der Person Josefs wird viel zu wenig beachtet. Gerade anlässlich des Brüdermahles soll ihnen ein Licht aufgehen. Josef demonstriert ihnen, wie ein Bruder seine Brüder empfängt. Nicht so, wie sie dies einst taten, als sie ihm nach dem Leben trachteten und in die Grube warfen, um schließlich für sich ihr Brot zu essen. Er empfängt sie freundlich, lädt sie an seinen Tisch, gibt ihnen von seinen Speisen. Er erweist sich als vorbildlicher Gastgeber und Bruder. Und als solcher will er offensichtlich auch erkannt werden. Was hätte er denn noch tun sollen, um den Brüdern seine Identität zu enthüllen?

- Er gibt sich durch die von den Ägyptern getrennten Speisen, die ihm aufgetragen werden als Nichtägypter zu erkennen. Die Brüder merken nichts!
- Er lässt die Brüder nach der Reihe ihrer Geburt Platz nehmen. Diese staunen, aber sie merken nichts!

– Er lässt ihnen von *seinen* Speisen Ehrenportionen auftragen. Die Brüder merken nichts!
– Er zeigt durch eine fünffache Portion für Benjamin seine besondere Nähe zu diesem. Die Brüder begreifen nicht!

Muss nicht spätestens hier der Leser den Eindruck gewinnen, dass die Brüder offensichtlich wenig helle waren? Werden sie angesichts der Weisheit und flinken Intelligenz, mit der uns das Bild Josefs vor Augen steht, nicht als reichlich tumbe und begriffsstutzige Gesellen vorgestellt? Verfolgt der Erzähler mit diesem narrativen Spiel der Verhüllung und Enthüllung der Identität Josefs auch eine wertende Absicht? Will er die Brüder ab- und Josef aufwerten? Will er die Führungsposition, die Josef unter seinen Brüdern beansprucht und schließlich auch erringt, nicht allein mit dessen Erwählung durch JHWH, sondern auch mit Josefs Tüchtigkeit und Intelligenz untersetzen? Und – letzte Frage – wird damit nicht auch eine gehörige Portion Humor eingespielt, ein verborgenes Lachen über die starken Gewalttäter von einst, die doch schwache Geister waren?

Sicherlich, wir als allwissende Leser haben es da leichter. Uns hat sich ja während der gesamten Erzählung die Identität Josefs nicht verhüllt. Da aber die Brüder offensichtlich nicht genug Verstand aufbringen, um das Geheimnis des »Fremden« zu lösen, so haben sie wenigstens eines mitgebracht nach Ägypten, einen gesunden Durst:

»Und sie tranken und berauschten sich mit ihm.« 1. Mose 43,34b

Aus dem Brüdermahl wird ein Trinkgelage. Jetzt sitzen sie wieder an einem Tisch und sind doch lange noch nicht eins.

2.6.3. *›warum habt ihr den silbernen Becher gestohlen‹*

Auf den freundlichen Empfang und das berauschende Mahl folgt ein böses Erwachen. Die Brüder werden ein zweites Mal hart geprüft. 1. Mose 44 zerfällt in zwei Abschnitte: den Bericht über die erneute Prüfung (V. 1–17) und eine lange, äußerst redundante Rede Judas vor Josef, die längste Rede im 1. Buch Mose überhaupt (V. 18–34).

Josef befiehlt seinem Hausverweser, die Säcke der Brüder für die Rückreise reichlich mit Getreide zu füllen und ihnen erneut ihr Geld hineinzulegen (V. 1). Wieder arbeitet der Erzähler mit der Doppelung seiner Motive (jeweils zwei Träume; zwei Karawanen der Ismaeliter und Midianiter; zweimal bewährt sich Josef als Traumdeuter; zweimal erhält er ein Vorzugs- bzw. Ehrenkleid; zweimal wird ihm das Kleid vom Leib gerissen, zweimal den Brüdern ihr Geld zurückgegeben …). Wir wissen inzwischen, was das zu bedeuten hat: Gott tut, was er sagt (41,32)! Die Verdoppelung der Motive unterstreicht die *Unwiderruflichkeit* des Geschehens. Sie bringt implizit zum Ausdruck, dass die Kette der Ereignisse nicht aus dem autonomen menschlichen Handeln hervorgeht, so sehr es vordergründig Menschen sind, Josef und sein Hausverweser, die hier handeln. Das Geschick Josefs und seiner Brüder unterliegt keiner Eigengesetzlichkeit, sondern einer hintergründigen Theonomie. Letztlich ist Gott es, der die Gesetze des Handelns leitet.

Diesmal aber bleibt es nicht bei der Rückgabe des Geldes, das Motiv erfährt eine Steigerung. Zusätzlich zu diesem lässt Josef seinen silbernen Becher in den Sack Benjamins legen (44,2). Den Brüdern wird der Griff nach dem Tafelsilber des großzügigen Gastgebers unterstellt. Am nächsten Morgen brechen sie auf (V. 3). Sobald sie die Stadt verlassen haben, gibt Josef seinem

Hausverweser den Auftrag, sie zu verfolgen und mit den Worten zur Rede zu stellen:

»Warum habt ihr Böses (*ra'ah*) an Stelle des Guten (*tobah*) erstattet« 1. Mose 44,4

In dieser Frage steckt bereits ein deutlicher Hinweis auf das Ende der Josefsgeschichte. Dort teilt Josef seinen Brüdern mit, dass sie danach trachteten, Böses (*ra'ah*) zu tun, Gott es aber zum Guten (*l*^{e}*tobah*) wendete (50,20). Gott handelt anders an ihnen als sie an Josef handelten. Bevor sie aber diese Lektion lernen werden, wird es noch eine Weile dauern.

Zunächst wird deutlich gemacht, dass dieser Becher für Josef eine ganz besondere Bedeutung hat. Es sei nicht nur der Becher, aus dem er trinkt, sondern auch weissagt (44,5). Derartige Wahrsagebecher waren vor allem in Babylon in Gebrauch. So las man die Zukunft aus den Formen, die einige Tropfen Öl auf dem mit Wasser gefüllten Becher hinterließen.[171] Die Mitteilung stimmt nachdenklich. Empfing Josef seine Einsichten und seine Weisheit doch nicht allein von Gott, sondern bediente er sich dabei auch mantischer Praktiken? In den vom deuteronomischen Denken der späten Königszeit geprägten Texten des Alten Testaments werden die durch das auch hier verwendete Verb *nachasch* (Pi.) bezeichneten Tätigkeiten durchweg negativ beurteilt.[172] Wenn unser Erzähler so unbefangen davon erzählt, dass sich Josef eines Wahrsagebechers bediente (V. 5.15), dann könnte das ebenso wie die positiv gesehene Ehe mit Asenat ein wichtiger Hinweis auf die Zeit sein, in der er seine Erzählung schrieb.[173]

---

171 Vgl. V. Fritz, Becher, NBL I, 254.

172 3. Mose 19,26; 4. Mose 23,23; 5. Mose 18,10; 2. Kön 17,17;21,6.

Die Brüder betonen ihre Unschuld und sind sich ihrer Sache so sicher, dass sie selbst das Strafmaß festsetzen, das denjenigen treffen möge, bei dem der Becher gefunden wird. Der sei des Todes schuldig, sie selbst aber wollen in diesem Falle die Sklaven (*'abadim*) Josefs sein (V. 9). Das Wort »Knecht/Sklaven« wird zu einem Leitwort des gesamten Kapitels.[174] Deutlicher kann wohl kaum betont werden, dass sie selbst jetzt drauf und dran waren, sich unter die Herrschaft Josefs zu begeben, gegen die sie sich in Kapitel 37 so vehement gewehrt hatten. Die Rigorosität des Strafmaßes, das sie festsetzen, macht deutlich, dass sie ihrer Sache vollkommen sicher sind.

Der Hausverweser rückt das Strafmaß zurecht. Die angebotene Kollektivhaftung[175] wird zurückgewiesen. Lediglich der potentiell Schuldige soll Sklave seines Herrn werden (V. 10). Daraufhin lässt er sofort das Gepäck der Brüder durchsuchen, wieder in der Reihenfolge vom Ältesten bis zum Jüngsten. Mit jedem durchsuchten Getreidesack, in dem der Becher nicht gefunden wurde, wuchs die Spannung. Doch bei Benjamin brach das Unheil über sie herein (V. 11–12).

Damit war für die Brüder die Stunde der Wahrheit gekommen. Würden sie jetzt Benjamin allein seinem Schicksal überlassen, ihn preisgeben, so wie sie einst Josef preisgegeben hatten, oder würden sie solidarisch

---

173 Siehe S. 244 f.

174 Es begegnet 19-mal (V. 7.9.10.16.17.18.19.21.23.24.27.30.31.32.33), in einigen Versen doppelt.

175 Siehe zu diesem Problemkreis jetzt die wegweisende Arbeit von J. Dietrich, Kollektive Schuld und Haftung. Religions- und rechtsgeschichtliche Studien zum Sündenkuhritus des Deuteronomiums und zu verwandten Texten, ORA 4, Tübingen 2009, 4–19.

zu ihm stehen? Als Zeichen der Trauer und des Entsetzens zerreißen sie ihre Kleider[176] und kehren umgehend in die Stadt und das Haus Josefs zurück (V. 13–14).

2.6.4. *›Gott hat die Missetat deiner Knechte gefunden‹*

Es ist vor allem Juda, der jetzt die Initiative übernimmt (1. Mose 44,16). Schließlich hatte er ja auch keine andere Wahl, denn er hatte vor seinem Vater für Benjamin gebürgt (43,9). Im Hause Josefs angekommen, werfen sie sich erneut vor diesem zu Boden und müssen vorwurfsvolle Worte Josefs über sich ergehen lassen. Sie gipfeln in der Frage:

> »Wusstet ihr denn nicht, dass ein Mann wie ich ganz bestimmt wahrsagen kann?« 1. Mose 44,15b

Auch hier also verweist Josef seine Brüder ganz unbefangen auf seine übernatürlichen, mantischen Fähigkeiten. Eigentlich hätte ihnen das doch längst auffallen müssen. Hatte er sie nicht nach der Reihenfolge ihrer Geburt an seiner Tafel platziert? Hatte er nicht Benjamin gegenüber besondere Großzügigkeit walten lassen? Ausgerechnet dieser aber soll es nun gewesen sein, der den Becher stahl?

In diesem Zusammenhang fällt auf, dass sich Benjamin weder vor den Brüdern, noch vor dem Hausverwalter Josefs oder vor diesem selbst zur Sache äußert. Er, der ja mit dem Schlimmsten rechnen muss, schweigt. Wehrt er sich nicht gegen den Vorwurf, weil die Tatsachen für sich sprechen? Nimmt er sein Geschick ähnlich fatalistisch auf sich, wie einst Josef

---

176 Das Zerreißen der Kleider gehört zu den üblichen Trauer- und Selbstminderungsriten (vgl. 1. Mose 37,29.34; 4. Mose 14,6; Jos 7,6; Ri 11,35; 1. Sam 4,12; 2. Sam 1,2.11;3,31 u. ö.).

selbst es auf sich genommen hatte, als er unverschuldet ins Gefängnis geriet? Das Schweigen Benjamins wird nur aus der Funktion heraus erklärbar, die er im Gesamtzusammenhang der Erzählung bekommt. Als zweiter Sohn der Rahel und leiblicher Bruder Josefs kam er erstmalig anlässlich der ersten Reise der Brüder nach Ägypten in Blick (42,13). Das von Josef langfristig eingefädelte Spiel um Benjamin (42,15) dient lediglich einem Zweck, nämlich das Verhalten der übrigen Brüder gegenüber ihrem jüngsten Bruder zu prüfen. Er will wissen, ob sie den Rahelsohn, dem mit dem silbernen Becher in seinem Gepäck eine vermeintliche Schuld nachgewiesen wurde, fallen lassen oder sich mit ihm solidarisieren. Würden sie sich Benjamin gegenüber anders verhalten, als sie sich einst ihm gegenüber verhielten? Hatten sie eine innere Wandlung durchgemacht oder nicht? Nach der Klärung dieser Frage spielt Benjamin für die Gesamterzählung keinerlei Rolle mehr.

Sicherlich mag sich der Leser fragen, ob das nicht ein ausgesprochenes Schurkenstück sei, welches Josef hier nicht nur mit seinen älteren Brüdern, sondern auch mit Benjamin treibt, den ja keinerlei Schuld traf. Rechtfertigt denn das Übel, das sie ihm einst antaten, solch eine Tat? Wird damit nicht auch Josef in ein Zwielicht gerückt, in dem er bereits in 37,2 erschien? Es gibt Ausleger, die die Auffassung vertreten, in Kapitel 44 erwiesen sich die Brüder, allen voran Juda, großherziger und ehrenhafter als Josef. Dieser werde hier durchaus kritisch und fehlbar dargestellt. Nur durch das selbstlose Verhalten Judas hätte sich auch Josef in seinem nachtragenden Verhalten gewandelt.[177]

---

177 So M. A. O'Brien, The Contribution of Judah's Speech. Genesis

Bei dieser moralischen Bewertung wird allerdings der Zweck dieser Prüfung übersehen, die Josef seinen Brüdern auferlegt. Es ging wohl weniger darum, ihnen Angst und Schrecken einzujagen, als sie zu läutern und zur Erkenntnis ihrer Schuld zu führen. So verwundert es dann auch nicht, wenn Juda auf jeden Versuch der Selbstrechtfertigung und Unschuldsbeteuerung verzichtet und für sich und seine Brüder erklärt:

»Gott hat die Missetat (*'awon*) deiner Knechte gefunden.«
1. Mose 44,16

Dieses Schuldbekenntnis ist in engem Zusammenhang mit demjenigen zu sehen, das sie vor sich selbst bereits auf ihrer ersten Ägyptenreise ablegten (42,21). Dort machten sie sich ja nur untereinander auf ihre Schuld aufmerksam, die sie mit ihrem Verhalten gegenüber Josef auf sich geladen hatten. Hier gehen sie einen Schritt darüber hinaus. Die Schuld wird dem »Fremden« gegenüber offen bekannt. Ja mehr noch, wie in 42,28 sieht Juda in dem Geschehen Gott selbst am Werk. Das Rätsel des Geldes, das sich jedesmal wieder in ihren Säcken fand, und des silbernen Bechers wird von Juda religiös gedeutet. Das Erzählte spielt sich gleichsam auf zwei Ebenen ab. Nur vordergründig geht es um die vermeintlichen Vergehen von Betrug und Diebstahl. Die Vortäuschung dieser Delikte dienen lediglich dazu, eine viel tieferliegende Schuld aufzudecken und bewusst zu machen. Die in der Becherangelegenheit schuldlosen Brüder haben gelernt, sich vor Gott als Schuldige zu erkennen und zu bekennen. Jeder Versuch, sich vor den Menschen freizusprechen, die ei-

---

44,18–34 to the Characterization of Joseph, CBQ 59, 1997, 429–447.

gene Unschuld zu beteuern, kann vor Gott nicht verfangen, solange die Schuld am Bruder auf ihnen lastet. Deswegen, weil es eben nicht um die vergleichbar läppische Schuld des arrangierten Becherdiebstahls durch Benjamin geht, sondern um die Schuld aller Brüder, bietet Juda dem Josef an, er möge sie auch alle als Sklaven zurückbehalten (V. 16).

Josef weist dieses Angebot Judas zurück. Vordergründig stellt er sich damit als strenger, aber gerechter Mann dar. Nur derjenige, bei dem der Becher gefunden worden sei, solle als Sklave bei ihm bleiben, die anderen mögen im Frieden zu ihrem alten Vater ziehen (V. 17). Gerade diese praktizierte strenge Gerechtigkeit erweist sich aber als über die Maßen ungerecht. Sie träfe ja mit Benjamin den einzigen aus der gesamten Schar der Brüder, der weder am Geschick des Josef, noch am Becherdiebstahl wirklich eine Schuld trägt. Steht jetzt nicht auch Josef mit seinem Bestehen auf formaler Gerechtigkeit in der Gefahr, sich im Labyrinth von Recht und Unrecht zu verirren? Soll denn wirklich der Unschuldige für die Schuldigen leiden? Oder möchte der Erzähler seine Leser zu einer ganz anderen Einsicht führen? Welche könnte das aber sein? Will er deutlich machen, dass es Lebenssituationen gibt, die sich mit dem Regelwerk von Recht und Unrecht gar nicht bewältigen lassen, die dem Menschen mehr abverlangen als eine späte, formale Gerechtigkeit?

In diese Richtung weist die überaus lange und redundante Rede Judas (V. 18–34). In ihr wird das Geschehen vom Beginn der ersten Ägyptenreise an noch einmal rekapituliert. Sie ist eine letzte Atempause vor dem Höhepunkt der Erzählung. Und doch hat sie noch einen darüber hinausgehenden Sinn. Die Rede Judas macht deutlich, dass letztlich alles so kam, wie es die Brüder und ihr Vater vorausgeahnt hatten. Waltete da ein dunkles Geschick, *Ananke*, ein unheilvoller Zwang? Wurden da von einer unsichtbaren Macht im Hintergrund die Strippen gezogen, gegen die kein menschliches Rechnen und Berechnen half? Kam es, wie es kommen musste? Zwei Aspekte werden in der Rede Judas noch einmal in besonderer Weise herausgearbeitet, das Geschick Jakobs, des zurückgebliebenen Vaters, und die Bürgschaft Judas für Benjamin.

Gleich zu Beginn seiner Rede lenkt Juda die Aufmerksamkeit des »Ägypters« auf ihren alten Vater (V. 19f.), für den dieser ein so ausgeprägtes Interesse gezeigt hatte (43,7.27). Und er wird im Verlauf seiner Rede nicht müde, darauf hinzuweisen, dass der Verlust Benjamins den Tod Jakobs bedeuten würde (44,22.27–31). Denn er war ja der einzige Sohn, der ihm von seiner Lieblingsfrau Rahel blieb (V. 28f.). Ja, Benjamin und Jakob bildeten eine vollkommene Symbiose, da doch »sein (Benjamins) Leben an sein (Jakobs) Leben gebunden ist« (V. 30). Josefs formale Gerechtigkeit würde also zu nichts anderem führen als zu erneutem schweren Leid und neuer Ungerechtigkeit. Eindringlich appelliert Juda daher an ihn, er möge den alten Mann nicht aus dem Auge verlieren und den Todesschmerz, der ihm widerführe. Die scheinbare Gerechtigkeit würde nichts weiter fordern als neue unschuldige Opfer, einerseits Benjamin und andererseits Jakob, den Vater.

Die einzige Möglichkeit, die Juda sah, um dieses unentwirrbare Knäuel von Recht und Unrecht zu entwirren, bestand darin, dass er selbst mit seiner ganzen Person als Schuldiger und am Becherdiebstahl doch Unschuldiger für Benjamin, den Beschuldigten, eintrat. So bot er sich nicht nur vor Jakob, sondern nun auch vor Josef als Bürge für seinen Bruder an. Josef möge ihn an dessen Stelle als Sklave in Ägypten zurückbehalten (44,32 f.). Damit machte Juda dieser alten Institution der Bürgschaft alle Ehre. Es ist ja der Sinn eines Bürgen, dass dieser mit seinem gesamten Vermögen, wenn es sein muss mit Leib und Leben für diejenige Person eintritt, für die er gebürgt hat (*'arab*).[178] Der Bürge wird zum Stellvertreter. Er trägt ein nicht unbeträchtliches Risiko, weshalb vor allem in der Weisheit Israels immer wieder davor gewarnt wird, leichtfertig Bürgschaften zu übernehmen (Spr 6,1 ff.;11,15;22,26). Das Bürgschaftsrecht war ein Vertrauensrecht. Der Bürge musste dem, für den er bürgte, vertrauen können. Hatte Benjamin das Vertrauen Judas enttäuscht? Glaubten er und seine Brüder an dessen Unschuld oder weckte die Becherangelegenheit neues Misstrauen zwischen den Brüdern? In der jüdischen Tradition wurden solche Fragen durchaus diskutiert. So beschimpfen die Brüder Benjamin bei der Entdeckung des Bechers in der *Genesis Rabba*, einem Midrasch zum 1. Buch Mose aus dem 5. Jh. n. Chr., dieser sei ein »Dieb, Sohn einer Diebin«.[179] Begründet wird dieser Vorwurf mit dem Verweis darauf, dass Rahel nach 1. Mose 31,19 ihrem Vater Laban die *Terafim*, die Hausgötter, entwendete und im Kamelsattel verbarg. Von derartigen Anschuldigungen lässt aber die biblische Erzählung selbst keinerlei Spur erkennen. Vielmehr haben die Brüder und vor allem Juda die Prüfung Josefs glänzend bestanden. Sie ließen sich nicht erneut auseinan-

---

178 Vgl. E. LIPINSKI, ThWBAT VI, 349 ff.

179 GenRabba 92,8. Im Koran Sure 12,77 versteigen sich die Brüder sogar zu der Anschuldigung: »Wenn er (Benjamin) stahl, so hat sein Bruder (Josef) zuvor gestohlen.« Ist hier daran gedacht, dass Josef sich die Vorliebe und den Vorzug seines Vaters vor den älteren Brüdern stahl, so wie sich einst Jakob den Erstgeburtssegen vor Esau gestohlen hatte? Vgl. dazu H. SPEYER, Die biblischen Erzählungen im Koran, Stuttgart ^{2}1961, 215 f.

derdividieren, sondern kehrten gemeinsam zu Josef zurück (44,14). Und Juda kam seiner Verpflichtung als Bürge in vollem Umfang nach. Der Bruder trat für den Bruder ein. Damit war das letzte Hindernis niedergerissen, das dem Erkennen des Bruders im Wege stand. Josef konnte es nun endgültig aufheben, das in Kapitel 37 bereits vorbereitete und in den Kapiteln 42–44 in immer neuen Facetten durchgespielte Spiel der Verhüllung und Enthüllung seiner Person.

2.6.5. ›ich bin Josef‹

Kapitel 45 bietet den sachlichen und emotionalen Höhepunkt des zweiten Hauptteiles der Erzählung. Einige Ausleger möchten daher überhaupt mit ihm die ursprüngliche Josefserzählung enden lassen. Die in Kapitel 37 zerbrochene Familie sei nun wieder versöhnt, vorm Hungertod gerettet, alle Konflikte und Spannungen seien gelöst. Von Kapitel 46 an läge eine spätere Erweiterung vor bzw. werde damit die Jakobsgeschichte fortgesetzt.[180] Eine derartige Vorverlegung des Endes der Josefserzählung scheitert an zwei Einsichten. Erstens ist mit Kapitel 45 die Familie noch nicht wieder zusammengeführt. Das geschieht erst durch die endgültige Übersiedlung der Sippe Jakobs nach Ägypten. Zweitens bleibt die nicht unwesentliche Frage noch offen, von welcher Art der Ägyptenaufenthalt der Jakobssippe in Ägypten war, der ja in Kapitel 45 erst vorbereitet wird. Das Kapitel zerfällt in zwei Hauptteile, die Szene, in der sich Josef zu erkennen gibt und seine Brüder tröstet (V. 1–15), und die Schilderung der Vorbereitungen für die Rückreise sowie die Übersiedlung nach Ägypten (V. 16–28).

---

180 Siehe S. 79 u. Anm. 57.

Am Verhalten der Brüder gegenüber Benjamin, dem zweiten Sohn der Rahel, erkannte Josef deren Gesinnungsänderung:

»Haben sie einst den ersten [Josef] gehasst, weil ihn der Vater liebte (37,4) und einem traurigen Schicksal überantwortet, das ihn in die Sklaverei führte, so stellen sie sich jetzt schützend vor den zweiten, und ihr Wortführer will sich selber opfern und statt seiner Sklave werden – gerade aus Liebe zum Vater. *Damit sind allesamt seine wahren Brüder geworden* und kann er sie versöhnt umarmen.«[181]

Josef fordert zunächst sein gesamtes Gesinde auf, den Raum zu verlassen (45,1). Warum? War das der untaugliche Versuch (vgl. V. 2), seine Tränen vor den Ägyptern zu verbergen? Oder wollte er seine Brüder vor ihnen nicht beschämen, weil eben jetzt die Stunde der Wahrheit kam? Sollte da nach außen die Familienehre gewahrt werden? Jedenfalls steht er nun wieder den Brüdern allein gegenüber wie in Kapitel 37, als er zu ihnen nach Dotan kam. Damals hatten sie Macht über ihn. Jetzt hatte er Macht über sie. Josef aber tut alles, um die Machtfrage, an der sich einst der Konflikt entzündete, in ein ganz neues Licht zu rücken. Nach dem lauten Weinen, das bis in das Haus des Pharao dringt (V. 2) und die gesamte Erkennungsszene rahmt (V. 2.14 f.), fallen die entscheidenden Worte:

»Ich bin Josef!« 1. Mose 45,3

Damit zerriss er den Schleier der Verhüllung, der über all dem lag, was ihnen in Ägypten widerfuhr. Die Wel-

181 B. Jacob, Genesis, 809.

ten der Brüder und Josefs Welt werden wieder zusammengeführt. Musste ihnen diese fremde Welt bisher nicht wie eine Theaterbühne scheinen, unwirklich, auf der ein unbekannter Regisseur vom Schnürboden aus die Strippen zog? Mit den Worten »Ich bin Josef« hob sich der Schleier, der über allem lag: der merkwürdige Ägypter, die Geldbeutel in den Getreidesäcken, das rätselhafte Interesse an ihrem Vater und dem jüngsten Bruder, der silberne Becher. War es nicht so, als seien sie bisher durch lauter Unwirklichkeiten dahingeschritten? Mit diesem einen, denkbar knappen Satz lagen alle Geheimnisse plötzlich in vollkommener Klarheit vor ihnen, aber nur, um einem noch viel größeren Geheimnis Platz zu machen. Die erste Frage Josefs in diesem neuen Licht der Wahrheit galt seinem Vater (V. 3). Lebt er noch? Schon hier wird deutlich, dass mit dem Wiedersehen der Brüder eine entscheidende Begegnung, nämlich die mit Jakob noch aussteht.

Den Brüdern selbst verschlägt es die Sprache. So wie sie einst aus Hass nicht dazu in der Lage waren, friedlich mit ihm zu reden (37,4), so können sie jetzt vor lauter Schreck und Verwirrung keine Antwort geben (45,3). Es bedarf einer längeren Rede Josefs, um sie aus ihrer Sprachlosigkeit zu befreien (V. 4–13).

Diese Rede Josefs kann als Gegenstück zur Rede Judas in 44,18–34 gelesen werden. Mit der Rede Judas führte der Erzähler seine Leser in höchster Anspannung bis zu einem Wendepunkt. Diese Anspannung löst sich in 45,1–3 gleichsam in einem emotionalen Gewitter. Mit der Rede Josefs in 45,4–13 wird meisterhaft eine Entspannung des dramatischen Geschehens inszeniert. Der Erzähler stellt uns Josef jetzt als einen Seelsorger von Format vor Augen. Als Leser dürfen wir in die Schule eines Mannes gehen, der sich darauf versteht, der Schuld ihre destruktive Macht zu nehmen.

- Die erste Voraussetzung dafür, dass Schuld bewältigt werden kann, hatte Josef bereits damit geschaffen, dass er in dem Augenblick, in dem sie zur Sprache kommen sollte, die Öffentlichkeit ausschloss (V. 1). Die Bewältigung von Schuld ist zuerst eine Frage zwischen Tätern und Opfern. Nachdem die Täter Einsicht in ihre Schuld gezeigt haben (44,16), verzichtet Josef auf eine öffentliche Beschämung.
- Die zweite Voraussetzung besteht darin, dass sich Josef zu erkennen gibt (45,3). Die Brüder wissen, mit wem sie es zu tun haben. Er mutet sich ihnen zu, auch wenn sie dies zunächst in Angst und Schrecken versetzt.
- Ein weiterer Schritt auf dem langen Weg der Bearbeitung von Schuld besteht in der Herstellung von Nähe zwischen denen, die sich fremd geworden waren.

»Tretet doch näher zu mir! Und sie näherten sich.« 1. Mose 45,4a

Vor allen großen Worten steht eine Geste der Körpersprache, die Distanz aufhebt.

- Damit hat er eine Atmosphäre geschaffen, in der er seinen Brüdern auch die Wahrheit zumuten darf:

»Ich bin Josef, euer Bruder, den ihr nach Ägypten verkauft habt.« 1. Mose 45,4b

Als kluger Seelsorger erspart Josef seinen Brüdern nicht die Konfrontation mit ihrer Schuld.[182] Nur wo

182 Der Leser könnte den Eindruck gewinnen, dass hier ein deutlicher Widerspruch zu unserer Auslegung von 37,28 besteht, wonach es ja gerade nicht die Brüder, sondern die Midianiter waren, die Josef verkauften. Der scheinbare Widerspruch löst sich schnell auf, wenn man beachtet, dass der Erzähler in Kap. 45

Schuld ausgesprochen und angesprochen werden kann, verliert sie ihre zerstörerische Mächtigkeit.

– Auf das Ansprechen der Schuld folgen Trost und Bewahrung vor einem Absturz in die Depression.

»Betrübt euch nicht und seid nicht zornig darüber, dass ihr mich nach Ägypten verkauft habt.« 1. Mose 45,5

Mit dem Trost will Josef seine Brüder davor bewahren, sich ganz in ihrer Schuld zu verlieren, im Zorn auf sich selbst und das, was sie taten, zu verharren. Auch dazu kann ja unbewältigte Schuld führen, zu Selbstzerstörung und Autoaggression.

– Entscheidend aber ist schließlich dies, dass er den Brüdern hilft, dieses ganze von Schuld zerfressene Lebensgefüge im Lichte Gottes zu sehen. Davon unterscheidet sich ja gerade die Seelsorge von jeder Art von Therapie. Nicht sie, die Brüder haben ihn nach Ägypten geschickt, sondern Gott war es. Dreimal wiederholt er diese elementare Feststellung (45,5.7.8). Damit wird Gott nicht zum Blitzableiter menschlicher Schuld. Und diese wird auch nicht durch falsche Frömmelei negiert. Aber der Mensch wird angeleitet, sein Handeln in einem veränderten Licht zu betrachten. Oft kann man das eben nur im Nachhinein und es müssen einem dafür erst die Augen geöffnet werden. Verstrickt im Willen zur Autonomie sind wir blind für die Theonomie, die in den Lebensgeschichten waltet. Den Brüdern gegenüber wird nichts vertuscht und

---

daran interessiert ist, hinter dem irdischen Geschehen das Handeln Gottes aufzudecken. Zwar haben die Brüder damit, dass sie ihn in die Grube warfen, die irdischen Voraussetzungen dafür geschaffen, dass Josef nach Ägypten verkauft wurde. Doch *sub specie Dei* waren es eben nicht sie selbst, sondern Gott, der ihn nach Ägypten sandte (45,5.7.8). Das ist die Intention der Aussage von Kap. 45. Siehe dazu auch B. Jacob, Genesis, 812f.

nichts beschönigt. Josef bietet ihnen aber eine neue Perspektive auf das Geschehen an, die nicht länger von Hass und Vergeltung bestimmt wird, sondern vom Willen zur Bewahrung des Lebens.

Unter dieser Perspektive der Theonomie allen Geschehens werden die auseinanderlaufenden Wege Josefs und seiner Brüder, ja, ihr einst hasserfülltes Gegeneinander wieder zusammengeführt. Er bietet ihnen damit nicht nur eine neue Sicht auf ihre Schuld, sondern auch auf sein Geschick an. Auch ihm war das ja nicht von allem Anfang an deutlich, dass dies so kommen musste, wie es kam. Vielmehr hat er selbst erst lernen müssen, seinen schmerzlichen Weg nach und in Ägypten als einen Weg zum Leben zu erkennen. So macht er die Brüder darauf aufmerksam, dass noch fünf Jahre der Hungersnot im Lande herrschen werden (V. 6). Und Gott habe ihn eben einzig zu dem Zweck nach Ägypten geschickt:

»... euch einen Fortbestand [an Nachkommen][183] im Lande zu gewähren, euch am Leben zu erhalten zu einer großen Rettung.« 1. Mose 45,7

Allein diesem Überleben galt also die *providentia Dei.* Das ist die Deutung, die Josef sich selbst und seinem

183 Das Nomen *sch^{e}'erit* hat hier nicht die Bedeutung »Rest«, sondern meint wohl wie in 2. Sam 14,7 die Nachkommenschaft, die als Rest eine vorherige Katastrophe überlebt hat. Siehe zu den Problemen des Verses H. SEEBASS, Genesis III, 109f., und J. EBACH, Genesis 37–50, 393f. Da hier allerdings ein sonst nur in späteren Texten begegnender Sprachgebrauch vorliegt, ist es nicht ausgeschlossen, dass V. 7 ein späterer Zusatz ist, der die Josefsgeschichte vom Exilsgeschick Israels her deutet. Vgl. dazu J. HAUSMANN; Israels Rest. Studien zum Selbstverständnis der nachexilischen Gemeinde, BWANT 124, Stuttgart u. a. 1987, 193ff. Dafür spräche auch die Doppelung von V. 5b und V. 7.

Geschick gibt. Und nur er darf das sagen. Hätten die Brüder so geredet, es wäre vermessen gewesen, ein einziger Akt der Selbstrechtfertigung. Wenn aber der, der ja das Opfer der Brüder wurde, sich seinen Weg auf diese Weise deutete, wenn er im Nachhinein in all dem Leid mehr zu sehen vermochte als nur Niedertracht und verlorene Jahre, dann hat keiner das Recht, ihm diese theologische Deutung seines Schicksals zu bestreiten. Mit den Augen Gottes gesehen rang er den scheinbar verlorenen Jahren einen tiefen Sinn ab. Das menschliche Handeln, vor allem das der Brüder, war von lebensfeindlichen Kräften durchsetzt. Sie trachteten danach, Josef zu töten (37,18 ff.). Gott aber kann das lebensgefährdende menschliche Handeln so verwandeln, dass es dem Leben dient.

Deswegen wendet er die Aufmerksamkeit der Brüder jetzt auch sogleich den praktischen Überlebensfragen zu, die auf sie zukommen (V. 9–13). Sie sollen unverzüglich zu Jakob nach Kanaan hinaufziehen und ihm von Josefs jetziger Stellung in Ägypten berichten. Der Vater soll wissen, dass sein Sohn tatsächlich – wie einst in seinen Träumen geschaut – zwar kein »König« (*mäläk*), aber doch ein macht- und kraftvoller »Herrscher« (*moschel*)[184] geworden war (45,8 f.). Das wird durch drei Titel unterstrichen, die der Erzähler dem Josef in V. 8 gibt: »Vater des Pharao«, »Herr über sein ganzes Haus« und »Herrscher über das ganze Land Ägypten«. Mit dem ersten, in Ägypten nicht belegbaren Titel ist wahrscheinlich die Funktion eines väterli-

184 König war und blieb allein der Pharao. Hier wird wörtlich an die kritische Rückfrage der Brüder in 37,8 angeknüpft. Das, was sie zu verhindern suchten, weswegen sie ihn hassten, die Anmaßung einer herrscherlichen Stellung, davon müssen sie nun dem Vater Mitteilung machen.

chen Ratgebers des Königs gemeint gewesen.[185] Die übrigen Titel, die seine Funktion als Palastvorsteher und seinen ihm mit der speziellen Aufgabe des Landwirtschaftsministers zugewiesenen Funktionsbereich kennzeichnen, unterstreichen die Bedeutung seiner Person. Falsche Bescheidenheit war wohl von allem Anfang an nicht Josefs Sache. Es gibt auch so etwas wie ein Kokettieren mit der Demut. Vielleicht ist das die subtilste Form der Arroganz der Bescheidenheit! Der Erzähler stellt Josef jedenfalls als einen Mann dar, der um sein »Gewicht« (*kabod*)[186] wusste (V. 13). Josef zeigte, was aus ihm geworden war. Dieser Erzählzug ist aber nicht nur dem orientalischen Erzählstil mit seiner Vorliebe für eine Kumulation von Titeln oder dem hierarchischen Denken einer traditionsgeleiteten Gesellschaft geschuldet. Vielmehr erfüllt er auch eine Funktion im Handlungsablauf. Josef muss seinen Vater ja davon überzeugen, dass es sinnvoll ist, von Kanaan nach Ägypten überzusiedeln. Wäre er dort irgendein subalterner Haussklave geblieben, dann wären damit die Voraussetzungen der Jakobssippe für einen Ägyptenaufenthalt entfallen. Angesichts der Machtposition aber, die er dort errungen hatte, und seines Traumes, den der Vater ja in seiner Erinnerung bewahrte (37,11), und der in Erfüllung gegangen war, bot sich eine derartige Übersiedlung mit seiner gesamten Sippe, mit Kindern, Kindeskindern und allem Vieh nach Ägypten in den Landstrich Gosen geradezu an (45,10). Josef ver-

185 So wurde auch der Prophet Elisa (2. Kön 6,21;8,9;13,14) vom König als Vater bezeichnet. Vgl. M. Fieger/S. Hodel-Hoenes, Der Einzug in Ägypten, 280 f.

186 Das von dem Verb *kabed* abgeleitete Nomen *kabod* ist eigentlich mit »Ehre«, »Herrlichkeit« zu übersetzen. Dem Verb kommt allerdings die Bedeutung »schwer sein/lasten/gewichtig sein« zu.

spricht, dort für ihn und seine Sippe in den Jahren des Hungers zu sorgen, damit sie nicht verarmen (V. 11). Nach diesem großzügigen Angebot, mit dem er ganz in Entsprechung zum Willen Gottes handelt, nämlich das Überleben der Jakobssippe zu sichern, haben noch einmal die Emotionen ihr Recht. Josef und Benjamin fallen sich weinend um den Hals (V. 14). Und auch die Brüder schließt er mit einem Bruderkuss weinend in die Arme (V. 15).

2.6.6. *›komm herab zu mir‹*

Die ausführlichen Reden Judas (44,18–34) und Josefs (45,4–13) münden in eine rasche Handlungsfolge. Der Erzähler versetzt seine Leser zunächst unmittelbar aus dem Haus Josefs in die Gegenwart des Pharao (45,16–20). Dieser hatte, vorbereitet durch das Weinen Josefs (45,2), von der Ankunft der Brüder Josefs erfahren. Ausdrücklich wird vermerkt, dass der Pharao und sein Hofstaat die Ankunft dieser »Hungerleider« aus Kanaan wohlwollend betrachteten (V. 16). Die aus Kanaan und dem Sinai in das fruchtbare Nildelta drängenden und oft unter Nahrungsmangel leidenden Halbnomaden wurden wohl nicht immer so freundlich aufgenommen.[187] Josefs Brüder profitierten von der Reputation, die ihr Bruder in Ägypten gewonnen hatte. Der Pharao selbst ordnet jetzt die von Josef gewünschte Übersiedlung der Sippe Jakobs nach Ägypten an (V. 17–19). Er lädt die Familie seines Spitzenbeamten ein und sagt dieser zu:

»Ich will euch das Beste des Landes Ägypten geben und ihr sollt das Fett des Landes essen.« 1. Mose 45,18

---

187 Siehe dazu E. ZENGER, Der Gott der Bibel, Stuttgart 1992, 51f.

Und so wie der Pharao den Josef anlässlich seiner Erhöhung mit einem Wagen ausstattete, damit dieser seinen neuen Verpflichtungen im ganzen Land nachkommen konnte (41,43), so ordnet er jetzt an, auch für den Transport der kleinen Kinder, Frauen und des alten Vaters ägyptische Lastkarren (*'agalot*) zur Verfügung zu stellen (V. 19). Ja, sie sollten ihrem Hab und Gut in Kanaan nicht nachtrauern, da ihnen ja das Beste vom Land Ägypten zur Verfügung stehen würde (V. 20). Mit dieser kurzen Szene deutet der Erzähler zweierlei an: Einmal wird deutlich gemacht, dass Josef trotz seiner umfassenden Machtfülle in Ägypten nicht schalten und walten konnte, wie er wollte. In letzter Instanz blieb auch er vom Willen des Pharao abhängig, der zu der Übersiedlung seiner Sippe nach Ägypten seine Zustimmung geben musste. Josef blieb auch als »Vater des Pharao« und »Herrscher über das ganze Land Ägypten« (V. 8) lediglich der zweite Mann im Staate. Andererseits unterstreicht die Großzügigkeit des Pharao das besondere Ansehen, in dem Josef als Nichtägypter bei ihm stand. Von seinem Ruhm und Glanz fiel auch ein milder Lichtstrahl auf seine Familie. Sie hatte es nicht nötig, um Wirtschaftsasyl zu bitten. Ihr wurden die Tore des Landes weit geöffnet, weil eben dem Land Ägypten selbst von einem der Ihren Gutes widerfahren war.

Auf dieses Wort des Pharao hin wurden umgehend alle Reisevorbereitungen getroffen (V. 21–24). Josef stellte den Brüdern aber nun nicht nur die Wagen und den notwendigen Proviant für die Reise zur Verfügung (V. 21), sondern ging weit darüber hinaus. Jeder der Brüder erhielt ein Festkleid (V. 22a). Damit knüpft der Erzähler noch einmal an das bereits in der Exposition begegnende Kleidermotiv an. Das bunte Kleid des Josef war ja neben den Träumen ein Anlass für den Streit der Brüder. Sollte er mit dieser Gabe ein für allemal aus der Welt geschafft sein? Zusätzlich zu der freundlichen Gabe des Bruders wird ihnen aber noch eine pädagogische Lektion verpasst. Benjamin erhält darüber hinaus dreihundert Silberstücke und fünf Festkleider. Da war er wieder, der Vorzug des Jüngeren vor den Älteren, die Ungleichbehandlung. Hatte Josef denn nichts gelernt? Musste das nicht erneut den Neid der Brüder erregen? Oder sollten diese nun ein für allemal begreifen, dass ihnen dadurch, dass Benjamin großzügiger bedacht wurde als sie, ja nichts genommen wurde?[188]

Was aus unserer menschlichen Perspektive als ungerecht erscheint, nimmt sich aus der Perspektive Gottes anders aus. Alles das, was Josef widerfuhr, seine Bevorzugung durch den Vater, sein Streit mit den Brüdern, sein Fall und Aufstieg in Ägypten, das stand im Dienste der Lebenserhaltung (45,5.7). Das sollten die Brüder begreifen. Das, was ihnen böse, ungerecht erschien, diente letztlich einem guten Ziel. Auf die vermeintlich Zu-kurz-Gekommenen wartete nun selbst ein privilegiertes Leben und Überleben in Ägypten. Angesichts dieses Guten, das ihnen sichtbar widerfuhr, wäre es undankbar, dem Bruder die reichere Gabe, die dieser empfing, zu neiden. So demonstrierte Josef mit den Gaben an Benjamin nicht nur seine besondere emotionale Nähe zum leiblichen Bruder und Rahelsohn, sondern auch die menschlicherseits unantastbare Freiheit Gottes, mit der dieser ihn selbst und die Brüder bis zu diesem Punkt geführt hatte. Gottes Gerechtigkeit ist an kein menschliches Regelwerk gebunden. In der Zuwendung guter Gaben ist er frei. Und

---

188 Siehe S. 173 f.

der Mensch soll darauf vertrauen, dass ihm am Leben und Überleben aller liegt, unabhängig davon, wie viel ihm vom Guten zugemessen wurde.

So entlässt Josef die Brüder erneut zu ihrem Vater, ausgestattet mit reichen Eselladungen vom Besten des Landes (V. 23) und einer Mahnung:

»Zankt nicht auf dem Wege!« 1. Mose 45,24

Kannte er seine Pappenheimer? Fürchtete er, dass angesichts der reicheren Gaben für Benjamin alles von Neuem beginnen könnte? Hatte er gar Angst, sie könnten sich auf dem Rückweg gegenseitig Vorwürfe machen, wer die meiste Schuld an allem habe? Eines deutet der Erzähler mit dieser Mahnung wohl an. Josef macht sich darüber keine Illusionen, »dass sie trotz der Wandlung keine Engel geworden sind«[189].

Wie bereits die erste Reise, so endet auch die zweite Ägyptenreise der Söhne Jakobs wieder in Kanaan bei ihrem Vater (V. 25–28). Unverzüglich erzählen sie dem Jakob, dass Josef noch am Leben sei und Herrscher (*moschel*) über ganz Ägypten (V. 26a). Einst fehlte ihnen der Mut, dem Vater als Todesboten unter die Augen zu treten (37,32). Jetzt aber fallen sie als Boten des Lebens gleichsam mit der Tür in das Haus. Mit großem psychologischen Einfühlungsvermögen schildert der Erzähler die Reaktion des alten Vaters auf diese Nachricht:

»Aber sein Herz blieb kalt, denn er glaubte ihnen nicht.« 1. Mose 45,26b

189 C. Wetsermann, Genesis I/3, 163.

Zu unwahrscheinlich klang ihm die Botschaft vom Leben des Sohnes, den er seit Langem tot glaubte. Der Schmerz über den Tod des Lieblingssohnes hatte ihm das Herz gefroren. So konnte er der frohen Kunde seiner Söhne zunächst gar keinen Glauben schenken. Erst als sie ihm die Worte Josefs sagten und als er die Wagen sah, begann er zu begreifen, dass dies mehr war als ein Spuk:

»Da lebte der Geist Jakobs, ihres Vaters, wieder auf.« 1. Mose 45,27

Immer wieder war von dem drohenden Tod Jakobs die Rede (37,35;42,38;43,27f.;44,22.29.31). Jetzt aber regen sich noch einmal alle Lebensgeister in ihm. So beschließt er, unverzüglich die Reise nach Ägypten anzutreten, um Josef vor seinem Tod noch einmal zu sehen (V. 28). Dieses noch ausstehende Wiedersehen zwischen dem Vater und seinem Lieblingssohn bildet das Finale des zweiten Hauptteils der Erzählung.

2.7. Reise III: Jakob in Ägypten

Dass die Söhne Jakobs den Weg zwischen Kanaan und Ägypten ein drittes Mal zurücklegen müssen, ist ein immer wieder übersehener, aber in seiner Bedeutung für die Gesamtstruktur der Erzählung nicht zu unterschätzender Erzählzug. So wie Josef drei Anläufe brauchte, um endlich auf dem Höhepunkt seiner Laufbahn anzukommen, so sind drei Reisen nötig, um die Sippe Jakobs endgültig vor dem Hungertod zu retten und wieder zusammenzuführen. Und so wie die dritte Etappe von Josefs Aufstieg an den Hof des Pharao führt (Kapitel 41), so erhalten auch die Brüder und der Vater im Zuge der dritten Reise eine Audienz am Hofe

(46,31–47,12). Wie Josef vom Pharao in sein Amt und seine Rechte eingewiesen und in die ägyptische Gesellschaft integriert wird (41,40–46), so werden auch die Brüder und der Vater Josefs in Ägypten aufgenommen, mit einem Dienst für den Pharao versehen (47,6) und in den Landstrich Gosen/Ramses eingewiesen (47,3–11). Und so wie schließlich Josef nach seiner Erhöhung durch den Pharao seinen Amtsgeschäften nachgeht (41,47–49.53-57), so tut er dies auch, nachdem er den Vater und die Brüder wohl versorgt weiß (47,13–27). Hatte Josef im ersten Hauptteil mehrere Proben zu bestehen, so auch die Brüder im zweiten Hauptteil der Erzählung. Diese Parallelstruktur der beiden Erzählteile wurde wohl deswegen bisher kaum beachtet, weil gerade in den Bericht von der dritten Reise der Jakobssöhne, die ja mit der zweiten Reise ebenso vorbereitet wurde wie die zweite mit der ersten Reise, von späterer Hand einiges hinzugefügt wurde. So werden wir erstmalig, was für den bisherigen Erzähler vollkommen untypisch ist, über eine Zwischenstation Jakobs in Beerscheba auf der Reise nach Ägypten unterrichtet (46,1aβ–5a). Mit 46,6f. wird dann zu der späteren Liste von Jakobs Nachkommen (46,8–27) übergeleitet.[190] Daher bleibt als Grundbestand – wie auch bisher üblich – nur eine knappe Reisenotiz übrig (46,1aα.5b).

2.7.1. *›und sie kamen nach Ägypten‹*

Nachdem Jakob/Israel in 45,28 beschlossen hatte, so schnell wie möglich zu seinem Sohn Josef zu reisen, wird umgehend gehandelt (46,1aα.5b). Jakob/Israel bricht mit den Seinen auf, nachdem die Söhne ihn und

190 Dass es sich hier um spätere Erweiterungen handelt, wird in der Forschung allgemein angenommen. Siehe S. 258f.

ihre Frauen und kleinen Kinder in die vom Pharao zur Verfügung gestellten Lastkarren gesetzt hatten. Die letzte Reise der Brüder nimmt den Charakter eines Triumphzuges an. Juda, der sich als verantwortlicher und wahrer Bürge für Benjamin erwiesen hatte, wird jetzt von Jakob vorausgeschickt zu Josef, um die Ankunft der gesamten Sippe vorzubereiten (46,28). Er sollte Sorge dafür tragen, dass sie in das ihnen zugedachte Landstück in Gosen eingewiesen würden. Mit ihrer Ankunft in Gosen ließ Josef sofort anspannen und fuhr seinem Vater entgegen (V. 29a). Und so wie die Begegnung mit Benjamin und den übrigen Brüdern in Tränen endete (45,2.14f.), so fielen sich auch Vater und Sohn um den Hals und weinten (46,29b). Jetzt, nachdem er den Sohn am Leben fand, war der Tod dem Vater kein Schrecken mehr (V. 30). Dem Sterben Jakobs, von dem er selbst und seine Söhne immer wieder gesprochen hatten, das Josef befürchtet hatte, weswegen er sich mehrfach bei den Brüdern nach dem Leben des Vaters erkundigte, stand nun kein Schmerz mehr im Wege. Fast drängt sich der Eindruck auf, dass es eben dieser Schmerz um den Verlust Josefs war, der ihn so lange am Leben hielt. Hatte Jakob/Israel in all den Jahren gegen alle Hoffnung gehofft? Klammerte er sich ans Leben, weil er dem vermeintlichen Tod des Sohnes nicht das letzte Wort lassen wollte? Weigerte er sich, den gewaltsamen, vorzeitigen Tod zu akzeptieren, um auf diese Weise das Recht auf Leben für den verlorenen Sohn einzuklagen?

Wie hat man diese immer wiederkehrenden Hinweise des Erzählers auf ein nahes Ende Jakobs zu verstehen?[191] Verbirgt sich dahinter mehr als eine *ars mo-*

---

191 1. Mose 37,35;42,38;43,27f.;44,22.29.31;45,3.28;46,30;47,9.

riendi, die dem ständig drohenden Todesgeschick nicht ausweicht? Trug die sehr viel geringere Lebenserwartung der Menschen in biblischer Zeit dazu bei, sich dem eigenen Sterben intensiver zu stellen? Alles dies mag für den Erzähler von Bedeutung gewesen sein. Auf dem Hintergrund der Theologie der Josefsgeschichte bekommen diese wiederholten Todesverweise aber noch einen ganz eigenen Akzent. Sie bilden die Folie, von der sich der Gott Jakobs, Josefs und seiner Brüder abhebt. Während das Leben des in die Jahre gekommenen Jakob aus einer ständigen Arbeit am Tode besteht, erweist sich die *providentia Dei* als ein Dienst am Leben. Jakob ist mit nichts anderem beschäftigt als mit der Bewältigung vermeintlicher oder drohender Verluste, bis hin zum Verlust seines eigenen Lebens. Er trauert um Josef, sorgt sich um das Leben Benjamins und fürchtet sein eigenes Sterben. Er sieht sich gleichsam von Todesmächten und Todesgefahren umstellt. Aber alle zusammen, Josef, seine Brüder und Jakob dürfen erfahren, dass Gott mitten im Tod Leben wirkt (45,5.7;50,20).[192] Weil Jakob nach vielen Jahren des Schmerzes, zwischen Todesfurcht und Todessehnsucht, erfahren durfte, dass dem Gott Israels am Leben liegt, deswegen kann er nun auch ohne Widerstand in sein bevorstehendes Sterben einstimmen.

2.7.2. *›und er stellte ihn vor den Pharao‹*

Die dritte Reise der Brüder Josefs nach Ägypten findet ihren krönenden Abschluss am Hof des Pharao. Auf diese Audienz bereitet Josef die Seinen gründlich vor (46,31–34). Er selbst will dem Pharao Meldung von der Ankunft der Sippe Jakobs machen (V. 31f.). Wenn der

192 Siehe jetzt zu diesem Aspekt in besonderer Weise A. MEINHOLD, »… damit wir leben können«, 96ff.

Pharao dann die Brüder empfängt und nach ihrem Gewerbe fragt, sollen sie frank und frei bekennen, dass sie bereits seit Generationen Viehzüchter sind, damit ihnen das wahrscheinlich für die Viehhaltung besonders geeignete Land Gosen[193] als Wohnsitz zugewiesen wird (V. 33f.). Die Präparierung für die Audienz endet mit einer Warnung. Jeder Kleinviehhirte sei den Ägyptern ein Gräuel (V. 34b). Aus ägyptischen Quellen lässt sich solch ein Werturteil über den Stand der Viehzüchter nicht belegen. Spiegelt sich darin möglicherweise eine typisch israelitische Außenperspektive wider, immer wiederkehrende Erfahrungen von Kleinviehnomaden, die in Notzeiten wie eben derartigen Dürreperioden in das fruchtbare Nildelta drängten, an den durch Mauern und Festungsanlagen gesicherten Grenzen aber strengen Kontrollen unterworfen waren? Schließlich macht nicht nur die Josefsgeschichte selbst, sondern auch ägyptisches Quellenmaterial darauf aufmerksam, dass die Zuwanderungspolitik einem durch eine gut ausgebildete Militär- und Verwaltungsbürokratie überwachten Reglement unterlag.[194] Ägypten wird trotz seiner Fruchtbarkeit nicht über unbegrenzte Aufnahmemöglichkeiten verfügt haben.[195] Und die Art

---

193 Eine genaue Identifikation des Landstriches ist bisher nicht gelungen. Wahrscheinlich handelt es sich um ein Gebiet im östlichen Nildelta. Siehe dazu M. Görg, Beziehungen, 135f.

194 Siehe den bereits erwähnten Bericht eines Grenzbeamten S. 150.

195 Auf einer weiteren Statue eines Grenzbeamten ist zu lesen: »Ich postierte auch Abteilungen auf dem Weg, um die Fremdvölker in ihre Plätze zurückzutreiben, Leute, die die beiden Landesteile umgeben, um aufzupassen auf das Wandern der Beduinen. Ich tat dasselbe auch an den Ufern der Nilmündungen, die durch meine Trupps außer für die Matrosen der königlichen Marine geschlossen waren. Ich leitete ihre Wege, sie hingen ab von

und Weise, in der der Erzähler die Ansiedlung der Jakobssippe auf eine unmittelbare Order des Pharao zurückführt (45,16–20;47,5f.), lässt zumindest erkennen, dass die Ansiedlung von Kleinviehnomaden keine Selbstverständlichkeit war, ja dass diese auf das Wohlwollen der Behörden und einen tüchtigen Fürsprecher angewiesen waren. Bedenkt man darüber hinaus, dass die Berufe, die harte körperliche Arbeit verlangten, in Ägypten gegenüber dem Stand der Schreiber, Beamten und Priester eine starke Abwertung erfuhren,[196] dann wird die Bemerkung Josefs auch auf diesem Hintergrund plausibel. Die Brüder sollten sich ihres niedrigen Standes vor dem Pharao nicht schämen. Er selbst würde schon ein Garant dafür sein, dass dieser ihnen nicht zum Nachteil gereicht.

Die Audienz vor dem Pharao erfolgt in zwei Schritten. Nachdem Josef dem Pharao umgehend die Ankunft seiner Familie angezeigt hat (47,1), stellt er diesem zunächst eine Auswahl seiner Brüder vor (47,2–6) und daraufhin seinen Vater (V. 7–10). Die Staffelung orientiert sich an der Würde der Personen. Jakob wird als *pater familias* und Chef des Familienclans dem Pharao als Höhepunkt präsentiert.[197] Dass Josef nur fünf seiner Brüder für den Empfang auswählt, macht deut-

---

meinem Kommando. Ich war auch der Oberbefehlshaber an der Spitze der Tapferen, die die Barbaren Asiens schlugen.« Zitiert nach E. ZENGER, Der Gott der Bibel, 51f.

196 Das wird in der Lehre des Cheti deutlich, die auch als eine »Satire der Berufe« bezeichnet wurde. Da wird das Leben des Bauern, Handwerkers oder Fischers in düstersten Farben gezeichnet, von dem sich das Los des Schreibers umso heller abhob. Vgl. H. BRUNNER, Altägyptische Weisheit. Lehren für das Leben, Darmstadt 1988, 155–168. Allerdings fehlt darin eine Beschreibung des Viehhirten!

197 Vgl. Gen 33,1–3 und S. 65f.

lich, dass ihre Stellung in keiner Weise der des Vaters gleichkam.

Der Pharao fragt die Brüder ohne Umschweife nach ihrem Gewerbe (47,3). Er ist – obwohl oder gerade wegen ihrer Verwandtschaft mit Josef, seinem fremdstämmigen Spitzenbeamten – vor allem an ihrer Brauchbarkeit interessiert. Könnten sie ihm von Nutzen sein? Die Brüder erklären daraufhin, dass sie gekommen seien, um sich als Fremdlinge in Ägypten niederzulassen, da sie aufgrund der schweren Hungersnot keine Weiden für ihr Vieh hätten (V. 4). Daraufhin wendet sich der Pharao erneut an Josef und gibt ihm die Anweisung, seinen Vater und seine Brüder im besten Teil des Landes Ägypten, im Landstrich Gosen unterzubringen (V. 5–6a). Nachdem ihnen damit vom Pharao höchstpersönlich ein Lebensraum zugewiesen wurde, der ihren Lebensunterhalt garantierte, wird ihnen – wie ihrem Bruder – zusätzlich ein Amt anvertraut. Falls tüchtige Männer unter den Brüdern seien, möge Josef sie zu den »Aufsehern« (*sarim*) der pharaonischen Viehherden machen (V. 6b).

Die gesamte Audienzszene lässt erkennen, dass die Brüder an der Stellung, die Josef vor dem Pharao genießt, partizipieren. Er verschafft ihnen eine Audienz, einen Wohnsitz für ihre Familien, Weiden für ihr Vieh und schließlich ein sicherlich einträgliches Amt. Der Traum von Josefs Herrschaft, der in Erfüllung gegangen war, hatte für die Brüder gerade nicht die gefürchteten negativen Folgen, sondern machte sie zu Nutznießern der Herrschaft ihres Bruders. Andererseits lässt der Erzähler keinen Zweifel daran aufkommen, dass Josefs Brüder in der Hierarchie der pharaonischen Verwaltung Josef unterstellt blieben. Der Pharao lädt sie wohl zur Audienz und befragt sie. Die notwendigen Anordnungen, die zu treffen waren, bespricht er aber mit Josef. Diesem obliegt es, die Anweisungen dem Willen des Pharao gemäß auch seinen Brüdern gegenüber umzusetzen.

Damit waren die Brüder entlassen und der zweite Teil der Audienz beginnt. Josef führt Jakob vor den Pharao (V. 7–11).[198] Diese Begegnung wird vom Erzähler in einem anderen Licht dargestellt als die zwischen den Brüdern und dem Pharao. Hier hat man nicht den Eindruck, dass da lediglich ein unbedeutender kanaanäischer Viehhirte vor dem Herrscher des gewaltigen Nilreiches steht, sondern ein ehrwürdiger und stolzer Patriarch, der selbst dem Pharao gehörigen Respekt abnötigt. Das wird bereits daran deutlich, dass bei dieser Audienz nicht der Pharao das erste und das letzte Wort hat, sondern Jakob. Sowohl bei seinem Kommen als auch bei seinem Gehen »segnete« (*waj^{e}baräk*) der Alte den Pharao (V. 7b.10a). Damit wird klargestellt, dass es keineswegs nur der Pharao ist, der der Sippe Jakobs etwas zu geben hat. Auch Jakob hat dem Pharao eine Gabe mitgebracht, den Segen.[199] Jakob handelt hier, wie nach der talmudischen Tradition jeder Jude handeln soll, wenn er einem fremden König begegnet:

»Wer Könige von den weltlichen Völkern (sieht), spreche: ›Gepriesen sei er, der von seiner Herrlichkeit an (Menschen aus) Fleisch und Blut gegeben hat.‹ R(abbi) Johanan sagte: Der Mensch bemühe sich stets, Königen von Jisrael entge-

198 Der Sprachgebrauch in diesem Abschnitt macht deutlich, dass die Audienz Jakobs vor dem Pharao eine spätere Hinzufügung der Priesterschrift (P) ist. Siehe dazu R. Lux, Geschichte als Erfahrung, 165 ff. Wahrscheinlich gehörten zu der älteren Überlieferung 46,31–47,4.5a.6b.12, in die P die V. 5a*.b.6a–11 eingearbeitet hat.

199 Vgl. Näheres bei A. Meinhold, »… damit wir leben können«, 88 f.

genzueilen. Aber nicht nur Königen von Jisrael, sondern auch Königen der weltlichen Völker ...« bBerakhoth 58a

Mit dem Segen wurde dem fremden Machthaber nicht nur Heil und Wohlergehen zugesprochen. Vielmehr war der Königssegen in der jüdischen Tradition auch ein Lobpreis des Gottes Israels, der nicht eifersüchtig über seine Macht und Herrlichkeit über die Menschen wacht, sondern einzelnen von diesen davon einen Teil abgibt. Damit wurde auch die Herrschaft des fremden Königs als von Gott verliehene Herrschaft anerkannt (vgl. Jes 45,1), die, wenn es erforderlich war, auch von diesem wieder entzogen werden konnte (Jes 42,1; Jer 22,24; Hag 2,22; Dan 4). In der Souveränität, in der Jakob dem Pharao begegnet, schwingt bereits die hellsichtige Gewissheit mit, dass menschliche Macht, der mit zuvorkommendem Respekt begegnet werden darf, von der Macht des Gottes Israels verliehen und entzogen wird und daher stets begrenzte Macht darstellt.

Dem Segen des Patriarchen begegnet der Pharao mit der ehrerbietigen Frage nach dem Alter des Greises (V. 8). Hier wird der Fremde nicht nach seinem Wert und Nutzen taxiert. Vielmehr ist es die Würde des Alters, die ihm auch vor Königen seinen Wert verleiht. Jakob teilt dem Pharao daraufhin sein Alter von 130 Jahren mit und lässt ihn Anteil nehmen an dem, was dieses lange Leben ausgefüllt hat: Jahre in der Fremde, Erfahrungen des Bösen. So schließt er seine etwas wehleidige Vorstellung mit der Befürchtung, dass seine Lebenszeit nicht an die seiner Väter heranreichen werde (V. 9), und verabschiedet sich mit einem erneuten Segen für den Pharao (V. 10). Dieser selbst kommt nicht mehr zu Wort. Schweigend lässt er den Alten ziehen.

Die gesamte Szenerie der Audienz Jakobs beim Pharao unterscheidet sich erheblich von der der Brüder.

Während die Brüder und selbst Josef in 46,31–47,6 ganz als Bittsteller vor dem Pharao stehen, von dem sie abhängig sind, atmen 47,7–10 den Geist eines stolzen Selbstbewusstseins. Jakobs Leben ist ein Leben in der Fremde, voller bedrückender Erfahrungen. Das hindert ihn aber nicht daran, die Rolle des Bittstellers hinter sich zu lassen. Vielmehr lässt er auch den fremden Herrscher Anteil haben an der Kraft des Segens, die in ihm steckt.

Die beiden so unterschiedlichen Audienzen schließen mit zwei kurzen Notizen, die darüber berichten, dass Josef alles den Anordnungen des Pharao gemäß ausführte (V. 11) und damit auch sein eigenes Versprechen der Versorgung seines Vaters, seiner Brüder und ihrer Familien hielt (V. 12, vgl. 45,11).

2.7.3. ›die Ägypter verkauften ein jeder seinen Acker‹

Auf die beiden Audienzen folgt ein Bericht über Josefs weitere Tätigkeit in Ägypten. Im Zusammenhang der Erzählung wurde er häufig als störend empfunden. Einige Ausleger glaubten, ihn daher umstellen zu müssen,[200] oder vermuten in diesem Abschnitt einen späteren Nachtrag.[201] Angesichts der bisher vorgestellten Kompositionsstruktur der Josefsgeschichte mag man daran zweifeln. So wie der erste Hauptteil der Erzählung mit einem Blick auf Josefs Tätigkeit in Ägypten schloss (41,46–57), so endet nun auch der zweite Hauptteil (47,13–26).

---

200 So liest z. B. H. Gunkel (Genesis, 465 f.) den Text als Fortsetzung von Kap. 41. Warum er von seinem ursprünglichen Ort getrennt worden sein soll, vermag er nicht schlüssig zu erklären.

201 Vgl. u. a. H. Chr. Schmitt, Josephsgeschichte, 64 ff., und C. Westermann, Genesis I/3, 186.

Zunächst wird davon erzählt, dass Josef in der anhaltenden Hungersnot das in den Überflussjahren gehortete Getreide an die Ägypter und Kanaanäer gegen gutes Geld verkaufte (V. 13f.). Das füllte die Kassen des Pharao.

Schon bald aber trat die Situation ein, dass die Käufer nicht mehr liquide waren. Das Geld ging ihnen aus, aber der Hunger lastete weiter schwer auf ihnen (V. 15). Da ging Josef von der Geld- zur Naturalwirtschaft über. Er ließ die Ägypter, die ihn um Brot bedrängten, das notwendige Getreide mit ihrem Vieh bezahlen, das diese zu Josef brachten (V. 16f.). In den Kommentaren wird immer wieder darüber spekuliert, wie das im Einzelnen vorzustellen sei, ob denn die Ägypter tatsächlich alle ihr Vieh bei Josef ablieferten, was doch schon aus praktischen Gründen wenig wahrscheinlich sei, oder ob es in der Obhut ihrer früheren Besitzer verblieb, von nun an aber als Eigentum des Pharao galt. Dabei wird übersehen, dass unmittelbar vor unserem Abschnitt die Brüder Josefs zu Oberaufsehern der pharaonischen Viehherden ernannt worden waren (V. 6).[202] Wollte der Erzähler damit zum Ausdruck bringen, dass Josef mit seiner Aktion den gesamten Viehbesitz der Ägypter zum Besitz des Pharao machte und so unter die Aufsicht seiner Brüder brachte? Wurde damit also nicht nur der Besitz des Pharao erheblich erweitert, sondern auch die Position der Brüder kräftig gestärkt? Direkt äußert sich der Erzähler dazu nicht. Vom Kontext und der Logik der Erzählung her legt sich diese Deutung aber durchaus

---

202 Ein Zusammenhang wird bereits durch die mehrfache Wiederaufnahme des Nomens *miqnäh* »Viehbesitz« aus V. 6 in V. 16f. hergestellt.

nahe. Und wenn in V. 17 davon die Rede ist, dass die Ägypter ihm auch ihre Pferde ablieferten, dann wird daran deutlich, dass nicht nur die unteren Schichten der Bevölkerung von der Hungersnot schwer getroffen wurden, da die Pferde für die Feldarbeit ohnehin nicht zum Einsatz kamen. Vielmehr dienten sie den vornehmeren und wohlhabenderen Kreisen, die sich Pferde für die Ausfahrten mit ihren Prunkwagen und den Kriegsdienst leisten konnten.[203] Sie alle gerieten durch Josefs Wirtschaftspolitik in die ökonomische Abhängigkeit der ägyptischen Staatsbürokratie.

In einem letzten und dritten Schritt erfahren wir schließlich davon, dass den Ägyptern auch ihr Vieh ausging. Daher blieb ihnen – wollten sie nicht verhungern – nichts weiter übrig, als sich jetzt selbst und ihre Ländereien zu verpfänden (V. 18–26). Die einzige Alternative, die sie hatten, wäre der Hungertod gewesen. Josef ging auf dieses Angebot ein und kaufte die Ländereien für den Pharao auf (V. 20). Gleichzeitig stellte er ihnen aber Saatgetreide zur Verfügung, damit sie jetzt das Land, das fortan Staatseigentum war, für den Pharao bestellten. Sie bearbeiteten es und mussten künftig ein Fünftel von den Erträgen an den Staatshaushalt als Steuer abführen. Vier Fünftel blieben ihnen selbst für den Lebensunterhalt und das notwendige Saatgut (V. 23f.). Lediglich das Land der Priester, das diese vom Pharao übereignet bekommen hatten, blieb von dieser Regelung ausgenommen (V. 22).

Mit diesem Bericht wird erneut ein Interesse des Erzählers an ägyptischen Verhältnissen deutlich. Offensichtlich war er darüber im Bilde, dass das Land »im Prinzip (nicht *de facto*) Eigentum des Pharao

203 So M. FIEGER/S. HODEL-HOENES, Der Einzug in Ägypten, 309ff.

war.«[204] Auch das Sonderrecht der Priester, deren Tempel, an denen sie tätig waren, über erhebliche Ländereien verfügten, war ihm nicht fremd.[205] Dass die Steuerlast oft noch viel schwerer auf der Landbevölkerung lastete als dies hier mit der Eintreibung des Fünften durch Josef geschah, ist vielfach belegt. Konnten die Bauern die von ihnen geforderten Steuern nicht aufbringen, wurden sie häufig samt ihren Familien von den Steuereintreibern brutal misshandelt.[206]

Wenn die Ägypter in unserer Erzählung Josef dafür preisen, dass er sie am Leben erhielt (V. 25), dann wird daran deutlich, dass der Erzähler in den Maßnahmen Josefs kein Unrecht sah. Er tat lediglich das, was *in Ägypten* üblich und rechtens war. Er trug dafür Sorge, dass in einer ernsten Bedrohung des Landes das Gut des Pharao, in dessen Diensten er stand, gemehrt wurde, dass eine erträgliche Steuer eingetrieben wurde, und dass die Hungernden zu Brot kamen. Mit der Ausgabe von Saatgetreide gewährleistete er die weitere Bewirtschaftung der Äcker. »Für Israel wäre freilich die Lösung ein Schlag ins Gesicht« gewesen.[207] So war es undenkbar, dass ein Israelit sich und sein Land freiwillig dem König verpfändete.[208] Die Israeli-

---

204 H. Seebass, Genesis III, 140. Auch dieser Abschnitt lässt sich wieder mit J. Assmann (Sinngeschichte, 91) »als ätiologischer Mythos sowohl der eigentümlichen ägyptischen Eigentumsverhältnisse als auch der Staatsenstehung deuten.«

205 Dieses System wurde in ptolemäischer Zeit auch auf die Provinz »Syrien und Phönikien«, also auf Palästina übertragen. Die »grundlegende Staatsidee der Einheit von König und Land« war aber älter und kam nicht erst in hellenistischer Zeit auf. Siehe P. Schäfer, Geschichte der Juden in der Antike, Neukirchen-Vluyn 1983, 29 f.

206 R. A. Caminos, Der Bauer, in: S. Donadoni (Hg.), Der Mensch, 39 f.

207 H. Seebass, Genesis III, 141.

ten wurden vor den negativen Folgen des Königtums, das sie sich wünschten, ernsthaft von Samuel gewarnt (1. Sam 8,10–18), weil das eben genau derartige Maßnahmen zur Folge haben würde, von denen hier in der Josefsgeschichte die Rede ist. So machten auch die Propheten immer wieder Front gegen die Auflösung des altisraelitischen Bodenrechts durch den König und eine reiche Oberschicht (1. Kön 21; Jes 5,8; Mi 2,1–5). Israel aber war nicht Ägypten. Andere Länder, andere Sitten, anderes Recht! Josef bleibt an die in Ägypten übliche Rechtspraxis gebunden, handelt in ihrem Rahmen und wird als kluger Verwalter des Mangels vorgestellt, der es versteht, sowohl für seinen Herrn, den Pharao, als auch für dessen Untertanen aus einer notvollen Situation das Beste zu machen. »Von den Ägyptern verdiente er ein Denkmal, dass er ein so guter Ägypter und treuer Diener seines Königs war.«[209]

Vor und nach diesem Abschnitt über Josefs Landpolitik, steht jeweils eine Aussage, dass Josef mit seiner eigenen Sippe anders verfuhr als mit den Ägyptern. Ihnen gab er eine *'ᵃchussah* in Ägypten, ein »Besitz- und Verfügungssrecht« über das Land, das ihnen zugewiesen wurde (47,11.27). Auf diesem Hintergrund bekommen die Maßnahmen Josefs noch einmal eine ganz eigene Brisanz. Während er das Land der Ägypter zum »Kronland« machte und diese so – bei aller Milde – um ihren Besitz brachte, gab er seiner eigenen Sippe einen entsprechenden Landbesitz in der Fremde. Die V. 11 und 27 stammen aus der Feder eines priesterschriftlichen Redaktors. Wollte dieser klarstellen, dass die Angehörigen der Sippe Jakobs in Ägypten als freie Männer und Landbesitzer ansässig wurden und sich

---

208 Vgl. dazu J. Ebach, Bodenrecht, NBL I, 313f.

209 B. Jacob, Genesis, 859.

nicht wie die Ägypter selbst zu Knechten des Pharao machten?[210] Wie sich aus der Sicht des Erzählers das Selbstbewusstsein der Israeliten von dem der Ägypter fundamental unterschied, wird von Benno Jacob trefflich beschrieben:

»Ein israelitischer Autor konnte [...] für den sklavischen Geist des ägyptischen Volkes nur Verachtung oder Spott oder Mitleid haben. Es gleicht seinem Vieh, das auch nicht Eigentum noch Freiheit hat, zufrieden ist, wenn es Futter bekommt und sich ohne Widerstand zu einem anderen Weideplatz führen lässt [...][211] Es gleicht unmündigen Kindern, die nicht für sich selber sorgen können, also wird es auf eigenen Antrag entmündigt und von dem Vormund Staat unterhalten, was von Joseph noch in eine honette und für sie vorteilhafte Form gekleidet wird.«

Eine derartige Mentalität war mit israelitischem Selbstverständnis unvereinbar. Daher weiß der priesterschriftliche Erzähler zu berichten:

»Und Israel[212] blieb im Lande Ägypten, im Landstrich Gosen, und sie erhielten Besitz in ihm, wurden fruchtbar und sehr zahlreich.« 1. Mose 47,27

Israel hat demnach durch seinen Ägyptenaufenthalt (zunächst!) keinen Schaden an Leib und Seele genom-

---

210 Dass es sich dabei lediglich um ein »Wohn- oder Nutzrecht« handelte, ist wenig wahrscheinlich. Der Aspekt des Eigentums kann aus dem Begriff *'achussah* nicht eliminiert werden. Vgl. dazu R. Lux, Geschichte als Erfahrung, 167 ff.

211 In 47,17 ist wörtlich davon die Rede, dass Josef die Ägypter »hütete (*wajenahalem*) mit Brot«.

212 Hier wird der Name bereits als Kollektivum aufgefasst, welches das spätere Volk Israel impliziert und nicht nur den Stammvater.

men. Im Gegenteil: ganz anders als die Ägypter blieben sie freie Männer mit eigenem Landbesitz, bekleiden führende Ämter im Verwaltungsapparat des Pharao und führen ein Leben, das ganz dem Schöpfungssegen und Schöpfungsauftrag von 1. Mose 1,28 entspricht. Sie sind fruchtbar und werden überaus zahlreich.[213]

Der zweite Hauptteil schließt mit einer priesterschriftlichen Notiz über das Alter Jakobs. Er lebte noch 17 Jahre in Ägypten und wurde insgesamt 147 Jahre alt. Damit soll unmissverständlich darauf hingewiesen werden, dass die Sippe Jakobs nicht nur in den wenigen Jahren der Hungersnot in Ägypten blieb, sondern ihr Aufenthalt von Dauer war. Als Lebender sollte Jakob das Land seiner Väter nicht mehr wiedersehen. Doch wird mit dieser Notiz bereits zum dritten Hauptteil der Erzählung übergeleitet, der diese beschließt.

2.8. Jakobs Ende

Der dritte Hauptteil führt die Erzählung jetzt zügig ihrem Abschluss entgegen. Er hat ein großes Thema, den Tod Jakobs. Das gilt auch für den allerletzten Abschnitt der Erzählung (50,15–21), der ja noch einmal ausdrücklich auf diesen Tod Bezug nimmt. Dieser letzte Hauptteil wurde mehrfach erweitert. Ursprünglich bestand er wohl nur aus 47,29–31;50,1–11.14–21. In diesen Abschluss wurden die beiden Kapitel 48 und 49

213 Während Adam, der Mensch, in 1. Mose 1,28 den Auftrag erhält, »seid fruchtbar« (*p^{e}ru*) und »mehrt euch« (*ur^{e}bu*), werden die beiden Imperative hier als Narrative wieder aufgenommen: »und sie waren fruchtbar« (*wajjip^{e}ru*) und »mehrten sich« (*wajjir^{e}bu*). Auch in Ägypten erfüllte sich an Israel der Schöpfungssegen!

eingearbeitet, von denen das eine Jakobs Segen für die Söhne Josefs, Efraim und Manasse, enthält und das andere den Sterbesegen für seine eigenen zwölf Söhne. Abschließend fügte ein priesterlicher Redaktor die Verse 49,1a.29–33;50,12f.22 hinzu. Der ursprüngliche Textbestand wusste zunächst wohl nur von drei Dingen zu berichten, von Jakobs letztem Willen und Tod (47,29–31), seiner Einbalsamierung und Bestattung in Kanaan (50,1–11.14) und der endgültigen Aussöhnung Josefs mit seinen Brüdern (50,15–21).

2.8.1. ›begrab mich nicht in Ägypten‹

Unmittelbar nach der Mitteilung über die Niederlassung der Jakobssippe in Ägypten führt der Erzähler den einzigen Faden weiter, der noch nicht zu einem hinreichenden Abschluss gekommen war. In der Exposition wurde das Thema des nahenden Todes Jakobs erstmalig angeschlagen (37,35). Nach dem Verlust Josefs beklagte er, dass er nun als Trauernder zu seinem Sohn in die Totenwelt hinabsteigen müsse, ihm also kein friedliches Sterben beschieden sei. Fortan wird dieses Thema immer wieder aufgenommen (42,38;43,27f.;44,22.29–31.34; 45,3.28;46,30). Nun also ist die Stunde gekommen. Seine Befürchtung, den »Gramtod« sterben zu müssen,[214] hatte sich nicht erfüllt. Jakob durfte den tot geglaubten Sohn noch einmal in die Arme schließen und verbrachte seine letzten Jahre bei ihm in Ägypten. Als er die Tage seines Sterbens kommen sah, ließ er Josef rufen und bat ihn:

»Wenn ich Gunst in deinen Augen gefunden habe, dann lege doch deine Hand unter meine Hüfte und erweise mir Güte

---

214 Vgl. A. MEINHOLD, »… damit wir leben können«, 96ff.

und Treue. Begrab mich nicht in Ägypten, damit ich bei meinen Vätern liege. Trage mich aus Ägypten und begrab mich in ihrem Grab.« 1. Mose 47,29–30a

Jakob möchte, das ist sein letzter Wille, kein Grab in der Fremde, sondern bei seinen Vätern bestattet werden. So gut er es mit seiner Sippe auch in Ägypten getroffen hatte, das, was andere selbstverständlich für sich einfordern, blieb ihm verwehrt: Heimat! Sein Leben bestand aus einem Fremdlingsdasein (47,9). Wenigstens im Tod wollte er sich bei den Seinen zu Hause wissen. Daher ließ er Josef schwören,[215] ihm diesen letzten Wunsch zu erfüllen. Jetzt, im Alter, ist Jakob nur noch der Bittende. Im nahenden Tod, ist der Mensch sich selbst und seinem Willen vollkommen entzogen. Da muss er sich ganz in die Hand seiner Nächsten geben und darauf vertrauen, dass diese ihm in Güte und Treue den letzten Wunsch erfüllen. Mit der Schwurgeste bindet Jakob seinen Sohn Josef an das Versprechen. Wer, wenn nicht dieser Sohn, verfügte über den entsprechenden Einfluss, die Mittel und die fürsorgliche Zuneigung, dem Vater seine dringliche Bitte zu erfüllen?

Josef gibt das erbetene Versprechen ab und leistet den Schwur (V. 30b.31a). Daraufhin legte sich Jakob/ Israel auf das Kopfende seines Bettes (V. 31b). Was mit dieser Formulierung gemeint ist, bleibt dunkel. Da das Nomen *mittah* nicht nur ein »Bett«, sondern auch eine Totenbahre bezeichnen kann (2. Sam 3,31), wird man möglicherweise daran zu denken haben, dass sich Jakob auf die Bahre zum Sterben legt, auf der er aus dem

215 Das wird durch die Geste zum Ausdruck gebracht, nach der Josef seine Hand unter die Hüfte, wohl an das Zeugungsglied Jakobs legen sollte (V. 29).

Land Ägypten zum Grab seiner Väter getragen werden will.

2.8.2. ›und wurde versammelt zu seinen Vätern‹

Die eigentliche Mitteilung vom Tod Jakobs erfolgt in 49,33. Hier wird auch das Stichwort *mittah* (»Bett, Bahre«) wieder aufgenommen.[216] Nachdem Jakob gestorben war, weint Josef und erweist ihm letzte Zärtlichkeiten (50,1). Noch einmal wird damit vom Erzähler die besondere Bindung zwischen Josef, dem Lieblingssohn, und Jakob, seinem Vater, unterstrichen. Für Josef war der Verstorbene nicht nur ein »Entsorgungsproblem«, sondern nach wie vor ein Mensch, der auch in seinem entseelten Zustand immer noch der körperlichen Zuwendung für wert erachtet wurde. Von einer vergleichbaren Trauergeste der Brüder erfahren wir nichts. Unter diesen hat, wie sich in 50,15–21 zeigen wird, der Tod des Vaters ganz andere Sorgen geweckt.

Die ehrenvolle Bestattung der Verstorbenen gehört im Alten Orient zu den vornehmsten Sohnespflichten.[217] So nahm Josef, nachdem er persönlich von seinem Vater Abschied genommen hatte, umgehend alle Formalitäten in die Hand, die seine Bestattung betrafen. Jetzt kommt die Ägyptenleidenschaft des Erzählers ein letztes Mal zum Zuge. Ägypten pflegte, was dem Erzähler wohl nicht unbekannt war, eine ganz besondere und ihn beeindruckende Bestattungskultur.

---

216 49,33 wirkt überfüllt. Möglicherweise war die Wendung »... und er versammelte seine Beine auf dem Bett und verschied« die ursprüngliche Fortsetzung von 47,31. Während der restliche Bestand des Verses auf den priesterschriftlichen Redaktor zurückgeht, der 49,29–32 formulierte. Da der Vers an einer Nahtstelle steht, legt sich dieser Schluss nahe.

217 Siehe dazu O. Eissfeldt, Sohnespflichten im Alten Orient, in: Ders., Kleine Schriften IV, Tübingen 1968, 264–270.

Dazu gehörte für den, dem es möglich war, nicht nur die frühzeitige Errichtung eines würdigen Grabbaues aus Stein,[218] sondern auch die sorgfältige Einbalsamierung des Leichnams. Den Ägyptern galt die Welt der Toten als die eigentliche Welt, der die Sorge des Menschen galt, während das irdische Leben lediglich als flüchtige Durchgangsstation betrachtet wurde. Hier lebte man in Lehmhütten, für den Tod baute man Häuser aus Stein.[219] Jakob wurde Teilhaber nicht nur am Land, sondern auch an dieser spezifischen Kultur des Todes.[220] Es gibt keine andere Person im gesamten Alten Testament, deren Begräbnis mit nur annähernd gleichem Aufwand beschrieben ist wie das Jakobs. So märchenhaft der Aufstieg des Sohnes in Ägypten war, so märchenhaft sollte den Lesern auch das Begräbnis des Patriarchen erscheinen.

Josef beauftragte zunächst seine Knechte und dafür wohl in besonderer Weise spezialisierte Ärzte damit, seinen verstorbenen Vater einzubalsamieren (V. 2). Die Mumifizierungskunst war in Ägypten in besonderer Weise entwickelt.[221]

Möglicherweise benutzt der Erzähler mit der Verbwurzel *chanat* »einbalsamieren/mumifizieren« (V. 2f.) sogar die hebraisierte Wiedergabe eines ägyptischen *terminus technicus*, der innerhalb des Einbalsamierungsverfahrens zur Anwendung kam.[222] Das Verfah-

---

218 Siehe dazu S. HODEL-HOENES, Leben und Tod im Alten Ägypten, Darmstadt 1991.

219 Siehe dazu J. ASSMANN, Stein und Zeit, 87–114.

220 Siehe dazu die umfassende Darstellung von J. ASSMANN, Tod und Jenseits im Alten Ägypten, München 2001.

221 Vgl. O. KEEL, Die Welt der altorientalischen Bildsymbolik und das Alte Testament, Göttingen [5]1996, 57 ff., und J. ASSMANN, Tod und Jenseits, 401 ff.

222 M. GÖRG, Beziehungen, 122.

Abb. 13: Mumifizierungsdarstellung eines Leichnams. Sargmalerei auf dem Sarg des Djebastitefonch (7.–4. Jh. v. Chr.)

ren selbst war langwierig. Nach unserem Erzähler dauerte es vierzig Tage. Die gesamte Trauerzeit, in der Jakob von den Ägyptern (!) beweint wurde, währte siebzig Tage (V. 3).[223] Für israelitische Leser muss bereits dieser Erzählzug überaus beeindruckend gewesen sein. Jakob, der Erzvater, stand nicht nur in seinem eigenen Volk, sondern auch in der ägyptischen Fremde in höchstem Ansehen. Im Leben immer wieder in Bedrängnis geraten, wurde er im Tode hoch geehrt. Und das nicht nur von den Seinen, sondern auch von den Ägyptern, bei denen er sich niedergelassen hatte.

---

223 Vielleicht hatte der Erzähler nur ein ungenaues Wissen über die für die Einbalsamierung notwendige Zeitspanne. Nach Herodot und anderen Quellen werden siebzig und nicht vierzig Tage dafür veranschlagt. Vgl. C. Westermann, Genesis I/3, 225.

Nach dem Ablauf der Trauerfrist holt Josef beim Pharao die Zustimmung dazu ein, seinen Vater in Kanaan begraben zu dürfen, die ihm von diesem nicht verweigert wird (V. 4–6). Die Szene lässt erneut erkennen, dass bei aller Machtfülle die Souveränität Josefs begrenzt war. Ohne Genehmigung des Pharao durfte er wohl kaum die Grenzen des Landes verlassen.[224] Und diese Genehmigung blieb an das Versprechen gebunden, unmittelbar nach der Bestattung des Vaters wieder nach Ägypten zurückzukehren (V. 5b), was dann auch ohne Wenn und Aber geschieht (V. 14). Deutete der Erzähler damit die Ambivalenz eines Lebens in der Fremde an? Konnte Josef dort als Hebräer einerseits zu höchstem Ansehen aufsteigen, seiner Sippe eine privilegierte Existenz ermöglichen, obwohl er andererseits in seiner Bewegungsfreiheit eingeschränkt war? Schon früher hat uns ja die Frage bewegt, warum er nicht bereits viel eher zu seinem Vater Kontakt aufnahm, ihn nicht besuchte, ja eine Zusammenführung nur um den Preis einer auf Dauer angelegten Übersiedlung nach Ägypten möglich war. Ist das alles nur dem Plot der Erzählung geschuldet, oder steht dahinter auch eine Vorstellung des Erzählers vom Leben in den Ländern des Exils, die ihre fremden Kinder oft nur ungern wieder ziehen ließen?

Nachdem die Reisegenehmigung des Pharao erteilt war, setzt sich der Trauerzug in das Land Kanaan in Bewegung. Da formierte sich eine Beerdigungsgesellschaft, die einem Staatsbegräbnis gleichkam. An der

224 Die Szene erinnert an die Bitte Moses, Israel zur Feier eines Festes in die Wüste ziehen zu lassen (Ex 5,1). Lag bei einem derartigen Ersuchen nicht der Verdacht nahe, dass die »nützlichen Fremden« lediglich einen Anlass suchten, um sich der Verfügungsgewalt des Pharao zu entziehen?

Spitze gingen Jakob, alle Diener des Pharao, die Ältesten seines Hauses und alle Ältesten des Landes Ägypten (V. 7). Die versammelten Honoratioren Ägyptens erweisen durch ihre Teilnahme an der Bestattung nicht nur dem Verstorbenen, sondern auch dem Lebenden, Josef, eine große Ehre. Der Fremdling galt etwas im Ausland! Erst jetzt folgt die gesamte Familie Josefs, seine Brüder und die Angehörigen der Sippe. Lediglich die kleinen Kinder und das Vieh lassen sie in Ägypten zurück (V. 8).[225] Wird mit dieser Stufung noch einmal demonstriert, dass die Brüder nicht nur zum lebenden, sondern auch zu dem toten Jakob in einer größeren Distanz standen als Josef, der Lieblingssohn? Die Totenkarawane wurde schließlich von allerhand Wagen und Reitern begleitet, so dass ein ganzes Heerlager zusammenkam, das da gen Kanaan zog (V. 9). Die erste Station auf der Reise, von der wir erfahren, ist *gorän-ha'atad*, ein Ort mit Namen »Dornen-Tenne«. Dort veranstaltet die gesamte Gesellschaft noch einmal eine gewaltige, siebentägige Leichenklage (V. 10). Diese muss die Kanaanäer, die als Zaungäste daran teilnahmen, so beeindruckt haben, dass sie den Ort sofort in *'abel-mizrajim* (Klage Ägyptens) umbenannten (V. 11). Die siebentägige Trauerzeit entspricht der üblichen Trauerwoche, die sich an die Bestattung anschloss (Sir 22,12). Auffällig ist, dass hier die Bestattung erst auf die Trauerwoche folgt und sie abschließt.

Da die V. 12–13 der priesterschriftlichen Redaktion unserer Erzählung zugehören, mag diese für die umgekehrte Reihenfolge verantwortlich sein. Wenn das so ist, dann gab es aber einmal eine Jakobgrabtradition, die nicht an Mamre gebunden war, den Ort, an dem

---

225 Dienten sie als Faustpfand, das die Rückkehr garantierte?

Abraham und Isaak bestattet wurden. So ist ja im letzten Willen Jakobs (47,29–31) davon auch noch nicht die Rede gewesen. Da bittet Jakob Josef lediglich, ihn bei seinen Vätern zu bestatten, ohne dass ein konkreter Ort genannt würde. Wurde erst im Zuge der priesterschriftlichen Redaktion, die die Erzählung von Jakob und Josef mit den Abraham- und Isaakerzählungen verknüpfte, Mamre auch zum Ort des Jakobsgrabes? Immerhin fällt auf, dass im Unterschied zu der ursprünglichen Josefsgeschichte in diesen redaktionellen Versen nie Josef allein, sondern immer die Brüder gemeinsam handeln. Jetzt erhalten sie alle gemeinsam den Befehl, ihn in Mamre zu bestatten (49,29–33), was sie dann auch gemeinsam tun (50,12f.). Hier werden die Akzente offensichtlich noch einmal anders gesetzt, indem alle Brüder und Söhne Jakobs in die Pflicht genommen werden. War dann aber ursprünglich die in *'abel-mizrajim* umbenannte »Dornentenne« (im Ostjordanland?)[226] der Ort, an dem Jakob begraben wurde? Der Abschnitt endet mit einer knappen Mitteilung, dass Josef samt seinen Brüdern und der ganzen Beerdigungsgesellschaft nach der Bestattung Jakobs sofort wieder nach Ägypten zurückkehrte (V. 14).

---

226 Der Erzähler weiß zu berichten, dass dieser Ort »jenseits des Jordan« lag, womit in der Regel das Ostjordanland gemeint ist. Das ist immerhin verwunderlich, da der Weg über das Ostjordanland nicht gerade der kürzeste Weg zwischen Ägypten und Kanaan war. Hat das etwas mit der ostjordanischen Jakobtradition zu tun? Immerhin haftete diese ja nach 1. Mose 33,17 am ostjordanischen Sukkot. Oder sollte dies bereits ein Präludium des späteren Weges Israels bei ihrem Auszug aus Ägypten sein? Ging ihnen Jakob gleichsam voran auf dem Weg ins gelobte Land? Vgl. dazu R. Bartelmus, Topographische und theologische, exegetische und didaktische Anmerkungen zum letzten Kapitel der Genesis (Gen 50,1–14), BN 29, 1985, 35–57, und J. Ebach, Genesis 37–50, 648f.

Jetzt also ruht Jakob in Frieden. Nun sind seine Söhne unter sich. Die Autorität des Vaters, die in allen Konflikten immer wieder zur Geltung kam, war plötzlich nicht mehr vorhanden. Da stellt sich eine letzte Frage: Würden die Brüder fortan auch ohne Jakob friedlich miteinander leben können? Oder bestand jetzt die Gefahr, dass die alten Streitigkeiten, die vorübergehend auch um des alten Vaters willen beigelegt worden waren, einen neuen Anlass suchten?

2.8.3. *›vergib doch deinen Brüdern‹*

Offensichtlich befürchten die Brüder, dass jetzt, wo der Vater nicht mehr zwischen ihnen stand, Josef doch noch späte Rache nehmen könnte (50,15). So schicken sie einen Boten zu ihm. Dieser soll ihn darüber informieren, Jakob habe den Söhnen vor seinem Tod befohlen, Josef um Vergebung zu bitten für all das, was sie ihm angetan hatten (V. 16f.). Die gesamte Szene erinnert an den Anfang der Josefsgeschichte. Dort wagten sich die Brüder nicht mit dem blutigen und zerrissenen Kleid Josefs unter die Augen des Vaters. Sie ließen es überbringen (37,32). Hier wagen sie sich nicht unter die Augen ihres Bruders und bedienen sich erneut eines Boten. Wird damit implizit angedeutet, dass Josef jetzt an der Stelle des verstorbenen Vaters stand? Hatte er jetzt die Rolle des Familienoberhauptes übernommen?

Der Leser hat von solch einem Befehl Jakobs vor seinem Tode nichts erfahren. War das der Ökonomie des Erzählers geschuldet, der dieses Detail eben erst zu dem Zeitpunkt nachholte, an dem es auch wichtig wurde? Oder wollte der Erzähler andeuten, dass die Brüder ein letztes Mal die Autorität des Vaters in Anspruch nahmen, ohne dass sie durch diesen dazu wirklich ermächtigt worden waren? Die Rabbinen haben viel über diese Frage nachgedacht und kamen zu dem Ergebnis:

»Man darf des Friedens wegen (von der Wahrheit) abweichen, denn es heißt (1. Mose 50,16): *dein Vater hat befohlen ...*«. bYev 65b

Wie immer man diese Aktion auch deutet, ob als Notlüge oder letzten Gehorsam, den die Brüder ihrem verstorbenen Vater leisteten, faktisch ist die Bitte um Vergebung das letzte Wort, das der Erzähler dem Verstorbenen in den Mund legt, sein »Testament«, das allen seinen Söhnen gilt. Dabei lohnt es sich, ein wenig genauer dem hebräischen Wortsinn nachzuspüren. Die Brüder sollen an Josef mit der Bitte herantreten:

»Ach, [er]trage [*sa'*] doch das Verbrechen deiner Brüder und ihre Schuld, denn Unheil haben sie dir bereitet. Nun aber [er]trage doch das Verbrechen der Knechte des Gottes deines Vaters.« 1. Mose 50,17

Im Hebräischen steht hier ein Imperativ des Verbs *nasa'*. In der Regel wird er in diesem Kontext mit »vergib« übersetzt. Die Grundbedeutung des Verbs *nasa'* ist aber eigentlich »aufheben/tragen«. Erst wenn wir das »Testament Jakobs« auf diese Grundbedeutung zurückführen, erschließt sich uns seine ganze Tiefe. Wenn man hier überhaupt von *Vergebung* reden will und nicht besser von *Versöhnung*, dann besteht diese aus mehr als nur aus einem lösenden oder erlösenden Wort. Das mit dem Verb *nasa'* angesprochene Geschehen verlangt von dem, der vergeben, sich versöhnen soll, im Grunde Ungeheuerliches. Er soll das Verbrechen der Brüder, ihre Sünde tragen. Die Last, die auf ihnen lag, bis auf diesen Tag, sie soll von Josef in des

Wortes doppelter Bedeutung aufgehoben und mitgetragen werden. Das ist der Kern dessen, was die Bibel unter Vergebung versteht, sofern diese überhaupt Sache der Menschen und nicht allein Gottes ist.[227] Schuld und Frevel werden dadurch aus der Welt geschafft, dass sie dem Schuldigen abgenommen und von demjenigen getragen und ertragen werden, der sein Opfer war. Stellvertretend für den Sünder beugt er sich mit ihm unter die Last. In solcher Einsicht steckt mehr als nur eine sensible Wahrnehmung sozialpsychologischer Mechanismen.[228] Es ist ja in der Tat so, dass Opfer, selbst wenn sie den Tätern vergeben haben, an dem, was ihnen angetan wurde, oft noch lange, sehr lange zu tragen haben. Nichts Geringeres als dies erbitten die Brüder im Auftrag des verstorbenen Vaters von Josef.

Diese Einsicht in den Zusammenhang von Schuld und Vergebung ist dem modernen Menschen fremd geworden. Sein Streben nach Autonomie und die zunehmende, ja unvermeidlich erscheinende Individualisierung drängen ihn immer mehr in ein gänzlich selbstbestimmtes Leben. Gerade in den Angelegenheiten, in denen es um das Allerpersönlichste geht, in den Fragen nach seiner Schuld, glaubt er unvertretbar zu sein. Der Gedanke, dass er sich ausgerechnet da vertreten, entlasten lassen könne, dass ihm seine Schuld abgenommen werden kann, liegt ihm fern. Selbstbestimmt, frei und autonom möchte er sein, und bleibt gerade so fremdbestimmt, an die Macht der bösen Tat gebunden. Wir müssen wohl erst wieder ganz neu ler-

---

227 Siehe dazu A. Meinhold, »... damit wir leben können«, 94.

228 Siehe zu dem gesamten folgenden Komplex das wichtige Buch von B. Janowski, Stellvertretung. Alttestamentliche Studien zu einem theologischen Grundbegriff, SBS 165, Stuttgart 1997.

nen, was die Bibel unter Vergebung versteht. Sie geht von einem Menschenbild aus, in dem der Mensch nüchtern als ein Wesen gesehen wird, das sich immer wieder in Schuld verstrickt. Er ist ein Sünder, wird aber gerade deswegen nicht bei seiner Sünde behaftet. Er kann sich vertreten lassen, auch und gerade in seiner Schuld. Denn der biblische Mensch ist allemal mehr als seine Taten, seien sie gut oder böse.

Dass Josef die Schuld seiner Brüder tragen möge, dass er im vollen Wissen um das, was sie ihm angetan haben, die Kraft finden möge, mit ihnen *als Brüdern* weiterzuleben, das war die dringliche Bitte des Verstorbenen. Woher sollte Josef wohl diese Kraft nehmen? Auch auf diese Frage deutet der Erzähler eine Antwort an. Die Bitte in V. 17 wird ja zweimal fast wörtlich wiederholt. Das erste Mal heißt es, »trage doch das Vergehen deiner Brüder« und das zweite Mal »trage doch das Vergehen der Knechte des Gottes deines Vaters«. Jakob leitet Josef dazu an, seine Brüder in einem anderen Licht zu sehen. Sie sind ja eben nicht nur Brüder, Menschen neben anderen Menschen, eingebunden in Familien und soziale Netze, sondern immer auch, wissend oder unwissend, mit mehr oder weniger Schuld belastet, *Knechte Gottes*, Menschen vor Gott. Und als solche sind sie allemal mehr als die Summe ihrer Taten. Erst wenn der Mensch auch in seiner Gottesbeziehung gesehen wird, kommt ihm die volle Würde seiner Existenz zu. Wie schuldig er auch sein mag, er ist niemals nur ein Mensch *coram publico*. Er bleibt ein Mensch *coram deo*! Und weil JHWH, der Gott Jakobs, Josefs und seiner Brüder seinem innersten Wesen nach ein Gott der Vergebung ist,[229] ein *'el nose'*

229 Vgl. die sogenannte »Gnadenformel« als zentrale Wesensbe-

'awon, ein »Gott, der die Sünde trägt« (Mi 7,18), deswegen soll Josef seine Brüder im Lichte dieses tragenden, mittragenden und vergebenden Gottes sehen. Und daher ist die Frage der Vergebung im Letzten eine theologische Frage.

Wenn das stimmt, dass der Mensch als Sünder und gerade als solcher ein »Knecht Gottes« bleibt, dann bedeutet das auch, dass er dadurch allen letzten menschlichen Urteilen entzogen wird. In diesem Falle kann es nicht unsere Sache sein, Schuldige bei ihrer Schuld zu behaften. Als Knechte Gottes bleiben sie letztlich seinem Regiment unterstellt. Er allein entscheidet, ob ihnen ihre Sünden behalten bleiben oder vergeben werden (Ps 130,3f.). Menschliche Urteile haben immer nur vorläufigen Charakter. Wer also die Kraft hat, die Schuld der Brüder zu tragen, sich mit ihnen zu versöhnen, der wahrt damit nicht allein die Würde der Menschen, sondern auch die Ehre Gottes. Er maßt sich nicht Gottes Platz an, sondern vertraut sich selbst und seine Brüder dem Urteil Gottes an.

Josefs Tränen (V. 17b), die er auf die Bitte der Brüder hin vergießt, sind wohl nicht nur Tränen der Enttäuschung darüber, dass sie in ihm immer noch den Wunsch nach Vergeltung witterten. War es das Wort und die Stimme des verstorbenen Vaters, die ihn so tief erschütterte? Jetzt wagen sich die Brüder selbst dem Bruder unter die Augen. Und sie tun ein letztes Mal das, wogegen sie sich am Anfang der Erzählung (37,5–10) heftig verwahrten. Sie werfen sich vor ihm nieder und nennen sich seine Knechte (50,18). Nun also waren sie es, die Josefs Träume in vollem Umfang vom Wunsch zur Wirklichkeit werden ließen.

---

stimmung JHWHs in Ex 34,6f.; Joel 2,13; Ps 86,15;103,8;145,8; Neh 9,17.

In diesem Zusammenhang spielt der Erzähler noch einmal mit dem Nomen *'äbäd*, »Knecht«! Die Brüder selbst erklären sich zu Knechten Josefs (V. 18). Dieser aber vermag in ihnen längst »Knechte des Gottes seines Vaters« zu sehen (V. 17). Das bewahrt sie vor Willkür und Vergeltung. Weil die Brüder in der Knechtschaft Gottes ihre eigene Würde haben, sind sie der totalen Knechtschaft des Bruders bleibend entzogen, darin also, in Gott, sind sie als Knechte frei. Indem sie sich aber ihrem Bruder freiwillig als Knechte unterwerfen, verteidigen sie damit auch die Freiheit Gottes, demjenigen Gewalt und Herrschaft zu geben, den er erwählt, unabhängig von natürlichen oder sozialen Rangfolgen. Sie erkennen jetzt an, dass Josef an die Stelle des Familienoberhauptes gerückt ist, weil Gott selbst ihn erwählte und diese Position einnehmen ließ. So gehen beide Seiten, Josef und seine Brüder, als Veränderte aus dem Lebenskonflikt hervor. Der Verzicht der Brüder auf das Recht der Älteren einerseits und der Verzicht Josefs auf die Praxis der Vergeltung andererseits, die beiderseitige Selbstbeschränkung, die sie sich um des Bruders und um Gottes willen auferlegen, diese Selbstrücknahme schafft Raum für wirkliche Versöhnung, zu der Josef seinen Brüdern jetzt noch einmal die Hand reicht:

»Fürchtet euch nicht, bin ich denn an Gottes Stelle?« 1. Mose 50,19

Mit diesem Zuspruch verzichtet Josef auf Vergeltung. Darin also ist die Josefsgeschichte eine zutiefst menschliche Geschichte geworden, dass sie Gott Gott und den Menschen Mensch sein lässt. Das ist ein befreiender, aber zugleich auch ernster Satz. Josef maßt sich nicht den Platz und das Urteil Gottes an und erweist gerade darin seine in bitteren Erfahrungen, in Verantwortung und höchster Ehre gereifte tiefe Menschlichkeit. Ernst ist dieser Satz aber, weil er uns bleibend vor Gott stellt, vor dem wir uns für unser Tun zu verantworten haben.

Nachdem das geklärt ist, kann Gott selbst sein Werk tun, ja, er hat es ja längst getan:

»Ihr gedachtet Böses gegen mich zu tun, Gott aber gedachte es gut zu machen, zu tun, was heute am Tage ist, ein großes Volk am Leben zu erhalten.« 1. Mose 50,20

Das also ist Gottes Urteil, welches er gesprochen hat. Gott plädierte mitten in aller menschlichen Schuld nicht für das Böse, sondern für das Gute, nicht für den Tod, sondern für das Leben, nicht für Vergeltung, sondern für Versöhnung, nicht für den Hass, sondern für die Liebe, nicht für den Hunger, sondern für die Sättigung aller. Der Zusammenhang von Tun und Ergehen wird unterbrochen, ja, durch Gottes Gerechtigkeit kann das Unrecht sogar gegenteilige Folgen haben, kann aus Bösem Gutes werden.[230] Daher endet die Josefsgeschichte auch nicht im Himmel, sondern sehr handfest auf der Erde:

»Jetzt aber fürchtet euch nicht, ich will euch und eure Kinder versorgen. Und er tröstete sie und redete ihnen zu Herzen.« 1. Mose 50,21

---

230 Siehe dazu K. Koenen, Gerechtigkeit und Gnade, 274–303, G. Fischer, Die Josefsgeschichte als Modell für Versöhnung, in: A. Wénin (Hg.), Studies in the Book of Genesis. Literature, Redaction and History, BEThL 155, Louvain u. a. 2001, 243–271, und A. Meinhold, »… damit wir leben können«, 91 ff.

Das hasserfüllte Schweigen, welches sich einst zwischen die Brüder gelegt hatte wie ein dichter Novembernebel (37,4), war der herzlichen Rede gewichen.

Manch einer mag mit diesem versöhnlichen Ende der Josefsgeschichte, die wir hiermit durchmessen haben, hadern. Ist dieses Ende nicht ein wenig zu tränenreich, ein wenig zu schön, ein wenig zu billig? Liegt über dieser Versöhnungsszene nicht ein Hauch von Kitsch, gar nicht weit entfernt von den beliebten Fernsehserien und Seifenopern? Wurde der Erzähler mit diesem Schluss nicht ein Opfer seiner eigenen Harmoniebedürftigkeit, seiner Sehnsucht nach einem Happy End? Vielleicht, aber immerhin ließe sich dagegen einwenden, dass es bereits genügend Geschichten gibt, die ein böses Ende haben. Warum sollten wir uns also nicht an einem glücklichen Ausgang freuen dürfen? Hinter diesem hin und wieder geäußerten Harmonieverdacht, dem der Erzähler ausgesetzt wurde, könnte ja auch unsere eigene Unfähigkeit stehen, aus dem Bösen, der Unzufriedenheit und Einsamkeit herauszufinden, weil wir es uns längst abgewöhnt haben, im Bösen und gegen das Böse nach dem Guten und im scheinbar Sinnlosen nach einem Sinn Ausschau zu halten. Der Erzähler der Josefsgeschichte überlässt eben nicht dem Unheil und dem Unsinn das letzte Wort. Das ist seine Art des Protestes gegen den Streit der Brüder! Und er sitzt auch nicht der Illusion auf, dass wir das ganze Leben gleichsam ohne Rest nur unter uns ausmachen müssten. Vielmehr rechnet er mit den stets überraschenden Möglichkeiten Gottes, der sich von uns zu allerletzt vorschreiben lässt, wie die Geschichte Josefs und wohl auch einmal unsere Geschichte auszugehen hat.

3. Nachgeschichte

In 1. Mose 50,22–26; 2. Mose 1,6;13,19 und Jos 24,32 erhielt die Josefsgeschichte einen Ausblick, der bis zu Josefs Bestattung führt. Zunächst hat wohl mit 1. Mose 50,22 der priesterschriftliche Redaktor einen Schlusspunkt unter die Erzählung gesetzt, indem er den weiteren Aufenthalt Josefs und der Jakobssippe in Ägypten feststellt und das gesamte Lebensalter Josefs von 110 Jahren benennt.[231] Damit erreichte er das in Ägypten ideale Lebensalter.[232] Gleichzeitig wird mit der Altersangabe noch einmal unterstrichen, dass die Josefserzählung selbst uns nur über die erste Hälfte der Biographie Josefs unterrichtet. V. 23 knüpft an das Thema von den Söhnen Josefs, Efraim und Manasse, in 41,50–52;48 an. Hier geht es wieder um die Legitimierung der Nachkommen Josefs. Die V. 24–26 hingegen schlagen eine Brücke zu den Notizen in 2. Mose 1,6;13,19 und Jos 24,32. Sie stammen wahrscheinlich aus der Feder eines Redaktors, der die Erzählstoffe des Pentateuchs (1.–5. Buch Mose) bzw. Hexateuchs (1.–5. Mose + Josua) miteinander verklammerte.[233]

---

231 Vgl. dazu R. Lux, Geschichte als Erfahrung, 158 f.

232 Siehe dazu die Verweise in den Kommentaren von C. Westermann, Genesis I/3, 235, und H. Seebass, Genesis III, 205.

233 Über eine Zuordnung der Verse besteht in der Forschung keine Übereinstimmung. Siehe zu den unterschiedlichen Positionen H. Seebass, Genesis III, 207. Trotz der Bedenken von Seebass hat E. Blum (Komposition, 363 f.) m. E. die stärkeren Argumente auf seiner Seite.

3.1. ›nehmt meine Gebeine mit von hier‹

In 1. Mose 50,24 wird mit der Vätertrias Abraham, Isaak und Jakob, die hier erstmals vollständig begegnet und so den Abschluss der Erzelternerzählungen markiert, ein Bogen sowohl zurück geschlagen als auch nach vorn zum Auszug Israels aus Ägypten. Damit werden unterschiedliche Erzählkomplexe miteinander verknüpft, die ursprünglich selbständig gewesen sein dürften. Josef weissagt seinen Brüdern, dass Gott sie aus dem Land, in dem sie ansässig wurden, wieder herausführen wird, um sie in das Land zurückzubringen, welches er ihren Väter zugeschworen hatte.[234] Das große Thema dieser letzten Verse ist der Tod Josefs und die Frage nach seinem Grab.

In Anlehnung an die Bitte Jakobs, richtet nun auch er die Bitte an seine Brüder, seine Gebeine nicht in ägyptischer Erde ruhen zu lassen, sondern, wenn sie dereinst ausziehen würden, sollten sie diese mit heraufführen in das gelobte Land. Auch Josef also wollte nach dem Votum unseres Redaktors bei aller Ehre und allem Ansehen, die er in Ägypten erworben hatte, nicht in diesem Land begraben sein. So lässt er seine Brüder schwören, ihm diesen letzten Liebesdienst zu erweisen (V. 25). Das 1. Buch Mose endet schließlich mit dem Sterbevermerk Josefs im Alter von 110 Jahren, der Nachricht, dass auch er einbalsamiert wurde, ihm also dieselbe Ehre zuteil wurde wie seinem Vater Jakob, und dass er in einen »Kasten/Sarg« (*'aron*) gelegt wurde. Von einem Grab in Ägypten ist keinerlei Rede. Er wollte ja auch dort nicht begraben sein. Wo der Sarg Josefs bis zum Tage des Auszugs aus Ägypten blieb,

234 Vgl. 1. Mose 15,7–21;22,16;26,3;24,7.

darüber hat wohl manch ein Leser gegrübelt. Und diese Frage hat auch die Phantasie der Rabbinen reichlich beschäftigt. So ist im Talmud zu lesen:

»Man erzählt, dass Serach, die Tochter Aschers, aus jener Generation zurückgeblieben war, und Mose wandte sich an sie und fragte sie, ob sie nicht wisse, wo Josef begraben liege. Sie erwiderte ihm: Die Mizrijm (Ägypter) fertigten für ihn einen Sarg aus Metall und versenkten ihn in den Nilfluss, damit sein Wasser gesegnet werde. Hierauf ging Mose hin, stellte sich an das Ufer des Nils und sprach: Josef, Josef, es ist die Zeit herangereicht, hinsichtlich welcher der Heilige, gepriesen sei er, geschworen hat: ich werde euch erlösen, und es ist die Zeit herangereicht, hinsichtlich welcher du Jisrael beschworen hast; wenn du jetzt erscheinest, so ist es recht, wenn aber nicht, so sind wir von deinem Schwure entbunden. Da schwamm der Sarg Josefs sofort herauf.« bSota 13a

Der Talmud führt uns bereits in die Zeit des Exodus. Keiner, nur noch eine Überlebende, Serach, die Tochter Aschers, habe gewusst, wo der Sarg mit den Gebeinen Josefs abgeblieben war. Die Ägypter hätten ihn in ihrer Lebensader, im Nil, versenkt. Sie glaubten an die Wundertätigkeit selbst noch der Gebeine dieses klugen Hebräers, durch den sie im Leben so viel Brot und Segen empfangen hatten. Diesen Segen sollten jetzt seine Gebeine im Nil wirken. Sie sollten dafür sorgen, dass der Fluss mit seinen jährlichen Überschwemmungen auch weiterhin Fruchtbarkeit und reiche Ernten bringt. Aber damit hat uns der Talmud bereits aus dem Reich des biblischen Erzählers in das Land der Heiligenlegende geführt.

3.2. *›und Mose nahm mit sich die Gebeine Josefs‹*

So wie die Gebeine Josefs unvermittelt und auf wunderbare Weise im Talmud aus den Fluten des Nil wieder auftauchen, so unverhofft begegnen sie auch in der Exoduserzählung. 2. Mose 13,19 ist nicht nur thematisch sondern auch im Wortlaut weitestgehend an 1. Mose 50,24–26 gebunden. Das legt nahe, dass beide Texte aus der gleichen Feder stammen. Jetzt lässt der Redaktor Mose den Schwur einlösen, den die Brüder einst dem Josef geschworen hatten. Er nimmt die Gebeine Josefs mit sich. Dass Mose dem Josef diesen letzten Liebesdienst erweisen musste, hatte seinen Grund schlicht darin, dass die Generation Josefs und seiner Brüder inzwischen nicht mehr am Leben war (2. Mose 1,6).[235] Mose handelt jetzt stellvertretend für die Brüder Josefs und ihre Nachkommen.

Denn »während alle anderen mit ihren eigenen Angelegenheiten zu tun haben mochten, vergisst er, den tausend Sorgen beschäftigt haben mussten, in dem Tumult und der Eile des Aufbruches nicht diese Liebespflicht. Die Beschwörung des längst Verstorbenen, die also unvergessen geblieben war, fordert jetzt unbedingt [...] Gehorsam. So hatte dieser Tote einst selbst gefühlt (Gen 50,5) und gehandelt, und wie Joseph der liebreichste Sohn seines Vaters gewesen, so ist Mose der edelste seines Volkes.«[236]

---

235 Damit erübrigen sich die Versuche von H. Seebass (Genesis III, 11 f.), 2. Mose 13,19 einem anderen Verfasser zuzuweisen als 1. Mose 50,25 und Jos 24,32. Dass der Wortlaut von Jos 24,32 nur zu 1. Mose 50,25, nicht aber zu 2. Mose 13,19 passe, ist angesichts der Wiederaufnahme wichtiger Leitworte in allen drei Texten nicht haltbar.

236 B. Jacob, Das Buch Exodus, Stuttgart 1997, 394.

Damit wird der Exodus nicht nur zu einem Auszug der Lebenden, sondern vergleichbar dem Begräbnis Jakobs auch zum letzten Weg Josefs ins gelobte Land. Diesmal aber wird der Leichnam nicht ehrenvoll begleitet und eskortiert von der Elite Ägyptens. Diesmal sind es Mose und die flüchtenden hebräischen Sklaven, die einem ihrer Stammväter das letzte Geleit geben und ihm den letzten Wunsch erfüllen.

»Es hat also Israel dreierlei aus Ägypten mitgenommen: die Abschiedsgeschenke aus der Hand der Ägypter,[237] das wunderbare Brot als Gottesgabe[238] und als Zeichen ihrer eigenen Pietät gegen die Vergangenheit und einen teuren Toten, gleichsam ein Stück Kanaan aus der Patriarchenzeit, das sie dorthin zurückbringen, die Gebeine Josephs. Dieser wird sie wie ein Magnet mit sich in das Land ziehen, in dem er bestattet sein will.«[239]

Ohne Zweifel verdanken wir 2. Mose 13,19 der Hand eines Redaktors, der die beiden Erzählkomplexe von Josef und vom Exodus miteinander verknüpfte. So zieht nun Israel durch die Wüste und mit ihnen zieht ein Sarg, der *'aron* des Josef. Aber sie führten ja nicht nur den Kasten mit den Gebeinen Josefs mit sich, sondern noch einen zweiten *'aron*, die »Bundeslade« mit den beiden Tafeln vom Sinai. Für beide Behältnisse benutzen die Erzähler ein und dasselbe Wort. Und das gibt zu denken:

»R(abbi) Nathan sagte: Er (Josef) war in der Königsgruft begraben, und Mose ging hin, stellte sich an die Königsgruft

---

237 Vgl. 2. Mose 3,21 f.;11,2;12,35.
238 So 2. Mose 12,39.
239 B. Jacob, Exodus, 395.

und sprach: Josef, es ist die Zeit herangereicht, hinsichtlich welcher der Heilige, gepriesen sei er, geschworen hat: ich werde euch erlösen, und es ist die Zeit herangereicht, hinsichtlich welcher du Jisrael beschworen hast; wenn du jetzt erscheinest, so ist es recht, wenn aber nicht, so sind wir von deinem Schwure entbunden. In dieser Stunde erbebte der Sarg Josefs und Mose nahm ihn und führte ihn mit. Während aller Jahre, wo die Israeliten in der Wüste wanderten, zogen beide Laden, die des Toten und die der Göttlichkeit, neben einander, und die Wanderer fragten nach der Bedeutung dieser beiden Laden. Man erwiderte ihnen, die eine ist die eines Toten und die andere ist die der Göttlichkeit. Ist es denn schicklich, dass ein Toter neben der Göttlichkeit ziehe? Man erwiderte ihnen: Der eine hat alles gehalten, was in der anderen geschrieben steht.« bSota 13ab

Wo Josef in Ägypten begraben war bis zum Auszug, darüber gab es unter den Rabbinen offensichtlich unterschiedliche Auffassungen. Die einen suchten ihn am Grund des Nil, andere vermuteten ihn in einem der heute noch zu bestaunenden Königsgräber. Mit solch unterschiedlichen Auffassungen konnten sie leben. Viel interessanter waren die beiden »Kästen« (*'aronot*), die die Hebräer da mit sich durch die Wüste schleppten. Was hatte wohl der eine mit dem anderen zu tun? Josef widerfuhr die außergewöhnliche Ehre, mit der Bundeslade ins gelobte Land getragen zu werden, weil er bereits die Weisungen auf den Tafeln vom Sinai, die doch erst nach seiner Zeit Israel gegeben wurden, gehalten hatte. Der Verstorbene hatte sie also bereits gelebt und verwirklicht, die Tora vom Sinai, bevor sie seinen Nachkommen offenbart worden war. Was den Israeliten erst gesagt und aufgeschrieben werden musste auf den Tafeln von Stein, das trug Josef schon im Herzen. Nachdem der biblische Erzähler in ihm das

Musterbeispiel eines weisen Jünglings sah, wird er für die Rabbinen zum Vorbild für alle gesetzestreuen Juden.

3.3. *›und sie begruben sie zu Sichem‹*

Erst mit der Landnahme unter Josua werden die Gebeine Josefs in die Erde des verheißenen Landes gebettet. Sie begruben sie in Sichem, auf dem Acker, den Jakob dort einst erworben hatte (Jos 24,32 vgl. 1. Mose 33,18f.). Damit war nun auch Josef heimgekehrt aus der Fremde. Der Ort, an dem einst seine Irrfahrt begann (1. Mose 37,14f.), wurde zum Ort der letzten Ruhe. Das Land, das er als Lebender nach der Bestattung seines Vaters nicht mehr betreten hatte, nimmt nun den Toten auf. Es ist nicht ausgeschlossen, dass der Redaktor, dem wir diese Notiz verdanken, Kenntnisse über eine durchaus alte Tradition hatte, die das Josefsgrab bei Sichem suchte, wo man es heute noch unweit des *Tell Balata*, dem biblischen Sichem, zeigt. Der biblische Erzählzusammenhang, der mit dieser Begräbnisnotiz hergestellt wurde, markiert den langen und dornenreichen Weg, den Josef und die Jakobssippe geführt wurden, bis sie endlich wieder im Land der Väter versammelt waren. Er hält fest, dass das, was Jakob, Josef und seine Brüder offensichtlich noch als gute Möglichkeit betrachteten, ein Leben in Ägypten, letztlich doch keine dauerhafte und wohl auch keine wünschenswerte Möglichkeit mehr sei. Das weithin freundliche Bild von Ägypten und seinem Pharao, das in der Josefsgeschichte vorherrscht, wird im 2. Buch Mose einer radikalen Revision unterzogen. Die Möglichkeit eines Lebens und Überlebens in Ägypten wurde zur Unmöglichkeit. Ein neuer König in Ägypten, »der von Josef nichts mehr wusste« (2. Mose 1,8), war nicht mehr

Förderer der Hebräer, sondern ihr Verfolger. Der Segen, den einer ihrer Stammväter einst nach Ägypten gebracht hatte, wandelte sich für sie in einen Fluch. Auf dem Hintergrund dieses düsteren Bildes vom Land der Pharaonen, war es Späteren unvorstellbar, dass Israel die Gebeine eines ihrer großen Söhne in der Fremde zurückgelassen haben könnte. So konnte auch die Erzählung von Josef und seinen Brüdern nicht eher zur Ruhe kommen, bis dieser selbst auf dem Jakobsacker in Sichem zur Ruhe gebracht worden war.

4. Das Werden der Josefserzählung – Eine Skizze

Im Zuge der Interpretation, die versucht hat, die Josefsgeschichte abgesehen von 1. Mose 38;48 und 49 als weitgehend einheitliche Komposition zu verstehen, sind wir häufiger auf Texte gestoßen, die sich durch ihre eigene Sprachgestalt und durch inhaltliche Aspekte von ihren Kontexten abheben lassen. Sie wurden in Übereinstimmung mit der übergroßen Mehrheit der Ausleger als Bestandteile der Priesterschrift (P), bzw. einer Redaktion, die im Sinne dieser Priesterschrift arbeitete,[240] gedeutet. Daran wurde bereits deutlich, dass die vorliegende Josefserzählung trotz ihrer beeindruckenden kompositorischen Geschlossenheit doch eine gewachsene Größe ist. Wie aber hat man sich ihre

240 Innerhalb der Forschung besteht auch darin weithin Einigkeit, dass P in sich selbst eine gewachsene Größe ist. In der Regel wird zwischen einer priesterschriftlichen Grundschrift (P^G) und sekundären Zusätzen zu dieser (P^S) unterschieden. Vgl. E. Zenger u. a., Einleitung in das Alte Testament, Stuttgart u. a. [7]2008, 156 ff.

Wachstumsgeschichte vorzustellen? Wem verdanken wir diese so klug durchkomponierte Erzählung? Gab es Vorstufen, die sich noch rekonstruieren lassen? Welche neuen Akzente wurden durch die späteren Einfügungen gesetzt? Wer nach Antworten auf diese Fragen sucht, wird innerhalb der wissenschaftlichen Literatur zur Josefsgeschichte auf eine Fülle von Hypothesen und Theoriebildungen stoßen. Die folgenden Ausführungen können diese weder umfassend darstellen, noch die jeweiligen *particula veri*, die sie enthalten, würdigen.[241] Sie sollen nach einer kurzen Auflistung der drei wichtigsten Positionen lediglich andeuten, wie sich mir selbst nach dieser erneuten Lektüre der Josefsgeschichte ihr Werdegang darstellt. Dabei muss es bei einer knappen Skizze bleiben.

4.1. Positionen der Forschung

Da gibt es zunächst eine Reihe von Auslegern, die nach wie vor mit den drei klassischen Quellen der *Urkundenhypothese* arbeiten. Die Väter der Urkundenhypothese kamen im 18. und 19. Jh. anhand präziser Textbeobachtungen zu der Auffassung, dass sich der Pentateuch (1.–5. Mose) aus drei bzw. vier Quellen zusammensetzt, die ursprünglich selbständig voneinander existierten, in unterschiedlichen Zeiten entstanden und in mehreren Schüben von Redaktoren zu dem großen Literaturwerk vereinigt wurden, das von

241 Siehe dazu den informativen forschungs- und problemgeschichtlichen Überblick von K. Schmid, Die Josephsgeschichte im Pentateuch, in: J. Chr. Gertz/K. Schmid/M. Witte (Hg.), Abschied vom Jahwisten. Die Komposition des Hexateuch in der jüngeren Diskussion, BZAW 315, Berlin/New York 2002, 83–118, und ders., Literaturgeschichte des Alten Testaments. Eine Einführung, Darmstadt 2008, 122–124.

der Schöpfung in 1. Mose 1 bis zum Tod des Mose in 5. Mose 34 reicht. Ihre Quellen nannten sie Jahwist (J: 10./9. Jh.), Elohist (E: 8. Jh.),[242] Deuteronomist (D: 7./6. Jh.)[243] und Priesterschrift (P: 6./5. Jh.). Mit J, E und P sei auch in 1. Mose 37–50 zu rechnen.[244] Neben den knappen priesterschriftlichen Anteilen am Text, über die es in der Forschung weitestgehende Einigkeit gibt, wird die übergroße Mehrheit des Stoffes auf die beiden Quellen J und E aufgeteilt. Zu dieser Aufteilung fühlt man sich vor allem durch die vielfältigen Doppelungen und vermeintlichen Differenzen in der Josefsgeschichte berechtigt (JHWH/Elohim, Ismaeliter/Midianiter, Jakob/Israel, Ruben/Juda u. a.). Mit Hilfe von scharfsinnigen Textanalysen glaubt man, auf diese Weise zwei ursprünglich unabhängig voneinander existierende Josefserzählungen herauspräparieren zu können, die in den Quellen J und E überliefert wurden. Dabei habe die eine ursprünglich nur von den Ismaelitern, die andere von den Midianitern gewusst, die eine nur Ruben, die andere vor allem Juda auftreten lassen, die eine den Vater der Brüder Jakob, die andere Israel genannt usw. Diese beiden Quellen seien später durch den Jehowisten (JE)[245] zu einem Textkomplex zusammengestellt worden. Im Ergebnis sei damit die Josefs-

242 Diese beiden älteren Quellen wurden nach den von ihnen bevorzugten Gottesbezeichnungen benannt. Während der Jahwist in der Regel den Eigennamen des Gottes Israels, JHWH, verwende, finde sich beim Elohisten die allgemeine Gottesbezeichnung Elohim.

243 So benannt nach dem 5. Buch Mose, dem Deuteronomium, das eine eigene literarische Größe darstellt.

244 Siehe zu dieser Urkundenhypothese E. Zenger u. a., Einleitung, 92 ff.

245 Dieser Kunstname wurde aus der Bezeichnung der beiden in ihm enthaltenen Quellen J und E gebildet, Jahwist + Elohist = Jehowist.

geschichte in ihrer Grundgestalt entstanden, in der sie auch heute noch vorliegt. In einer letzten Phase seien zu ihr lediglich noch die priesterschriftlichen Textanteile hinzugekommen, die allerdings den Aufbau und die Struktur der Erzählung nicht mehr wesentlich verändert hätten. Dabei sind sich die Vertreter der Urkundenhypothese nicht einig, ob P ebenfalls einmal eine eigene Josefsgeschichte unabhängig von J und E enthielt, oder ob er die des Jehowisten (JE) nur redaktionell bearbeitet habe. Die Verfechter dieser hier angedeuteten Position,[246] kommen allerdings im Detail zu oft erheblich voneinander abweichenden Ergebnissen.

Das Problem dieser Position beginnt bereits damit, dass eines ihrer wichtigsten Kriterien für die Unterscheidung der Quellen J und E, die Verwendung der unterschiedlichen Gottesbezeichnungen JHWH und Elohim, in der Josefsgeschichte (und nicht nur in ihr!) versagt.[247] Dort war ja lediglich in 1. Mose 39 von JHWH die Rede. Sonst wurde immer Elohim verwendet.[248] Trotzdem suchte man die Quelle J auch in den anderen Kapiteln. Weiterhin blieb immer wieder fraglich, ob die Doppelungen in der Erzählung wirklich nur durch ihre Zuweisung an unterschiedliche Quellen plausibel erklärt werden können. So ist es z. B. bis heute auch den Vertretern der Quellenscheidung kaum

---

246 Hier wären u. a. die Arbeiten von L. Schmidt (Literarische Studien), L. Ruppert (Die Josepherzählung der Genesis. Ein Beitrag zur Theologie der Pentateuchquellen, StANT XI, München 1965), J. Scharbert (Ich bin Josef), aber auch die Kommentare von H. Gunkel (Genesis), O. Procksch (Genesis), G. v. Rad (Das erste Buch Mose) und H. Seebass (Genesis III) zu nennen.

247 Inzwischen setzt sich zunehmend die Einsicht durch, dass dieses Kriterium auch in anderen Texten des Pentateuch nur sehr bedingt zur Anwendung gebracht werden kann.

248 Siehe S. 104 f.

gelungen, die wechselnde Benennung des Stammvaters mit Jakob und Israel ohne Eingriffe in den Textbestand sinnvoll zu erklären. Eine ganze Reihe der Doppelungen, das hat die Auslegung deutlich werden lassen, könnte dagegen durchaus auch als bewusst intendiertes, ja in 41,25.32 sogar vom Erzähler in seinem tieferen Sinn selbst offengelegtes Stilprinzip erwiesen werden. Die wertvollen Einzelbeobachtungen, die die Vertreter dieser Position an den Texten machten, behalten dabei durchaus ihren Wert, lassen sich aber auch in andere Erklärungsmodelle integrieren.

Die angedeuteten Probleme, die sich bei der Anwendung der klassischen Urkundenhypothese auf die Josefserzählung ergeben, haben dazu geführt, dass andere Forscher dieses Modell zugunsten eines stärker redaktionsgeschichtlich orientierten Entstehungsmodells aufgegeben haben. Danach habe es nur *eine* Grunderzählung gegeben, die durch spätere Redaktoren mehrfach erweitert und überarbeitet wurde. An die Stelle der klassischen Urkundenhypothese trat jetzt eine *Ergänzungshypothese,* die von Textblöcken und Textschichten aus der Feder unterschiedlicher Verfasser ausgeht, die sich überlagern. Vor allem die beiden Brüder Josefs, Ruben und Juda, die ja in unterschiedlicher Weise und mit unterschiedlichem Erfolg in unserer Erzählung agieren, wurden zu Kristallisationspunkten derartiger Textblöcke gemacht. Im Zuge dieser Überlegungen kam man zu dem Ergebnis, dass sich – abgesehen von den priesterschriftlichen Texten – in der Josefsgeschichte vor allem eine »Ruben-Schicht« und eine »Juda-Schicht« voneinander unterscheiden ließen.[249] Uneinig ist man sich allerdings darin, welcher

249 Als Vertreter dieser Position seien die Arbeiten von A. Jepsen (Überlieferungsgeschichte, 46–75), H.-Chr. Schmidt (Josephs-

dieser beiden Schichten Priorität zuerkannt werden muss. Erzählte die Grunderzählung ursprünglich nur von Juda und Josef und wurde sie durch die Ruben-Texte ergänzt oder umgekehrt? Auch die Ergänzungshypothese hat durchaus ihren Charme. Es drängt sich bei der Lektüre ja der Eindruck geradezu auf, dass die beiden Brüder Ruben und Juda in Konkurrenz zueinander stehen. Problematisch werden die redaktionsgeschichtlichen Analysen aber dann, wenn der Ruben- oder Juda-Schicht auch Texte zugewiesen werden, in denen von ihnen selbst mit keinem Wort die Rede ist.[250] Darüber hinaus hat sich in 1. Mose 37 zeigen lassen, dass das Nebeneinander der beiden Brüder auch als bewusste kompositorische Absicht eines Erzählers erklärt werden kann.

Diese und andere Rückfragen haben schließlich dazu geführt, für den Werdegang der Josefsgeschichte ein völlig anderes Modell zu suchen. In den letzten Jahren haben die Stimmen derjenigen zugenommen, die bemüht sind, die Erzählung – abgesehen von den Kapiteln 38;(48);49 und den wenigen Zusätzen von P – als Einheit zu verstehen, die sich nicht auf mehrere Quellen oder Redaktionsschichten aufteilen lässt.[251]

---

geschichte), W. Dietrich (Josephserzählung), N. Kebekus (Die Joseferzählung) und U. Schorn (Ruben und das System der zwölf Stämme Israels, BZAW 248, 1997) erwähnt.

250 Siehe dazu den Überblick bei H.-Chr. Schmidt, Josephsgeschichte, 197f.

251 Für diese Position seien die Arbeiten von G. W. Coats (From Canaan to Egypt. Structural and theological Context for the Joseph Story, CBQ.MS 4, Washington D. C. 1976), H. Donner (Die literarische Gestalt der alttestamentlichen Josephsgeschichte, in: Ders., Aufsätze zum Alten Testament aus vier Jahrzehnten, BZAW 224, Berlin/New York 1994, 76–120), C. Westermann (Genesis I/3), J. A. Soggin (Genesis), E. Blum (Vätergeschichte), H.-J. Boecker (Überlegungen zur Josephs-

Wenn für diejenigen Phänomene, die die Vertreter der bisher dargestellten Positionen als Spannungen, Widersprüche, Risse und Doppelungen im Text wahrgenommen haben, auch andere plausible Erklärungen gefunden werden können, dann sollte die Annahme der Uneinheitlichkeit der Erzählung unsere Lektüre nicht von vorneherein als Prämisse bestimmen. Die *Einheitlichkeitshypothese* kehrt vielmehr – von den erwähnten Zusätzen abgesehen – die Beweislast in der Argumentation um. Denn in ihrer vorliegenden Gestalt begegnet uns die Erzählung zunächst einmal als weitgehende Einheit. Und nur wenn in ihr eklatante und gravierende Widersprüche und Spannungen begegnen, die keinerlei andere Erklärung zulassen, ja die Intention des Erzählers empfindlich stören und sprengen, dann liegt es nahe, mit einer Mehrschichtigkeit der Erzählung zu rechnen. Die in diesem Buch vorgelegte Auslegung teilt im Wesentlichen diese dritte Position. Daher soll abschließend unsere eigene Sicht der Dinge kurz skizziert werden.

4.2. Die Aufstiegsgeschichte – ein alter Kern?

Die Beobachtung, dass in 1. Mose 39–41 die Familie Josefs keinerlei Rolle spielt, hat dazu geführt, dass man in diesen Kapiteln den ältesten Kern der Josefsgeschichte vermutete.[252] Noch ehe diese mit der Ge-

---

geschichte, in: J. Hausmann/H.-J. Zobel (Hg.), Alttestamentlicher Glaube und Biblische Theologie, FS H. D. Preuß, Stuttgart u. a. 1992, 35–45) und I. Willi-Plein (Historiographische Aspekte der Josefsgeschichte, Henoch I, 1979, 305–331) genannt.

252 So z. B. G. W. Coats, The Joseph Story and Ancient Wisdom: A Reappraisal, CBQ 35, 1973, 285–197.

schichte von Jakob und seinen Söhnen verknüpft wurde und so zum grandiosen Abschluss der Erzelterngeschichte avancierte, habe man sich mit Staunen und Bewunderung vom unaufhaltsamen Aufstieg eines Hebräers in Ägypten erzählt, der dort zu Rang und Würden gekommen sei. Solche Geschichten von einem, der sein Glück in der Fremde machte, eine Karriere »vom Tellerwäscher zum Millionär«, waren im eisenzeitlichen Kanaan weder ungewöhnlich, noch vollkommen aus der Luft gegriffen. Im Gegenteil, es gibt ausreichend Belege dafür, dass sowohl Einzelne als auch ganze Gruppen aus den unterschiedlichsten Gründen aus Syrien/Palästina nach Ägypten gerieten. Sowohl ägyptische als auch biblische Texte bestätigen die personalen Kontakte zwischen Israel und Ägypten von der vorstaatlichen Zeit bis zum Untergang Judas 587 v. Chr.[253] Dabei kam es mitunter auch zur Flucht von ausländischen Fürsten oder Prominenten, die in Ägypten Aufnahme und teilweise am Hofe des Pharao erhebliche Förderung erfahren haben.

Nicht uninteressant für die Josefsgeschichte ist der biblische Hinweis auf die Flucht Jerobeams nach Ägypten (1. Kön 11,40;12,2 f.). Dieser Jerobeam stammte aus dem Stamm Efraim, der seinen Namen von einem der beiden Söhne Josefs herleitete. Jerobeam hatte es in der Verwaltungshierarchie Salomos weit gebracht, sich aber mit diesem überworfen. Salomo habe ihm nach dem Leben getrachtet, so dass dieser vorübergehend nach Ägypten zu Pharao Schischak fliehen musste (1. Kön 11,40). Erst nach dem Tode Salomos sei Jerobeam nach Israel zurückgekehrt, wo er der erste König

---

253 Das Material wurde übersichtlich zusammengestellt und sorgfältig ausgewertet von B. U. Schipper, Israel und Ägypten, 113 ff. 186 ff. 277 ff.

des Nordreiches wurde (1. Kön 12,2f.). Wie immer es auch um die Historizität dieses Berichtes bestellt sein mag,[254] interessant bleibt bereits die Tatsache, dass sich die Bewohner des Nordreiches Israel so etwas von ihrem ersten König zu erzählen wussten. Die Auseinandersetzung mit dem aus Juda stammenden Salomo zwang demnach den Efraimiten Jerobeam dazu, sein Heil in Ägypten zu suchen, wo er offensichtlich wie andere prominente Flüchtlinge im Umkreis des Pharao Aufnahme fand, möglicherweise »mit dem Ziel (des Pharao), sich einen Vasallen im Ausland zu schaffen«[255]. Was uns hier auf der politischen Ebene begegnet, spiegelt sich teilweise auf der literarischen Ebene in der Josefsgeschichte wider. In beiden Texten geht es um eine Auseinandersetzung zwischen Josef (= Efraim + Manasse) und Juda, bzw. deren Nachkommen im Nord- und Südreich des Volkes Israel. Damit soll keineswegs behauptet sein, dass die Josefsgeschichte die Vorgänge um Jerobeam I. (927–907 v. Chr.) literarisch verarbeitet habe, oder dass es gar irgendeine literarische Beziehung zwischen den einschlägigen Texten gebe. Für die Legitimation eines selbständigen, von Juda und dem Hause Davids abgelösten nordisraelitischen Königtums unter Jerobeam I. dürfte eine derartige Erzähltradition vom Aufstieg Josefs in Ägypten allerdings nicht uninteressant gewesen sein. Immerhin war dieser Josef ja der Stammvater der beiden wichtigsten und einflussreichsten Stämme des Nordreiches, Efraim und Manasse. Und von ihm existierte eine Grabtradition bei Sichem, das im Einflussbereich dieser beiden Stämme

---

254 Siehe dazu B. U. Schipper, Israel und Ägypten, 186ff. und H. Donner, Geschichte des Volkes Israel und seiner Nachbarn in Grundzügen 2, ATD Erg. Bd. 4/2, Göttingen 1986, 241ff.

255 So B. U. Schipper, Israel und Ägypten, 190.

lag (Jos 24,32).[256] Dieser stammesgeschichtliche Hintergrund schimmert durch die gesamte Josefsgeschichte hindurch. Zwar erzählt sie durchweg von Individuen. Jedoch zeigen bereits die eingefügten Kapitel 38;48 und 49, dass die ersten Leser diese Erzählung durchaus nicht nur als *Individualgeschichte*, sondern auch als *Stammesgeschichte* verstanden und interpretierten.[257] Wenn also der Stammvater der nordisraelitischen Kernstämme, Josef, bereits in Ägypten mit Erfolg agieren, ja neben dem Pharao regieren konnte, dann konnte auch der Ägyptenaufenthalt Jerobeams I. dem Erfolg eines unabhängigen israelitischen Königtums im Norden nicht abträglich sein.

Es ist daher nicht ausgeschlossen, sondern gut denkbar, dass in der Zeit der Reichsteilung (926 v. Chr.) und in der Gründungsphase des Nordreiches eine *mündliche* Erzähltradition vom Stammvater der beiden nordisraelitischen Stämme Efraim und Manasse, Josef, und seiner ägyptischen Karriere auf ein besonders reges Interesse stieß.[258] Welchen Umfang die Erzähltradition in dieser Zeit hatte, ob sie lediglich den in den Kapiteln 39–41 vorliegenden Erzählstoff enthielt, oder es bereits eine umfangreichere Josefstradition gab, alles das bleibt eine offene Frage. In dieser Zeit jedenfalls

256 Auch wenn es sich nach unserer Analyse dabei um eine sehr späte redaktionelle Notiz handelt, so ist doch nicht ausgeschlossen, dass der Redaktor hier auf eine durchaus alte und zuverlässige Grabtradition zurückgreifen konnte.

257 Siehe dazu O. Kaiser, Stammesgeschichtliche Hintergründe der Josephsgeschichte. Erwägungen zur Vor- und Frühgeschichte Israels, VT 10, 1960, 1–15.

258 Auf diesen möglichen Zusammenhang verweisen auch die Arbeiten von I. Willi-Plein (Josefsgeschichte, 323f.), J. Ebach (Josephsgeschichte, LÄ III, 1980, 270–273), M. Görg (Beziehungen, 123).

ist das Motiv der Ehe Josefs mit einer vornehmen Ägypterin noch gut denkbar. Auch von Salomo erzählte man ja, dass er mit einer Tochter des Pharao verheiratet gewesen sei (1. Kön 3,1;9,24;11,1). Obwohl die Historizität auch dieser Angaben bezweifelt werden kann,[259] sah man wohl in der frühen und mittleren Königszeit in solchen Ehen zwischen Israeliten und Ägypterinnen noch kein wirklich gravierendes Problem. Erst mit der Reformbewegung in Juda, die in den Kultmaßnahmen des Königs Josia ihren Höhepunkt fand (622 v. Chr.), wurden Mischehen kritisch hinterfragt. Vor diesem Hintergrund sind die Äußerungen über Salomos ausländische Frauen zu lesen (1. Kön 11,1 ff.).[260] Sie verkörperten die Gefahr der Verführung zu fremden Gottheiten. In nachexilischer Zeit hat die Auseinandersetzung über die Mischehenfrage schließlich noch an Schärfe zugenommen (Mal 2,10–16; Esra 9; Neh 13,23 ff.). Jetzt wäre es einem Erzähler wohl kaum noch möglich gewesen, einen der wichtigsten Stammväter Israels mit der Tochter eines Priesters aus Heliopolis verheiratet sein zu lassen.

Aus all den angeführten Gründen ist es gut denkbar, dass das, was in 1. Mose 39–41 erzählt wird, als Erzähltradition der nordisraelitischen Stämme Efraim und Manasse über ihren Stammvater Josef im Umlauf war. Ob es bereits die literarische Gestalt hatte, in der es jetzt begegnet, oder gar schon in einer früheren schriftlichen Fassung vorlag, wird man bezweifeln

---

259 Siehe dazu die ausführlichen Analysen von B. U. SCHIPPER, Israel und Ägypten, 84–107.

260 Vgl. dazu auch das Königsgesetz 5. Mose 17,17, das gleichsam die Maximen für die Lebenshaltung des künftigen Königs vorgibt. Von ihm her sind die kritischen Bewertungen der Ehen Salomos mit ausländischen Frauen zu deuten.

dürfen. Die kompositorische Gestalt dieser Kapitel ist so eng mit ihrem Kontext (Kapitel 37 und 42,1–47,26) abgestimmt, dass in den beiden großen Hauptteilen der Erzählung *eine* ordnende und bewusst gestaltende Hand sichtbar wird. Unsere Vermutung geht demnach dahin, dass es in der Zeit des Nordreiches Israel (9./8. Jh. v. Chr.) bereits eine *mündliche* Erzähltradition von Josef in Ägypten gab, die im Wesentlichen den Stoff von 1. Mose 39–41 – in welcher Gestalt auch immer – enthielt. Das war allerdings noch nicht die Josefserzählung, wie wir sie heute kennen.

4.3. Wo blieben Josef und Juda?

Die Josefserzählung endet mit der dauerhaften Übersiedlung Jakobs und seiner Söhne nach Ägypten (1. Mose 45,26-28;46,5b.28–34;47,1–6) und der endgültigen Versöhnung der verfeindeten Brüder (50,15–21). Lediglich zur Bestattung ihres Vaters ziehen sie noch einmal nach Kanaan (47,29–31;50,1–13), um anschließend sofort wieder nach Ägypten zurückzukehren (50,14), wo sie ihre kleinen Kinder und ihre Viehherden zurückgelassen hatten (50,8). Damit setzt der Erzähler eine Situation voraus, in der alle Jakobssöhne nicht mehr in dem Lande wohnten, das Abraham, Isaak und Jakob einst verheißen worden war. Zunächst habe es Josef aufgrund des Konfliktes mit seinen Brüdern nach Ägypten verschlagen (1. Mose 37), später seien ihm Jakob und seine übrigen Söhne dorthin gefolgt (1. Mose 42,1–47,6).

Wenn bereits frühe Leser, die die Stammessprüche in die Josefsgeschichte integriert haben (1. Mose 49,1b–28a), diese nicht nur als Geschichte von Individuen verstanden, sondern als eine Geschichte, in der sich das Geschick aller zwölf Stämme Israels spiegelte, in der also die Individuen für Gemeinschaften stehen, dann stellt sich die Frage, ob der Erzähler selbst das nicht genauso gesehen haben könnte. Sah auch er in den Figuren seiner Erzählung die Verkörperung von Gruppen? Geht man probeweise einmal von einem solchen kollektiven Verständnis der Erzählung aus, dann liegt es nahe, dass in der Erzählung das Exilsgeschick sowohl von ehemaligen Bewohnern des Nordreiches Israel als auch des Südreiches Juda vorausgesetzt wird. In diesem Falle stünde der Name Josefs für das Nordreich Israel[261], der Judas für das Südreich Juda wie z. B. in Jos 18,5. Immerhin fällt es ja auf, dass außer dem Erzvater Jakob Josef und Juda die beiden wichtigsten handelnden Figuren der Erzählung sind.

Sicherlich sollte man nicht jedes Detail der Josefserzählung von der Geschichte dieser beiden Reiche her interpretieren. Der Erzähler wollte ja ganz bestimmt keine Geschichtsdarstellung bieten, sondern eine Geschichte erzählen. Man wird allerdings fragen dürfen, ob nicht durch einige Erzählzüge durchaus noch Anspielungen auf die Geschichte der beiden Reiche hindurchschimmern. So gab es ja in der Tat zwischen dem Haus Josef (=Israel) und Juda ernsthafte Konflikte. Man denke nur an die militärischen Konflikte, die zwischen Amazja von Juda (801–773 v. Chr.) und Joas von Israel (802–787 v. Chr.) ausgefochten wurden (2. Kön 14,8–14), oder an den sogenannten syrisch-ephraimitischen Krieg (734–732 v. Chr.).[262] In diesem wollten Rezin von Damaskus und Pekach von Israel den König von Juda mit Gewalt in ein antiassyrisches Bündnis zwingen (vgl. 2. Kön 16,5–9; Jes 7,1–17;8,1–15; Hos 5,8–6,6). Ahas

261 So u. a. auch in Jos 17,17;18,5; Ri 1,22 f.35; 2. Sam 19,21; 1. Kön 11,28; Am 5,6; Sach 10,6.

262 Siehe dazu H. Donner, Geschichte des Volkes Israel 2, 303 ff.

von Juda weigerte sich mit gutem Grund, diesem Zwang nachzugeben.[263] Er rief gegen Rezins und Pekachs Soldaten den Assyrerkönig Tiglatpileser III. zu Hilfe. Das Ergebnis war die Eroberung von Damaskus durch die Assyrer und eine drastische Schwächung und Beschneidung des Nordreiches Israel, von dem nur noch ein Rumpfstaat übrigblieb. Von dieser selbst verschuldeten aber doch auch durch Juda in die Wege geleiteten Schwächung hat sich Israel, das Haus Josefs, nie wieder erholt und taumelte schon zehn Jahre später seinem Ende entgegen (722 v. Chr.), das für viele Bewohner aus Flucht und Vertreibung bestand (2. Kön 17). »Josef« war demnach als Repräsentant und Stammvater der wichtigsten Stämme des Nordreiches der erste, der den bitteren Weg ins Exil antreten musste. Sprach der Erzähler, dessen ganze Sympathie ja Josef gilt, für die Nachkommen des ehemaligen Nordreiches, die sich damals in der Endphase des Nordreiches von Juda an die Assyrer verraten und verkauft vorkamen? Viele der ehemaligen Bewohner des Nordreiches Israel entzogen sich dem Exilsgeschick unter den Assyrern durch eine Flucht nach Juda.[264] In diesem Zusammenhang ist es gut denkbar, dass einzelne, die in Juda keine Aufnahme fanden, auch weiterzogen, um in Ägypten ihr Glück zu suchen.[265] Mit der Westexpansion der Assyrer und dem Druck, den sie auf Palästina ausübten, verstärkt sich

263 Immerhin hatte es 734 v. Chr. der Assyrer Tiglatpileser III. auf die in unmittelbarer Nachbarschaft von Juda liegende Philisterstadt Gaza abgesehen. Dabei muss dessen militärische Überlegenheit so gewaltig gewesen sein, dass es Chanunu, der Stadtkönig von Gaza, vorzog, sich dem Kampf durch Flucht nach Ägypten zu entziehen. Diese Vorgänge werden ihren Eindruck auf Ahas von Juda nicht verfehlt haben.

264 Siehe dazu H. Weippert, Palästina in vorhellenistischer Zeit, München 1988, 589.

jedenfalls die Fluchtbewegung nach Ägypten ganz erheblich.[266]

Doch es blieb nicht allein beim Exilsgeschick des Hauses Josef. Über ein Jahrhundert später mussten nach dem Fall Jerusalems (587 v. Chr.) auch viele Bewohner aus dem Hause Juda den Weg ins babylonische Exil antreten. Im Zusammenhang mit den Wirren, die die Ermordung des von den Babyloniern eingesetzten Statthalters Gedalja auslöste, erfahren wir, dass viele Judäer damals auch nach Ägypten flohen (2. Kön 25,22–26; Jer 41–44). Von ihnen wurde auch dem Propheten Jeremia gegen seinen Willen der Weg ins ägyptische Exil aufgezwungen. Spätestens seit dem 6. Jh. v. Chr. gab es also nicht nur eine babylonische, sondern auch eine nennenswerte ägyptische Diaspora.[267] Von besonderem Interesse ist, dass in diesem Zusammenhang immer wieder davon die Rede ist, dass nicht nur die Angst vor Vergeltungsmaßnahmen der Babylonier die Menschen nach Ägypten trieb, sondern auch der Hunger eine verheerende Rolle gespielt haben muss (Jer 42,12–14.16;44,18). Dass es mit der Eroberung Judas zur Verwüstung von Feldern, Lebensmittelknappheit und Hunger kam, belegen auch die Klagelieder Jeremias (Klgl 2,11 f.19f.;4,4 f.8–10). Da liegt es nahe, dass man versuchte, diesem Elend durch einen Exodus *nach Ägypten* zu entgehen.

Auf diesem Hintergrund scheint es plausibel zu sein, den Verfasser der Josefsgeschichte in den Kreisen zu suchen, die der ägyptischen Diaspora nahestanden. Möglicherweise kam er selbst aus ihr. Das würde die

265 Zu den engen Beziehungen zwischen dem Nordreich Israel und Ägypten siehe M. Görg, Beziehungen, 93.

266 So B. U. Schipper, Israel und Ägypten, 198.283 f.

267 Vgl. M. Görg, Beziehungen, 104–112.

vom Erzähler vorausgesetzte Existenz der Söhne Jakobs in der Fremde gut erklären, ebenso das Wissen, dass Josef (Nordreich Israel) diesen Weg lange vor Juda (Südreich) gehen musste, dass das Geschick Josefs nicht zuletzt auch ein Ergebnis des Streites zwischen den feindlichen Brüdern war, dass Juda nach dem Untergang des Nordreiches sich in besonderer Weise für Benjamin verantwortlich wusste, dessen umstrittenes Stammesgebiet nördlich von Jerusalem dem Südreich zugeschlagen werden konnte. Nicht zuletzt aber würde das auch das überaus aufgeschlossene Ägyptenbild des Erzählers erklären, das eben nach dem Fall Jerusalems in der Tat zu einem verlockenden Auswanderungsland wurde, in dem man sich auf Dauer niederließ.

Die bisher skizzierten Sachverhalte, die noch durch eine Fülle von weiteren Einzelbeobachtungen ergänzt werden könnten, erlauben die Aufstellung einer Arbeitshypothese: Die Josefsgeschichte, wie wir sie heute in ihren wesentlichen Zügen kennen, ist ein Kind der Exilszeit. Man kann sie daher durchaus als »Diasporanovelle«[268] bezeichnen. In ihr nahm ein der ägyptischen Diaspora nahestehender Erzähler den unter den ehemaligen Nordreichsbewohnern lebendigen Erzählstoff von Josef auf, der bisher vor allem aus einer Aufstiegsgeschichte des Stammvaters Josef in Ägypten bestand (1. Mose 39–41). Diesen Stoff gestaltete er zu einer gesamtisraelitischen Erzählung um.[269] Der Ägyptenaufenthalt Josefs wird jetzt durch eine Exposition mit dem Streit der Brüder begründet (1. Mose 37). Da-

---

268 So A. Meinhold, Diasporanovelle I u. II.

269 Daher entspricht es durchaus der Sache, wenn H. Seebass (Genesis III) für 1. Mose 37–50 die Bezeichnung »Israel-Joseph-Geschichte« vorschlägt.

bei sind von allem Anfang an die zwölf Söhne Jakobs/Israels im Blick (37,9). In einem zweiten Hauptteil (1. Mose 42,1–47,26) wird schließlich von der nach zahlreichen Verwicklungen erfolgten Zusammenführung der Brüder[270] und des alten Vaters in der Fremde erzählt, in der nun auch diese sich dauerhaft niederlassen. Der Schlussteil (47,29–31;50,1–21) berichtet vom Tod des Vaters und der endgültigen Versöhnung der verfeindeten Brüder in Ägypten. Damit entstand die Konzeption der viel bewunderten Josefsnovelle. Sie stellt wahrscheinlich eine Rückschau der Nachkommen Jakobs/Israels auf ihre Geschichte aus der Perspektive der ägyptischen Diaspora dar.[271] Gleichzeitig wirbt sie dafür, in dem Leben in der Fremde kein Verhängnis und auch nicht nur das Ergebnis eigener Schuld zu sehen. Vielmehr ermutigt sie dazu, in der Schuldgeschichte auch die Spuren der Führung Gottes wahrzunehmen.[272] Er hat die Söhne Jakobs in dieses Land, in die Fremde geführt, »um ein großes Volk am Leben zu erhalten« (50,20). Kanaan galt lediglich noch als Land, in dem die Gräber der Väter lagen und in dem man möglicherweise auch selbst einmal begraben

270 Damit formuliert die Josefsgeschichte eine Position, die auch als Hoffnung in Ez 37,15–19 begegnet. Während sich aber die Josefsgeschichte mit einer Versöhnung der zerstrittenen Brüder in der Diaspora zufriedengibt, hofft Ezechiel auf die künftige Zusammenfügung von Juda und Josef (=Efraim), dem Süd- und dem Nordreich, im Land der Väter.

271 So im Wesentlichen auch R. G. Kratz, Die Komposition, 285.

272 Dass die ägyptische Diaspora sich dort auf Dauer eingerichtet hatte, wird aus den Papyri deutlich, die auf der Nilinsel Elephantine gefunden wurden. Dort gab es wohl schon vom Ausgang des 7. Jh. v. bis in das 4. Jh. v. Chr. eine Militärkolonie mit einer jüdischen Diasporagemeinde, die über einen eigenen JHWH-Tempel verfügte. Siehe M. Görg, Elephantine, NBL I, 512 f.

sein wollte. Darin lag allenfalls eine Option auf Rückkehr, deren Realisierung aber in absehbarer Zeit nicht zur Debatte stand.

4.4. Erste Leser

Zu den ersten Lesern dieser umfangreichen Josefsgeschichte gehörten diejenigen, die weitere Sondertraditionen in sie einarbeiteten. Da ist zunächst die Erzählung von Juda und Tamar (1. Mose 38) zu benennen.[273] Dass es sich dabei um einen ursprünglich selbständigen Erzählstoff handelt, ist unumstritten. Er war aber dazu geeignet, den Eindruck, den der Leser von Juda aus der bisherigen Josefserzählung gewinnen konnte, zu unterstreichen. Auch in 1. Mose 38 wird ein ambivalentes Juda-Bild gezeichnet. Da geht es vor allem um die Frage der Nachkommen Judas. Zunächst wird berichtet, er sei mit einer Kanaanäerin verheiratet gewesen, von der er drei Söhne hatte. Der Erzähler scheint an dieser Mischehe zunächst keinerlei Anstoß genommen zu haben. Seinen ältesten Sohn Er verheiratete Juda mit Tamar. Er aber stirbt, noch bevor Tamar Kinder von ihm empfangen hatte. Dem Brauch der Leviratsehe[274] enstprechend wurde Tamar an den zweiten Sohn Onan gegeben, damit dieser stellvertretend für seinen verstorbenen Bruder Kinder mit ihr zeuge. Da Onan sich diesem Rechtsinstitut verweigerte, ließ JHWH auch ihn sterben. Daraufhin schickt Juda seine Schwiegertochter Tamar in ihr Elternhaus zurück. Er verspricht ihr, sie seinem jüngsten Sohn Schela zu geben, wenn dieser herangewachsen sei. Doch hält Juda

273 Siehe dazu S. 73 und die Arbeiten in Anm. 52.

274 Siehe dazu M. Staszak, Leviratsehe, NBL II, 626 f.

sein Versprechen nicht, aus Furcht, auch Schela könnte sterben. Diesen Wortbruch Judas beantwortet Tamar mit einer derben List. Als Hure verkleidet verführt sie Juda selbst und zeugt mit ihm Zwillinge. Als sie sich diesem schließlich zu erkennen gibt, bekennt Juda seinen Wortbruch und erkennt die Rechtmäßigkeit des Handelns Tamars an. Tamar gebar Zwillinge, die nun als rechtmäßige Söhne Ers, des ältesten Sohnes Judas, galten. Damit – und das macht den Hintersinn der Geschichte aus – gab sie aber auch dem Juda zwei Söhne zurück, die er verloren hatte. Wie in der Josefsgeschichte schmälert Juda auch hier das Recht eines Mitgliedes seiner Familie, dort das des Bruders, hier das der Schwiegertochter. Wie in der Josefsgeschichte wird er am Ende gezwungen, sein Unrecht zu bekennen und das Recht der Geschädigten anzuerkennen. Wie in der Josefsgeschichte arbeitet der Erzähler mit dem Motiv der Verhüllung (Tamars), einem Kleiderwechsel, bzw. dem Nichterkennen, dem ein beschämtes Erwachen folgt. Und wie in der Josefsgeschichte wird der Bruch zwischen Juda und Tamar geheilt. Späteren Redaktoren erschien eine Einfügung dieser Sondertradition hinter 1. Mose 37 als ein geeigneter Ort. Da der Stoff in Kanaan angesiedelt war, musste er seinen Platz noch vor der Übersiedlung Judas nach Ägypten bekommen. Gleichzeitig war er dazu geeignet, Juda in seiner Doppelrolle als Mann des Unrechts und des Rechts zu thematisieren. Jetzt mussten künftige Leser den Eindruck gewinnen, dass derjenige, der sich in 1. Mose 38 vom Unrecht zum Recht durchgerungen hatte, dies auch im weiteren Verlauf gegenüber Josef tun würde. Dass es dabei zu deutlichen redaktionellen Verknüpfungen mit der nun als Kontext dienenden Josefsgeschichte kam, ist unübersehbar.

So, wie mit 1. Mose 38 eine Sondertradition über Juda und seine Nachkommen aufgegriffen wurde, so wurde mit 41,50–52;48;50,23 auch eine Sondertradition über die Nachkommen Josefs in die Erzählung eingefügt. Den Redaktoren, die dieses Textmaterial einfügten, ging es vor allem um die Rechtmäßigkeit der aus der Ehe mit der Ägypterin Asenat hervorgegangenen Söhne Josefs. Das, was für die Erzähler der ältesten Josefstradition noch kein Problem war, das wurde mit der anhaltenden Dauer des Exils und in der frühnachexilischen Zeit zu einer brennenden Frage. Das Leben in der Fremde aber auch unter den in Juda Verbliebenen hatte ohne Zweifel zu zahlreichen Mischehen geführt.[275] Daher stellte sich zunehmend die Frage, wer denn eigentlich noch zu den legitimen Nachkommen Jakobs/Israels gehört und wer nicht. Bereits die Namen, die Josef seinen Söhnen gibt, deuten an, dass die Redaktoren zwischen ihm, seinem Vaterhaus und seinem Herkunftsland eine gewisse Entfremdung konstatieren. Der Name Manasse (*m^e^naššäh*), abgeleitet von dem Verb *našah* (Pi = »vergessen lassen«), wird volksetymologisch damit erklärt, Gott habe Josef seine Mühsal und sein Vaterhaus vergessen lassen (41,51). Und der Name Efraim (*'äprajim*) wird mit der Verbwurzel *parah* (»fruchtbar sein«) in Verbindung gebracht: Gott habe ihn fruchtbar werden lassen im Land seines Elends, also in Ägypten und nicht in Kanaan (41,52). Die Legitimation der Söhne Josefs, die Jakob selbst in Ägypten noch lange Zeit fremd blieben (48,8 f.),[276] er-

---

275 Siehe S. 141 f.

276 Die Ausleger haben immer wieder darauf hingewiesen, wie merkwürdig es sei, dass Jakob Josefs Söhne noch nicht kannte, obwohl er doch nach 47,27 schon siebzehn Jahre in Ägypten lebte. Bereits daran wird erkennbar, dass es sich in 1. Mose 48

folgt dann über den Segen, den der sterbende Patriarch diesen in 1. Mose 48 erteilt. Dabei verarbeitet der späte Erzähler dieses Kapitels Motive aus den Erzelternerzählungen. Wie in 1. Mose 27 der sterbende Isaak, so kann auch in 48,10 der sterbende Jakob kaum noch sehen. Wie dort der jüngere Sohn Jakob (wenn auch durch List) dem älteren Esau den Erstgeburtssegen unwiderruflich entreißt, so zieht Jakob auch hier den jüngeren Efraim dem älteren Manasse vor. Dahinter steht das Wissen um die Geschichte der Bruderstämme Efraim und Manasse, in der Efraim zunehmend dominierte, während Manasse in immer größere Bedeutungslosigkeit absank.[277] Dass der Status Efraims in exilisch-nachexilischer Zeit durchaus in Frage stand, wird in Ps 78,67 deutlich erkennbar.[278] Ja dieser Psalm formuliert geradezu eine Gegenposition zu 1. Mose 48, indem er in Anspielung auf den Untergang des Nordreiches Israel die Erwählung Josefs und Efraims bleibend verwirft.

Nachdem die Josefsgeschichte in dieser Weise um 1. Mose 38 und 48 erweitert worden war, wurde sie in einem mehrschichtigen Redaktionsprozess überarbeitet. Diese Überarbeitungen dienten jetzt ihrer Verknüpfung nicht nur mit den Jakobserzählungen, sondern auch mit denen von Abraham und Isaak einer-

---

um eine ursprünglich eigenständige Tradition handelt, die hier eingefügt wurde. Im jetzigen Zusammenhang wird dadurch aber der Eindruck der Fremdheit zwischen Jakob/Israel und den Nachkommen Josefs verstärkt.

277 Das wird bereits durch die Angabe der Stärke dieser Stämme in 4. Mose 1,33.35; 5. Mose 33,17 deutlich. Schließlich konnte Efraim zum Synonym für das gesamte Nordreich Israel werden. Zur Geschichte der Stämme siehe M. Görg, Efraim, NBL I, 473 f.; S. Beyerle, Manasse, NBL II, 702 f.

278 Vgl. dazu F.-L. Hossfeld/E. Zenger, Psalmen 51–100, HThKAT, Freiburg u. a. 2000, 427 f.

seits und den Exoduserzählungen andererseits. Das war vor allem das Werk von Redaktoren, die dem Denken der Priesterschrift (P) nahestanden[279] und dem Pentateuch seine abschließende Gestalt gaben. Sie bauten die Josefsgeschichte in das genealogische System ein, mit dessen Hilfe P den Erzählstoff des 1. Buches Mose ordnete. Mit den *Toledot Jakobs* in 37,2 ließen sie die fünfte und letzte Epoche der Vorgeschichte Israels beginnen. Damit stand die Josefsgeschichte jetzt in der Reihe der Geschlechterfolgen, die mit der Schöpfung in 1. Mose 2,4a begannen, über Noah (1. Mose 6,9 ff.), Terach (1. Mose 11,27 ff.) und Isaak (1. Mose 25,19 ff.) bis zu Jakob (1. Mose 37,2ff.) führten. Neben der *Geneaologie* hatten diese priesterschriftlichen Redaktoren ein lebhaftes Interesse an der *Chronologie,* was sie mit der Bestimmung der Lebensalter der Erzväter dokumentierten (1. Mose 37,2;41,46a;47,9.28;50,22.26). Darüber hinaus setzten sie aber auch deutliche inhaltliche Akzente.

Ein Thema, das sie vor allem bewegte, war die Frage nach dem den Vätern verheißenen Land. So unterstreichen die priesterschriftlichen Stücke in der Josefsgeschichte zunächst das Moment der dauerhaften Ansiedlung der Jakobssippe in Ägypten 46,6 f.;47,6.11.27. Sie erhält dort sogar eine *'^{a}chusah,* einen »Landbesitz« (47,11.27). Gaben sie damit aber nicht die den Vätern verheißene *'^{a}chusat 'olam* (1. Mose 17,8), den »ewigen Erbbesitz« im Lande Kanaan auf? Verrieten sie das Land der Verheißung für das Linsengericht eines Erbbesitzes in Ägypten? Es war wohl genau diese Frage, die die priesterschriftlichen Redaktoren bewegt haben muss. Daher wiesen sie umso energischer darauf hin,

279 Siehe dazu R. Lux, Geschichte als Erfahrung, 147–180.

dass die Erzeltern mit dem Erbbegräbnis in Mamre/Hebron bereits einen Anteil am von Gott verheißenen, ewigen Landbesitz rechtskräftig erworben hatten. Dieser Rechtsanspruch auf das verheißene Land durfte auf keinen Fall aufgegeben werden. Daher die dringende Bitte Jakobs an Josef und seine Brüder, ihn nicht in Ägypten, sondern im Grab seiner Väter in Kanaan zu bestatten (49,29–33;50,12f.). Und daher auch der Hinweis darauf, dass das Land, von dem auch die Söhne Josefs, Efraim und Manasse, einen Anteil erhalten sollen, eben nicht in Ägypten zu suchen ist, sondern in Kanaan. Dieses Land und nicht Ägypten wurde dem Jakob in Lus/Bethel verheißen (1. Mose 28,13f.;48,3f.). Und weil es der Priesterschrift genau um dieses Wohnen Israels im Land der Verheißung und nicht in der babylonischen oder ägyptischen Diaspora geht, deswegen hielten es die in ihrem Sinne arbeitenden Redaktoren für notwendig, die Söhne Josefs nicht nur durch einen Sterbesegen, sondern zusätzlich durch einen eigenen Rechtsakt zu legitimieren (48,3–6), der ihnen ihren Landanteil *in Kanaan* sicherte.

In der frühen Perserzeit (539–520 v. Chr.) war die Rückkehr der in der Diaspora lebenden Judäer möglich geworden. Es ist gut denkbar, dass die priesterschriftlichen Redaktoren die Leser der Josefsgeschichte in frühnachexilischer Zeit dazu anleiten wollten, diese Diasporanovelle nicht länger als Legitimation für ein dauerhaftes Leben in der Fremde misszuverstehen. Das Exil blieb allenfalls eine vorübergehende Notmaßnahme Gottes. Das Ziel, welches er mit seinem Volk hatte, war und blieb ein Leben im Lande der Verheißung. Die Josefsgeschichte sollte jetzt nicht mehr zum Bleiben in der Fremde ermutigen, sondern zur Rückkehr in die persische Provinz Jehud. Das wird schließlich auch durch diejenigen Stücke einer späten Pentateuchredaktion unterstrichen, die in die Josefsgeschichte eine Weissagung des späteren Exodus aus Ägypten einfügten und so den logischen Übergang zum zweiten Buch Mose schufen (46,1–5a;50,24–26).

Von solch einem künftigen Leben in Kanaan gehen schließlich auch die Stammessprüche in 1. Mose 49 aus. Man kann in ihnen in ihrer jetzigen Stellung ein Gegenstück zu der Liste der Mitglieder der Sippe Jakobs sehen, die mit diesem nach Ägypten kamen (46,7–27). Die einzelnen Sprüche mögen ein höheres Alter haben und weisen eine komplizierte Überlieferungsgeschichte auf. [280] Ihre Zusammenstellung und Einfügung in die Josefsgeschichte war aber sicherlich das Werk späterer gelehrter Redaktoren.

So lässt sich mit aller Vorsicht folgender Werdegang der Josefsgeschichte vermuten:[281]

Älteste vorexilische Josefstradition	1. Mose 39–41 (in einer vorliterarischen, *mündlichen* Gestalt)	9./8. Jh. v. Chr.
Verknüpfung mit der Tradition von Jakob und seinen Söhnen	1. Mose 37*;42–47*;50,1-21*[282]	6. Jh v. Chr. (frühe Exilszeit)

280 Siehe zu der komplizierten und eigenen Wachstumsgeschichte von 1. Mose 49 U. Schorn, Ruben, 248 ff.

281 Die grau unterlegte Spalte ist die Stufe, auf der die Struktur der Josefsgeschichte entstand, wie wir sie kennen. Die nachfolgenden Spalten enthalten lediglich wenige Zufügungen von Sondertraditionen und redaktionelle Überarbeitungen, die aber den Plot der Erzählung kaum noch veränderten.

282 Mit * wird zum Ausdruck gebracht, dass die angegebenen Textstücke nicht vollständig in diese Phase gehören, sondern spätere Überarbeitungen und Zusätze erfuhren.

Einarbeitung von Sondergut[283]	1. Mose 38;48*	6./5. Jh. v. Chr. (spätexilisch oder frühnach-exilisch)
Redaktoren im Geiste von P und Pentateuch-redaktion	1. Mose 37,1.2a;41,46a; 46,1–5.6f.8–27;47,5.*6a. 7–11. 27b.28;48,3–7;49, 1a.28b–33;50,12f.22–26	5./4. Jh. v. (nachexilisch)

So bleibt am Ende nur eine Frage: War Josef denn nun eine Gestalt der Geschichte oder eine Gestalt der Literatur? Wer versucht, eine Antwort auf diese Frage zu geben, wird über mehr als vage Vermutungen nicht hinauskommen. Es ist denkbar, dass im Zusammenhang mit der Josefsgrabtradition (Jos 24,32) auch eine Überlieferung verbunden war, die authentische Erinnerungen an einen Ägyptenaufenthalt des Stammvaters Josef aus grauer Vorzeit enthielt. Mehr lässt sich dazu beim gegenwärtigen Stand der Forschung nicht sagen. Und doch ist Josef keine ungeschichtliche Gestalt. Denn als literarische Gestalt hat er unübersehbar Geschichte gemacht. Das zeigt bereits der Werdegang, den die Erzählung von ihm nahm. Mit ihrer Hilfe deuteten sich die ersten Leser ihre eigenen geschichtlichen Erfahrungen, die Konflikte zwischen dem »Haus Josefs« (Nordreich Israel) und dem »Haus Judas« (Südreich), die Erfahrungen des Exils, den Appell zur Rückkehr in das verheißene Land. So wurde der erzählte Josef zu einem Teil ihrer eigenen Geschichte, ein Glied in ihrer Genealogie, dem sie sich verbunden wussten.

283 Dabei kann das Sondergut selbst, hier vor allem 1. Mose 38, durchaus wesentlich älter sein.

»Also ging es hinab mit Joseph in die Grube und ins Gefängnis zum anderen Mal. Wie er aber wieder emporstieg aus diesem Loch zu höherem Leben, das bilde ein Gegenstand künftiger Gesänge.«

Thomas Mann

C WIRKUNG

1. Spurenlese

Dass Josef die Erzähler, Denker, Maler und Musiker immer wieder inspiriert hat, ist bei einem Gang durch die Geschichte der vom Judentum und Christentum geprägten Kultur mit Händen zu greifen. An »künftigen Gesängen« hat es nicht gefehlt. Die Wirkungsgeschichte dieser Erzählung ist ein Ozean, in dem jeder, der sich auf ihn begibt, zu ertrinken droht. Wo soll man anfangen, wo aufhören? Erste bildliche Darstellungen vom sterbenden Jakob, der seine Söhne und die beiden Söhne Josefs segnet, finden sich in der Synagoge von Dura Europos (2. Jh. n. Chr.).

Bischof Maximian aus Ravennna (6. Jh.) verfügte über eine Kathedra, einen Bischofsstuhl, dessen Armlehnen mit Elfenbeinpanelen ausgestattet waren, die ihn, wenn er darauf Platz nahm, an den brüderlichen und fürsorgenden Josef erinnern sollten. Josef sitzt selbst auf dem Thron mit der kronenartigen Kopfbedeckung eines ägyptischen Ministers und lässt sich von den Brüdern Benjamin zuführen. Im mittleren Register überwacht er die Vorbereitungen für die Rückkehr der Brüder zu ihrem alten Vater nach Kanaan, die reichlich mit Proviant ausgestattet werden. Wird da-

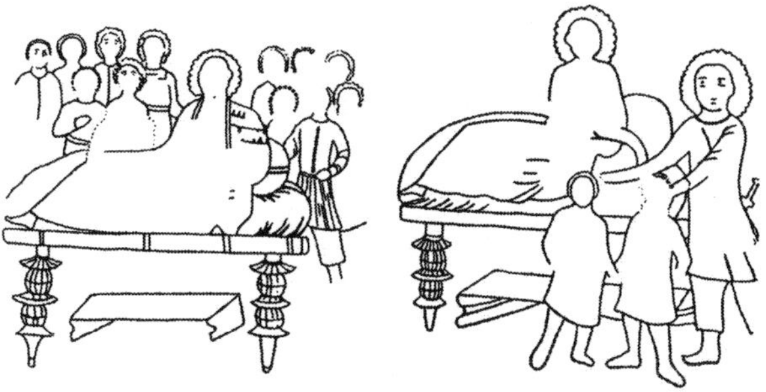

Abb. 14: Dura Europos. Josef führt seine Söhne Efraim und Manasse an das Sterbebett Jakobs.

mit das vorbildliche und brüderliche Verhalten Josefs zu einem Leitbild für das Bischofsamt? Auf der Rückenlehne der Kathedra finden sich entsprechende Darstellungen mit Kindheits- und Wunderszenen aus dem Leben Jesu. Josef wird zum *exemplum Christi*, worüber noch eingehender zu berichten ist (Abb. 15).

Auf Mosaiken in der St. Markus Kathedrale von Venedig begegnet Josef ebenso wie auf den von Lorenzo Ghiberti geschaffenen Bronzetoren einer Taufkapelle in Florenz. Die Haggada, die in vielen Handschriften und Buchdrucken verbreitete erzählende talmudische Tradition,[284] wurde immer wieder mit kostbaren Miniaturen und Buchmalereien illustruiert. Zahlreiche Maler bis hinein in die Moderne nahmen sich des Themas an: Tintoretto, Lucas van Leyden, Rembrandt van Rijn, Holbein, Velasquez, Chagall und viele andere.[285]

---

284 Sie bildet neben der Halacha, den eher gesetzlichen Teilen des Talmud, eine unerschöpfliche Quelle für die narrative Kultur des Judentums und hat das Alltagsleben und die Frömmigkeit des Judentums in kaum zu überschätzender Weise geprägt.

285 Siehe zu der reichhaltigen ikonographischen Tradition U. Nilgen, Joseph von Ägypten, LCI 2, 1970, 423–434.

Abb. 15: Kathedra des Maximian, Ravenna 6. Jh.

Auch an Nachdichtungen hat es nicht gefehlt.[286] Hans Jakob Christoffel von Grimmelshausen verfasste 1667 die »Histori vom keuschen Josef«. Später (1670) wandte er sich in einem weiteren Stück »Assenat« der geheimnisumwitterten ägyptischen Frau des Josef zu. Der Schweizer Johann Jacob Bodmer versuchte im 18. Jh. mit den Stücken »Joseph und Zuleika«, »Der erkannte Joseph« und »Der keusche Joseph«, den Stoff mehrfach auf die Bühne zu bringen. Immer wieder nahmen sich jüdische und nichtjüdische Autoren dieser Gestalt an. Von der Antike bis in das 20. Jh. blieb die Josefserzählung ein literarisches Thema. 1914 schrieb Hugo von Hofmannsthal »Die Josephslegende«, 1917

286 Siehe dazu H. Priebatsch, Die Josephsgeschichte in der Weltliteratur, Breslau 1937.

Abb. 16: Rembrandt, Federzeichnung. Josef gibt sich seinen Brüdern zu erkennen.

Micha Josef Berdyczewski »Josef und seine Brüder«. Vor allem aber war es die Romantetralogie Thomas Manns, »Joseph und seine Brüder«, durch die die biblische Geschichte erneut zu einem Jahrhunderthema geworden ist. Ja, dieses beeindruckende Erzählwerk von Thomas Mann hat seinerseits wieder eine Flut von Germanisten, Theologen, Literaturkritikern und Philosophen herausgefordert, sich direkt mit dem Josefsroman und damit auch indirekt mit der Gestalt Josefs auseinanderzusetzen.[287]

Schließlich sei auch die musikalische Aufnahme des Stoffes erwähnt. Sie reicht von einem liturgischen

287 Vgl. dazu aus der Fülle der Arbeiten Chr. Schwöbel, Die Religion des Zauberers. Theologisches in den großen Romanen Thomas Manns, Tübingen 2008, 122–210; F. W. Golka, Die biblische Josefsgeschichte und Thomas Manns Roman, Wien u. a. 1994; ders., Jakob – biblische Gestalt und literarische Figur, AzTh 91, Stuttgart 1999. Dort weitere Literatur!

Drama aus dem Frankreich des 12. Jhs. über Händels Oratorium »Joseph und seine Brüder« (1744), Richard Strauss' Ballett »Die Josephslegende« bis hin zur Pop-Kantate »Joseph and the amazing technicolor dreamcoat« von Andrew Lloyd Webber und Tim Rice.

Der Versuch, der vielgestaltigen Rezeptions- und Wirkungsgeschichte der Josefserzählung in der Bildhauerei, Malerei, Literatur und Musik auch nur annähernd gerecht zu werden, kann und soll hier nicht unternommen werden.[288] Die folgenden Ausführungen wollen vielmehr andeuten, dass es neben der biblischen Erzählung selbst und von ihr ausgehend Traditionsströme in den drei großen monotheistischen Religionen, dem Judentum, Christentum und dem Islam gab, in denen der Stoff lebendig blieb, weitererzählt, ausgeschmückt, gedeutet und umgedeutet wurde. Auch aus diesen Traditionsströmen können nur einige markante Beispiele ausgewählt werden.

2. Die alttestamentliche Rezeption der Gestalt Josefs

Im Zusammenhang mit unseren Erwägungen zur Entstehung der Josefsgeschichte haben sich bereits erste Ansätze einer Rezeption der Erzählung durch spätere Leser und Redaktoren gezeigt. Da wären zunächst einmal die Stammessprüche in 1. Mose 49,22–26 und 5. Mose 33,13–16 zu nennen. Während der erste noch im Rahmen der vorliegenden Josefserzählung als Sterbesegen Jakobs ergeht, gilt der zweite als Segen des

288 Siehe dazu vor allem H. M. v. Erffa, Ikonologie der Genesis. Die christlichen Bildthemen aus dem Alten Testament und ihre Quellen, München/Berlin 1995, 389 ff.

sterbenden Mose für den Stamm Josef. Beide Segenssprüche setzen nicht wie die Josefsgeschichte eine dauerhafte Existenz Josefs in Ägypten, sondern in Kanaan voraus. Ob die Verfasser dieser Sprüche die Josefserzählung in der vorliegenden oder einer anderen Gestalt überhaupt kannten, muss bezweifelt werden. Der im Einzelnen nur noch schwer zu übersetzende Segen Jakobs (1. Mose 49,22–26)[289] betont vor allem drei Aspekte: die Fruchtbarkeit Josefs (V. 22), seine von Gott gewirkte Standhaftigkeit in militärischen Auseinandersetzungen (V. 23 f.) und den reichen Segen, den er durch Gott und seinen sterbenden Vater empfangen möge (V. 25 f.). Dabei wird nicht allein durch die Länge des Spruches die Führungsposition Josefs im Kreis der Brüder (Stämme Israels) unterstrichen.[290] Die Tatsache, dass nur er den Segen Gottes und seines Vaters zugesprochen bekommt (V. 25 f.), zeichnet ihn vor allen anderen aus. Deswegen wird er auch als der »Geweihte« (*n^{e}sir*) unter seinen Brüdern bezeichnet (V. 26). Das Nomen *nasir* kennzeichnet immer eine geweihte Person, die sich einer besonderen Aufgabe zur Verfügung stellt und als solche eine in ihrer sozialen Gemeinschaft hervorgehobene Position einnimmt.[291] Lediglich die Stellung also, die sich Josef in 1. Mose 37–50 im Verlauf einer langen und schmerzlichen Geschichte erwirbt, wird in 49,22–26 vorausgesetzt und auf den gleichna-

---

289 Zu den einzelnen Übersetzungsproblemen siehe die Kommentare von H. Seebass, Genesis III, 168.179 ff. und J. A. Soggin, Genesis, 541 f.547, sowie H.-J. Zobel, Stammesspruch und Geschichte, BZAW 95, Berlin 1965, 21 ff.

290 Auch von Juda ist ein umfangreicher Stammesspruch überliefert (1. Mose 49, 9–12). Damit wird die führende Rolle, die beide Brüder in der Erzählung hatten, auch in den Stammessprüchen akzentuiert.

291 Vgl. L. Schwienhorst-Schönberger, Nasiräer, NBL II, 901 f.

migen Stamm übertragen. Der Josefsspruch im Mosesegen (5. Mose 33,13–16) knüpft an den Jakobssegen an, stellt aber ganz und gar den Segen und die Fruchtbarkeit des Landes Kanaan, das Josef einnehmen soll, in den Vordergrund.

Außerhalb des Pentateuchs fand die Gestalt Josefs allerdings keine breitere Aufnahme. Da ist vor allem auf Psalm 105 (5. Jh. v. Chr.?) hinzuweisen. Dabei handelt es sich um einen Hymnus, der Gottes große Taten in der Geschichte besingt. In der Reihe dieser Taten kommt der Psalmdichter auch auf Josef zu sprechen (V. 16–22), der als Wegbereiter und Quartiermacher den Ägyptenaufenthalt Israels vorbereitete. Dabei weicht allerdings die Handlungsfolge deutlich von der der Josefserzählung im 1. Buch Mose ab. Ausgelöst wird das gesamte Geschehen um Josef durch eine von Gott herbeigerufene Hungersnot (V. 16), in deren Folge dieser als Sklave nach Ägypten verkauft wurde (V. 17). Kein Wort vom Streit mit den Brüdern! Die Umstände seiner Haft werden ungeheuer dramatisiert.

»Man zwängte seine Füße in Fesseln,
in Eisen seinen Hals.« Ps 105,18

Dort habe er solange schmachten müssen, bis sein Wort (über den Verlauf der Hungersnot?) auch eintraf (V. 19). Erst danach habe ihn der Pharao befreit (V. 20), an die Spitze seines Hauses berufen (V. 21) und zur Belehrung seiner Beamten und Ältesten abgestellt (V. 22). Angesichts der Verschiebungen in der Handlungsfolge kann man auch hier fragen, ob der Psalmdichter dieselbe Josefsgeschichte kannte, die uns vorliegt. Möglicherweise gehen die Differenzen lediglich auf einen kreativen Umgang mit dem Stoff der Josefserzählung zurück, der vor allem darin bestand, dass der Psalmdichter durch bestimmte Stichworte (Hungersnot, Verkauf nach Ägypten, Gefängnis, Erhöhung …) deren Inhalt seinen Lesern in Erinnerung rief. Dabei wird Josefs Gabe der Traumdeutung in V. 19 der Gabe der Prophetie angenähert. Denn der wahre Prophet erweist sich gerade darin, dass das Wort, das er kündet, auch eintrifft (5. Mose 18,21 f.; Jer 28,9). War Josef für den Psalmdichter also nicht nur ein weiser Traumdeuter, sondern auch bereits ein wahrer Prophet? Vielleicht redete dieser auch gar nicht mehr vom Traumdeuter, sondern vom »Propheten« Josef, weil die Traumdeutung inzwischen in Verruf geraten war (vgl. Jer 23,25–28). Den Psalmdichter bewegte darüber hinaus der Gedanke, dass hinter allem Geschehen in der Geschichte Israels, auch hinter Josefs Ägyptenaufenthalt, Gott selber stand. Er führt die Seinen auf wunderbare Weise durch die Geschichte.

Wichtiger allerdings als die Frage nach den Differenzen und Übereinstimmungen zwischen der Josefsezählung und Ps 105 ist der Umstand, dass Josef damit nicht nur eine Gestalt der narrativen Kultur Israels blieb, sondern auch in das Gebetsleben und Liedgut Israels Eingang fand. Die Aneignung dieser Gestalt fand nicht nur im Rahmen der Erzählung und Nacherzählung statt, sondern auch in Meditation und Gebet.[292]

Die nicht in den Kanon der Hebräischen Bibel aufgenommenen apokryphen Bücher Jesus Sirach und Weisheit Salomos, die aber in der griechischen Übersetzung der Hebräischen Bibel, der sogenannten Septuaginta (LXX), Aufnahme fanden, kommen nur kurz auf Josef zu sprechen. Verwunderlich ist dabei, dass Je-

292 Weitere indirekte Anspielungen finden sich in Jes 40,2 auf 1. Mose 50,21 und Jer 31,15 auf 1. Mose 37,34 f.

sus Sirach (ca. 180 v. Chr.) ihn in seinem großen »Lob der Väter« (Sir 44–49) zunächst vollkommen übergeht. In der Reihe der Patriarchen spielt er keine Rolle (44,19–23). Lediglich in 49,15 kommt er in einem knappen Rückblick auf Josef zu sprechen:

»Ward etwa dem Josef gleich ein Mann geboren?
Haupt seiner Brüder (war er), Stütze seines Volkes.
Seine Gebeine wurden besucht.«

Was hier von Josef blieb, ist wenig. Seine Unvergleichlichkeit wird ins Allgemeine gesteigert, seine Spitzenstellung unter den Brüdern und seine Hilfe für sein Volk werden betont und schließlich dies, dass es von ihm eine Grabtradition gab, die gepflegt wurde. Vom Siraciden wurde Josef endgültig zum Heiligen erhoben, unvergleichlich in seiner Stellung und seinen Wohltaten, weshalb selbst seine Gebeine noch zum Gegenstand frommer Verehrung wurden.

Auch im noch späteren Buch der Weisheit Salomos (2. Hälfte des 1. Jhs. v. Chr.) begegnet nur noch ein Schatten von Josef. Namentlich wird er dort selbst nicht genannt. Die klaren Anspielungen auf seine Person setzen aber voraus, dass die Leser dieses Buches wussten, von wem hier die Rede war. Dabei wird allerdings nicht Josef gepriesen, sondern die personifizierte Weisheit, die seinen Weg bestimmte.

»Sie verließ nicht den Gerechten, der verkauft wurde, sondern bewahrte ihn vor der Sünde. Sie stieg mit ihm in den Kerker hinab und verließ ihn auch in Fesseln nicht, bis sie ihm das Zepter des Reiches und Gewalt über seine Bedränger verschafft, seine Verleumder als Lügner erwiesen und ihm ewigen Ruhm verliehen hatte.« Weish 10,13–14

Die als Frau und Partnerin Gottes (Weish 8,3) vorgestellte Weisheit war es also, die Josef führte, in Gefahren bewahrte und ihm zu Ruhm und Ehre verhalf. Hier stehen deutlich Einflüsse der griechischen Philosophie und ägyptischen Religiosität im Hintergrund.[293] Aus dem weisen Jüngling der Josefserzählung wird ein Mensch, der mit der göttlichen Frau Weisheit im Bunde steht und daher allen Versuchungen der fremden Frau Potiphars in Ägypten zu widerstehen vermag.

Die spärliche Aufnahme der Josefserzählung in anderen biblischen Texten verwundert. Zwar ging die Gestalt Josefs in Israels Gebetsfrömmigkeit und seine Weisheitsliteratur ein, konnte sich darin aber keinen wirklich prominenten Platz erobern. Ist das ein Zufall? Immerhin hat sich ja – wie wir noch sehen werden – neben den kanonischen Schriften Israels eine sehr viel lebendigere Rezeption etabliert. Lag das vielleicht daran, dass Josef denjenigen Kreisen in Israel, die den Kanon der Heiligen Schriften zusammenstellten, Probleme bereitete? Gründe gäbe es genug. Vor allem wäre da seine Ehe mit der ägyptischen Priesterstochter Asenat zu nennen,[294] aber auch seine dauerhafte Übersiedlung nach Ägypten mag einen Schatten auf dieses Vorbild an Tugend geworfen haben.[295]

Damit sind die wenigen Hinweise auf Josef im Alten Testament erschöpft. Die relativ verhaltene Rezeption

293 Siehe E. Zenger u. a., Einleitung, [7]2008, 283f.

294 Das wird in dem antiken Roman *Josef und Asenet* erkennbar.

295 Es war vor allem Philo von Alexandrien, der Josefs Hochschätzung Ägyptens kritisierte. Ägypten galt ihm als ein Land der unvernünftigen Leidenschaften. Philo von Alexandria, Die Werke in deutscher Übersetzung. Bd. VI, Berlin [2]1962, *De somniis* II, 42. Vergleichbare Stimmen hat es sicherlich schon früher gegeben.

der Erzählung in anderen biblischen Büchern verwundert. Ist sie möglicherweise ein Hinweis darauf, dass die Erzählung selbst eben nicht zu den ältesten Stücken der hebräischen Prosa gehörte?

3. Josef im frühen Judentum

In der außerbiblischen Traditionsliteratur des Judentums findet sich allerdings eine breite literarische Aufnahme des Stoffes. Im Zuge der Darstellung der Josefserzählung wurde hin und wieder bereits auf rabbinische Kommentare aus Talmud und Midrasch hingewiesen. Sie sind so reichhaltig, dass sie eine eigene Darstellung verdienten.[296] Hier soll auf einige frühjüdische Schriften verwiesen werden, die die Erzählung nicht nur gelegentlich aufnehmen oder auf sie verweisen, sondern breit rezipieren.

Da ist zunächst das *Jubiläenbuch* zu nennen (ca. 150 v. Chr.).[297] Das als »Kleine Genesis« bezeichnete Buch gibt sich als Offenbarung an Mose während seines 40-tägigen Aufenthaltes auf dem Sinai (2. Mose 24,12 ff.). Dort wird ihm die vergangene und die künftige Geschichte des Volkes Israel offenbart. Dabei hält sich der Verfasser des wahrscheinlich in Jerusalem entstandenen Werkes teilweise eng an den vorgegebenen bibli-

---

296 Das Material wurde von D. U. Rotzoll (Rabbinischer Kommentar zum Buch Genesis, Berlin/New York 1994, 429–537) zusammengestellt. Siehe auch die knappen Verweise von A. M. Goldberg, Joseph in der Sicht des Judentums der Antike, BiKi 21, 1966, 11–13.

297 Vgl. dazu K. Berger, Unterweisung in erzählender Form. Das Buch der Jubiläen, JSHRZ II/3, Gütersloh 1981, und G. Schelbert, Jubiläenbuch, TRE 17, 1988, 285–289.

schen Text, erweitert ihn aber sowohl durch haggadische (erzählende) Stücke wie auch durch halachische (gesetzliche) Bezüge. So wird auch die Josefserzählung, die mit Jub 34 einsetzt, durch eine Reihe von letzten Reden vor dem Tod Rebekkas (Jub 35), Isaaks (Jub 36) oder durch eine Erzählung vom Kampf Esaus und seiner Söhne gegen Jakob (Jub 37) erheblich erweitert. Dabei werden die Erzählungen vom Autor des Buches hin und wieder genutzt, um aus ihnen halachische Bestimmungen abzuleiten. So wird der große Versöhnungstag (*Jom Kippur*) mit dem vermeintlichen Tod Josefs in Verbindung gebracht. Am zehnten Tag des siebten Monats soll der Hohepriester seine Hände auf den Kopf eines Bockes stemmen und auf diese Weise die Sünden Israels auf diesen übertragen. Anschließend wird der Sühnebock in die Wüste gejagt, um die übernommene Schuld aus der Mitte des Volkes fortzutragen (3. Mose 16). Auf diesen Ritus nimmt das Jubiläenbuch Bezug. Zunächst einmal lässt es die Schlachtung des Ziegenbockes durch Josefs Brüder mit dem Datum des großen Versöhnungstages zusammenfallen.

»Und die Söhne Jakobs schlachteten einen Ziegenbock und tauchten das Gewand Josefs in das Blut und schickten es zu ihrem Vater Jakob am Zehnten des siebten Monats. Und er klagte diesen ganzen Tag, denn abends hatten sie es ihm gebracht …« Jub 34,12f.

Der blutige Rock führt im Hause Jakobs zu tiefer Trauer und großem Leid. Als Bilha am Tage seiner Überbringung davon erfahren habe, sei sie vor Kummer gestorben. Kurz darauf musste auch Dina, die Halbschwester Josefs, begraben werden (Jub 34,15f.). Der Schmerz, den Jakob um die Toten und vor allem um Josef trug, sei der Anlass gewesen, aus dem der Jom Kippur hervorging:

> »Deswegen ist angeordnet über die Kinder Israel, dass sie trauern am Zehnten des siebten Monats, an dem Tag, da kam, was ihn [Jakob] den Tod des Josef beweinen ließ, zu seinem Vater Jakob – damit man sich entsühnt an ihm durch junge Ziegenböcke, am Zehnten des siebten Monats, einmal des Jahres wegen ihrer Sünde. Denn sie haben betrübt die Liebe ihres Vaters wegen seines Sohnes Josef.« Jub 34,18

Die Josefserzählung wurde also nicht nur mit Ps 105 zum Bestandteil des jüdischen Gebetslebens, sondern auch zur narrativen Begründung der gesetzlichen Bestimmungen über den Jom Kippur. Die Herleitung dieses für das religiöse Selbstverständnis des Judentums zentralen Tages aus einer konkreten Lebenssituation lässt ein didaktisches Konzept erkennen. So wie auch die anderen großen Feste Israels mit den narrativen Traditionen des Volkes verbunden wurden, das Passahfest (*Pesach*) mit dem Exodus, das Wochenfest (*Schabuot*) mit dem Buch Rut, das Purimfest mit dem Esterbuch, so wurde das auch für den großen Versöhnungstag angestrebt. Israels Festgesetze waren keine künstlichen, dem Volk aufoktroyierten Gebilde, sondern diesem aus seiner Geschichte zugewachsen. Sie stellten einen Erinnerungsraum dar, in dem vergangene Gestalten und Ereignisse vergegenwärtigt wurden. So sollte nach dem Jubiläenbuch auch die Josefsgeschichte mit all ihrem Leid, das sie über Jakob brachte, und der Schuld, die die Brüder auf sich luden, im Festkreis des Jahres nicht nur gelesen und gehört, sondern erinnernd *begangen* werden.

Eine noch sehr viel intensivere Aufnahme fand die Gestalt Josefs bei *Philo von Alexandrien*. Philo (ca. 20 v. –

50 n. Chr.), ein Zeitgenosse Jesu, war ein bedeutender Philosoph und Gelehrter, der griechische Philosophie und jüdischen Glauben miteinander in einer Synthese zu verbinden suchte. Unter seinen zahlreichen Schriften befindet sich auch eine Lebensbeschreibung Josefs (*De Josepho*).[298] In dieser Schrift entdeckt Philo in Josef einen Staatsmann von außergewöhnlichem Format.

»Nachdem ich deren [Abrahams, Isaaks und Jakobs] Leben beschrieben habe, nämlich das durch Belehrung, das durch Selbstunterricht und das durch Übung gewonnene, will ich als viertes in der Reihe das staatsmännische Leben [des Josef] schildern, als dessen Vertreter er [Mose] ebenfalls einen von den Stammvätern darstellt, der von Jugend auf dazu herangebildet wurde. Die erste Vorbereitung empfing er im Alter von siebzehn Jahren durch die Lehren betreffend die Leitung der Viehherden, die mit denen der Staatskunst übereinstimmen, weshalb wohl auch die Dichter die Könige ›Hirten der Völker‹ zu nennen pflegen; denn wer sich in der Führung von Herden bewährt hat, dürfte wohl auch ein sehr guter König sein …« *De Josepho* 1

Nachdem Josef auf diese Weise im väterlichen Haus als Hirte die erste Vorübung für die spätere Tätigkeit durchlaufen hatte, folgten die nächsten Stufen seiner Ausbildung und Charakterbildung im Hause Potiphars.

»Er wurde also dem Anscheine nach von seinem Herrn zum Aufseher über das Hauswesen eingesetzt, in der Tat aber und in der Wahrheit von der Natur[299], die ihm die Herrschaft

298 Einführung und Text finden sich in der Ausgabe Philo von Alexandria, Die Werke in deutscher Übersetzung Bd. I, Berlin ^{2}1962, 151–213.

299 Mit der »Natur« ist in diesem Falle der Begrifflichkeit der stoi-

über Städte, über ein Volk und ein großes Land antrug. Er sollte nämlich, da er zum Staatsmann bestimmt war, vorher auch in den Geschäften der Hausverwaltung tüchtig eingeübt werden; das Haus ist ja ein Staat im Kleinen und die Hausverwaltung eine kleine Staatsverwaltung, wie umgekehrt der Staat ein großes Haus [...] Daraus folgt, daß Hausverwalter und Staatsmann eins und dasselbe sind ...« *De Josepho* 8

Die Kunst der Menschenführung und der wirtschaftlichen Verwaltung allein machen aber noch keinen Staatsmann aus. Dieser wird schließlich auch daran erkannt, dass er seine Gefühle zu beherrschen weiß und Enthaltsamkeit übt. In diese letzte und höchste Schule wurde Josef im Hause Potifars geschickt, als dessen Weib ihm unaufhörlich zusetzte, ihrem Liebesverlangen nachzugeben. Josef hat sich dieser Versuchung standhaft widersetzt:

»Nützlich und heilsam ist die Enthaltsamkeit zwar für alle Lebensverhältnisse, ganz besonders aber für das Staatsleben, wie die, die lernen wollen, zur Genüge und leicht begreifen können. Denn wer kennt nicht die Leiden, die aus der Zügellosigkeit Völkern und Ländern und ganzen Erdstrichen zu Lande und zu Wasser erwachsen? Durch Liebesverhältnisse und Ehebrüche und Weiberlisten sind die meisten und größten Kriege entstanden, durch die der größte und beste Teil der Hellenen und Barbaren aufgerieben und die Jugend der Städte vernichtet wurde.« *De Josepho* 11

Nachdem Josef diese drei Stufen der Bildung durchlaufen hatte, als Hirte, der Mensch und Vieh zu führen

---

schen Philosophie entsprechend die göttliche Vorsehung gemeint.

wusste, als Hausverweser, der ein großes Hauswesen treu und rechtschaffen zu verwalten lernte, und als Ehrenmann, der allen Versuchungen und Zügellosigkeiten zu widerstehen vermochte, war er präpariert für das Amt des Staatsmannes, das ihm schließlich vom Pharao anvertraut wurde.

Es ist kaum zu übersehen, dass Philo mit dieser Deutung Josefs als einem idealen Staatsmann, als der er dann auch in Ägypten wirkte, weit über die biblische Erzählung selbst hinausging. Dass allerdings dieser Aspekt nicht nur an die Texte herangetragen wurde, sondern auch in ihnen selbst erkennbar ist, zeigen spätere Auslegungen der Josefsgeschichte. Der niederländische Diplomat und Staatsmann Hugo Grotius (1583–1645) verfasste eine Tragödie über Josef (*Sophomopaneas*), in der er seine eigene diplomatische Karriere im Dienste Schwedens verarbeitete, und die auch darüber hinaus stark autobiographische Züge trägt.[300] Hier wurde die eigene persönliche und politische Erfahrung im Geschick Josefs wiederentdeckt. Und schließlich sei auf die sozialgeschichtliche Analyse der Josefsgeschichte durch Frank Crüsemann verwiesen, der in den Träumen Josefs und dem Vorwurf der Brüder an diesen, ob er denn König über sie sein und über sie herrschen wolle (1. Mose 37,8), einen Schlüssel für die ganze Erzählung sieht, die eben auch von der Frage bewegt sei, welchen Gewinn das kluge Regiment eines Königs für ein Volk vor allem in Notzeiten und Krisen mit sich bringe.[301]

---

300 Siehe H. R. Guggisberg, Grotius, TRE 14, 277–280.

301 F. Crüsemann, Der Widerstand gegen das Königtum. Die antiköniglichen Texte des Alten Testaments und der Kampf um den frühen israelitischen Staat, WMANT 49, Neukirchen-Vluyn 1978.

Philo kennt allerdings noch einen anderen Josef als nur den vorbildlichen Staatsmann. In seiner Schrift *De somniis* (Über die Träume, Buch II)[302] begegnet uns das Negativ zum Positiv. Da wird Josef als labiler Charakter vorgestellt:

»Durch ihn nämlich tritt in die Erscheinung sowohl die zur Vernunft gehörende Selbstbeherrschung, die männlichen Geschlechts ist, geprägt nach seinem Vater Jakob, wie auch die Unvernunft der Sinnlichkeit, ausgebildet durch die mütterliche Abstammung von Rahel, wie auch der Keim der körperlichen Lust, den der Umgang mit Obermundschenken, Oberbäckern und Oberköchen in ihn legte, wie auch der des leeren Wahns, auf den er wie auf einen Wagen leichtsinnig steigt […], sich blähend und überhebend, um alle Gleichsetzung mit ihm aufzuheben.« *De somniis* II,2

Das ist nun alles andere als ein schmeichelhaftes Charakterbild. Abgesehen davon, dass Philo die Tugend Josefs der väterlichen Seite, die Untugenden der mütterlichen Seite zuordnet, tritt uns der Jüngling hier als aufgeblasener Geck entgegen. Als solcher wurde er mit Recht von seinen Brüdern gehasst. Josefs Untugend habe vor allem darin bestanden, dass er alles Reine, Edle mit Unreinem und Gemeinem zersetzt habe.

»Seine Lebensanschauung und sein Streben im Leben aber bezeugt nicht zum wenigsten auch sein Name. Josef nämlich bedeutet ›Zusatz‹.[303] Der leere Wahn aber setzt dem Echten immer das Unechte zu, dem Eigenen das Fremde, dem Wahren die Lüge, dem Selbstgenügsamen das Übermaß, dem Le-

302 Philo von Alexandria, Die Werke Bd. VI, 225–277.
303 Siehe S. 63f.

bensunterhalt die Schwelgerei, dem schlichten Lebenswandel die Hoffahrt.« *De somniis* II,6

Nomen est omen! Josefs Name muss hier dazu herhalten, ihm die Maske der Unschuld vom Gesicht zu reißen. Er ist nicht nur ein Mann der Halbheiten, sondern – noch schlimmer! – jemand der das Gute durch den Zusatz von Bösem verdirbt.

Diese widersprüchliche Sicht Josefs bei Philo mag verwundern. Sie spiegelt aber wohl zwei Lesarten wider, die neben dem sichtbaren auch den unsichtbaren Charakter des Menschen zu ergründen suchen. Die eine Sicht geht von einer dem Literalsinn der Erzählung entsprechenden Deutung aus. In ihr steht der Ehremann vor uns. Die andere verfolgt in einer allegorischen Deutung die verschlungenen Wege der Seele, die aus den Träumen vor uns aufsteigen, um uns vom Pfad der Tugend abzubringen. Beide Wege sind im Menschen angelegt. Er kann sich in der Lebenswirklichkeit bewähren aber auch in seinen Träumen verlieren.

In den *Testamenten der zwölf Patriarchen*[304] (2. Jh. n. Chr.) befindet sich auch eine »Abschrift des Testaments Josef«. Die Testamente haben ihr Vorbild in 1. Mose 49. So, wie dort Jakob seine Söhne vor seinem Tod um sich versammelt, um sie zu segnen, so verfahren hier die Söhne Jakobs mit ihren eigenen Nachkommen. Das Testament Josefs[305] enthält die letzten Worte

304 J. Becker, Unterweisung in lehrhafter Form. Die Testamente der zwölf Patriarchen, JSHRZ III/1, Gütersloh 1980. Es handelt sich hier ohne Zweifel um eine Schrift aus dem hellenistischen Judentum, die aber mehrfache, auch christliche Überarbeitungen erfahren hat.

305 J. Becker, Die Testamente, 118–130.

Josefs an seine Söhne. Liest man sie, so stellt sich Verwunderung ein. Denn es sind vor allem zwei Dinge, die Josef den Seinen noch zu sagen hat. Ausführlichst berichtet er über die »ägyptische Memphitin«, Potiphars Weib. Josef kann sich nicht genug tun in der Darstellung der listenreichen Anschläge, mit denen sie ihn, den keuschen Jüngling, zur Strecke zu bringen suchte.

»Und da sie keinen Jungen hatte, gab sie vor, mich als Sohn zu behandeln. Eine Zeitlang umarmte sie mich auch wie einen Sohn. Ich durchschaute (sie) nicht. Schließlich versuchte jene mich zur Hurerei zu verführen.« TJos III,7f.
»Als sie aber nichts vermochte, kam sie wiederum unter dem Vorwand des Unterrichts zu mir, um das Wort Gottes zu lernen. Und sie sagte mir: ›Willst du, dass ich von den Götzen ablasse, vereinige dich mit mir, so will ich meinen Mann überreden, (auch) von den Götzen abzufallen, dann wollen wir im Gesetz deines Herrn wandeln.‹« TJos IV,4f.

Weil aber die Hinwendung der Nichtjuden zum Gesetz des Gottes Israels nicht auf einem Gesetzesbruch gründen kann, so hielt Josef auch dieser perfiden Versuchung wacker stand.

»Wiederum zu einer anderen Zeit sagte sie mir: ›Willst du nicht ehebrechen, so will ich meinen Mann durch Gift töten und dich zum Ehemann nehmen!‹« TJos V,1

Der Erzähler lässt keine Niedertracht aus. Alles Böse, was sich einer liebestollen Frau anhängen lässt, wird dieser Frau auch angedichtet. Sie versucht es durch Geschenke und Zaubertränke (TJos VI,1ff.), sie droht mit Selbstmord (TJos VII,3ff.), bis sie dem schönen Josef schließlich Gewalt antat und das Kleid vom Leibe riss (TJos VIII,2ff.). So nahm Josefs Geschick seinen bekannten Lauf. Er landete aufgrund der bösartigen Verleumdung im Gefängnis. Aber selbst dort ließ ihn die vor Begierde kranke Herrin nicht in Ruhe. Sie schickte ihm heimliche Botschaften, die ihm die Freiheit versprachen, wenn er willig sei, ihr nachzugeben (TJos IX,1ff.). Sie kam selbst zum Gefängnis, lauschte dem Gebet Josefs, seufzte und schmachtete nach ihm (TJos IX,4f.) und scheute nicht davor zurück, ihn mit ihren entblößten körperlichen Reizen zu locken. Josef aber blieb hart. Und so empfiehlt er den Seinen:

»Seht nun, meine Kinder, wie viel die Geduld und das Gebet mit Fasten bewirkt. Auch ihr, wenn ihr der Keuschheit und der Reinheit nachgeht in Geduld und Demut des Herzens, wird der Herr in euch wohnen, denn er liebt die Keuschheit.« TJos X,1f.

Das also soll Josef in dieser Schrift sein, ein Exempel an Keuschheit und Gottesfurcht, dem es nachzueifern gilt. Die Frage, die sich dabei stellt, ist lediglich die, warum der Goldgrund, auf dem uns dieser Heilige gemalt wurde, die liebestolle Frau als Personifizierung des Bösen nötig hatte. Warum wird die schon in der Josefsgeschichte selbst so negative Rolle von Potifars Weib jetzt noch ins Unermessliche gesteigert?

Ein zweiter Aspekt, der im Testament Josefs zum Zuge kommt, ist der der Bruderliebe. Josef tut alles, um die Schuld seiner Brüder zu verbergen. Er schützt sie und ihr Ansehen, obwohl sie ihm schweres Unrecht zufügten (TJos XIII–XIV). So lautet neben der Mahnung zur Keuschheit die zweite Maxime Josefs:

»Seht, Kinder, wie Schweres ich erduldete, damit ich meine Brüder nicht beschämte. Und ihr nun, liebt euch gegenseitig und verbergt in Langmut gegenseitig eure Verfehlungen.

Denn Gott hat Gefallen an der Eintracht von Brüdern und an dem Vorsatz eines Herzens, das an Liebe Gefallen hat.« TJos XVII,1–3

Was uns hier begegnet, ist die zunehmende Veredelung und Heiligsprechung Josefs. Während ihn die biblische Erzählung durchaus noch als einen Jüngling kennt, der auch seine Fehler und Eitelkeiten hat, strahlt hier gleichsam ein verklärtes Angesicht, das keinen Schatten kennt.

Als letztes Beispiel für die jüdische Wirkungsgeschichte der Josefserzählung soll hier noch kurz der antike Roman *Josef und Asenet* vorgestellt werden, der sicherlich in der ägyptischen Diaspora entstand.[306] Seine Datierung bleibt unsicher.[307] Die Hauptfigur dieses Romans ist nicht Josef, sondern seine Frau Asenet, die ägyptische Tochter eines Priesters aus Heliopolis. Der Roman gliedert sich in zwei Teile. Der erste Teil erzählt ausgehend von 1. Mose 41 die Liebesgeschichte zwischen Josef und Asenet (JosAs 3–9.19–21). In diese Liebesgeschichte bettet der Autor die Bekehrungsgeschichte Asenets ein (JosAs 10–18). Eines der wesentlichen Anliegen dieses Romans war es wohl, die ägyptische Frau Josefs einzugemeinden und zu einer frommen Jüdin werden zu lassen. Insofern handelt es sich um die Geschichte einer Proselytin. Josef selbst wird in seiner Doppelrolle als Staatsmann und Ehemann dargestellt. Pentephres, der Vater Asenets, möchte seine Tochter mit Josef verheiraten. Zu diesem Zwecke entwirft er ihr ein in jeder Weise ideales Bild des künftigen Schwiegersohnes:

---

306 Chr. Burchard, Unterweisung in erzählender Form. Joseph und Aseneth, JSHRZ II/4, Gütersloh 1983.

307 Die Datierungsansätze reichen vom 2. Jh. v. bis ins 2. Jh. n. Chr.

»Siehe, Josef, der Starke Gottes, kommt zu uns heute. Und er (selbst) ist Herrscher all des Landes Ägyptens, und der König Pharao setzte ein ihn (als) König all des Landes, und er (selbst) gibt Getreide all dem Lande und errettet es aus der herankommenden Hunger(snot). Und es ist Josef ein Mann gottverehrend und besonnen und Jungfrau wie du (selbst) heute, und es ist Josef ein Mann stark in Weisheit und Verstand, und Geist Gottes ist auf ihm und Gnade (des) Herrn mit ihm.« Jos As 4,7

Die schmeichelhafte Vorstellung Josefs erregt bei Asenet aber zunächst nichts als Widerwillen. Dagegen erschüttert sie der erste Anblick Josefs bis ins Mark:

»Und es sah Asenet den Josef auf dem Wagen und ward durchbohrt kräftig, und es ward zerbrochen ihre Seele und es wurden lass ihre Kniee, und es zitterte ihr ganzer Leib, und sie fürchtete sich [mit] große[r] Furcht und seufzte auf und sprach in ihrem Herzen: ›Was jetzt soll ich [selbst] tun, die Elende?‹« JosAs 6,1f.

Auch hier spielt Josef zunächst wieder ganz den keuschen Jüngling. Er fürchtet sich vor Asenets Annäherungen, wehrt ihren Kuss ab (JosAs 8) und betet für sie zu Gott. Asenet schließlich wendet sich von den Götzen ab und bekehrt sich zum Gott Israels. Da erscheint ihr der Engelfürst, der ganz dem Josef glich (JosAs 14,9) und verheißt ihr die Annahme durch Gott und die Heirat mit Josef:

»Sei getrost, Asenet, die keusche Jungfrau. Siehe nämlich, es ward geschrieben dein Name in dem Buch der Lebenden im Himmel, in [dem] Anfang des Buches [als] erster aller ward geschrieben dein Name [mit] meinem Finger und wird nicht ausgetilgt werden in die Ewigkeit. [...]

Sei getrost, Asenet, die keusche Jungfrau! Siehe, ich habe gegeben dich heute [zur] Braut dem Josef …« JosAs 15,4.6

So wurde aus Asenet nicht nur eine fromme Jüdin, sondern aus ihr und Josef auch ein Paar. Die stolze Asenet überzeugt in ihrer Kraft, eine menschliche und religiöse Wandlung zu vollziehen. Während sie sich selbst demütigt, wird sie nicht müde, das Licht Josefs umso heller erstrahlen zu lassen. Für sich will sie nichts, aber alles für den, den sie liebt. In dem den ersten Teil des Romans beschließenden Psalm Asenets heißt es:

»Ich sündigte, Herr, ich sündigte,
vor dir viele [Male] sündigte ich,
bis dass kam Josef, der Starke Gottes;
er [selbst] stieß herab mich von meiner Gewaltigkeit
und erniedrigte mich von meiner Hoffart,
und [durch] seine Schönheit fing er mich,
und [durch] seine Weisheit fasste er mich wie einen Fisch
auf einem Haken,
und [durch] seinen Geist wie [mit] Lockspeise [des] Lebens
lockte er mich,
und [durch] seine Stärke festigte er mich
und führte mich [zu] dem Gott der Ewigkeiten
und dem Herrscher des Hauses des Höchsten,
und er gab mir [zu] essen Brot [des] Lebens
und [zu] trinken [den] Kelch [der] Weisheit,
und ich wurde seine Braut
in die Ewigkeiten der Ewigkeiten.« JosAs 21,21

Der zweite Teil des Romans (JosAs 22–29) entfernt sich vollkommen von seiner biblischen Vorlage. Er erzählt von einem Komplott des Sohnes des Pharao, der mit allen Mitteln versucht, Asenet für sich zu gewinnen.

Zu diesem Zwecke heuert er sogar Dan und Gad, die Brüder Josefs, an, um ihn bei seinem Plan der Tötung, zu unterstützen. Der Anschlag misslingt. Benjamin und die übrigen Brüder retten Josef, der auch in diesem Falle den beiden Missetätern Dan und Gad vergibt. Der Roman endet mit dem Tod des Verschwörers und dem Tod des Pharao.

»Und es war König Josef in Ägypten acht[und]vierzig Jahre. Und nach diesen [Dingen] gab zurück Josef das Diadem dem Sprössling Pharaos, dem jüngeren, er war an [der] Brust, als starb Pharao. Und es war Josef wie ein Vater des Sohnes Pharaos des jüngeren in dem Land Ägyptens all die Tage seines Lebens.« JosAs 29,9

Dieser antike Roman hatte eine bemerkenswerte literarische Nachgeschichte. Schon früh erfuhr er wohl auch christliche Bearbeitungen. So findet sich z. B. in JosAs 8,5 ein Hinweis auf die im Judentum üblichen Segenssprüche über dem Brot des Lebens und dem Kelch der Unsterblichkeit, der an die neutestamentlichen Abendmahlsworte anklingt. Oder die in JosAs 20,2 ff. erzählte Fußwaschung erinnert an Lk 7,38.44. Wir stehen mit diesem antiken Roman, der bis in das 18. Jh. hinein fast den Rang eines religiösen Volksbuches annahm, an der Schwelle zur christlichen Rezeption der Josefsgeschichte. Es hat sich zeigen lassen, dass Josef im frühen Judentum ein lebhaftes Nachleben führte. Josef war derjenige, aus dessen Geschichte sich halachische Traditionen ableiten ließen (Jub), der als Hirte, Hausverweser und Herr seiner Lüste vorbildliche Staatsmann, aber auch der durch seine Träumereien verführbare Jüngling (Philo), der Keusche und in der Bruderliebe unvergleichliche Patriarch (TJos) und der von einer Proselytin überaus geschätzte fromme Gatte, verzeihende Bruder und umsichtige Landesvater (JosAs). Das sehr »weltlich« gezeichnete Bild Josefs in 1. Mose 37–50 erfuhr eine wachsende moralische und religiöse Aufladung. Der Mensch Josef mit seinen tragischen, ehrenhaften und auch fraglichen Zügen wird zum Typos und zum Heiligen.

4. Josef als *exemplum Christi*

So wie die alttestamentlichen Schriften sich nur noch marginal auf Josef beziehen, so hat er auch im Neuen Testament[308] lediglich im Rahmen der Rede des Stephanus vor dem Hohen Rat breitere Erwähnung gefunden (Apg 7,9–16). Diese Rede enthält einen Rückblick des Stephanus auf die Geschichte Israels von Abraham bis David. Sie thematisiert »Gottes Verheißungstreue in seinem Handeln gegenüber Israel – und Israels konstanten Widerstand gegen Gott«.[309] Beide Aspekte klingen – wenn auch noch sehr verhalten – in der summarischen Nacherzählung der Josefsgeschichte an. Gottes Treue erweist sich darin, dass er mit Josef war (V. 9), ihn aus Bedrängnis rettete und vor dem Pharao zu Amt und Ansehen gelangen ließ (V. 10). Israels Widerstand gegen Gottes Handeln an Josef wird am Verhalten der Brüder demonstriert. Sie beneiden Josef und verkaufen ihn nach Ägypten (V. 9). Doch auch dieses Verhalten beantwortet Gott nicht mit einem Strafgericht. Vielmehr lässt er aus der entstandenen Situation die Rettung der Brüder aus der Hungersnot erwachsen

308 Siehe dazu H. Löhr, Isaak, Jakob, Esau, Josef, in: M. Öhler (Hg.), Alttestamentliche Gestalten im Neuen Testament. Beiträge zur Biblischen Theologie, Darmstadt 1999, 77.83 f.

309 J. Roloff, Die Apostelgeschichte, NTD 5, Berlin 1988, 118.

(V. 11–14). Wie in der Josefsgeschichte hat Gott das Böse zum Guten gewendet. Schließlich endet die Kurzerzählung mit einem Hinweis auf die Überführung der Gebeine Jakobs und seiner Söhne nach Sichem und ihrer Bestattung in einem Erbbegräbnis, das nicht wie in 1. Mose 33,19 Jakob, sondern bereits Abraham gekauft habe (V. 15f.). Verfügte der Verfasser dieser Rede über mangelhafte bibelkundliche Kenntnisse? Oder lag ihm gar eine bei der Analyse der Josefserzählung schon erkennbare Sondertradition vom Jakobsgrab in Sichem und nicht in Hebron vor?[310] Welchem Zweck diese Rede ursprünglich auch gedient haben mag,[311] ihr vorliegendes Ziel ist es, den sich immer mehr steigernden Widerstand Israels gegen das Handeln Gottes und seine Gesandten aufzuweisen (Apg 7,51–53). Die Brüder Josefs avancieren hier zu den frühesten Repräsentanten des widerspenstigen Israel. Dieses Interpretationsmuster hatte – wie wir noch sehen werden – in christlichen Auslegungen der Josefsgeschichte verhängnisvolle Folgen.

Der Hebräerbrief berichtet seinen Lesern vom vorbildlichen Glauben der Väter. In diesem Zusammenhang ist auch in Hebr 11,21f. von Josef die Rede. Zunächst wird betont, dass der sterbende Jakob auch die Söhne Josefs gesegnet habe (vgl. 1. Mose 48). Schließlich gilt Josef selbst deswegen als ein Vorbild des Glaubens, weil er bei seinem Sterben bereits den Auszug Israels aus Ägypten im Blick hatte und Anweisung gab,

310 Siehe S. 218f. Von einer besonderen Bindung Josefs an die Gegend um Sichem weiß auch Joh 4,5.

311 Möglicherweise handelt es sich bei der Rede um ein älteres Traditionsstück aus dem (ägyptischen?) Diasporajudentum, das Lukas hier aufnahm und verarbeitete. Vgl. J. Roloff, Die Apostelgeschichte 1988, 117ff.

seine Gebeine dort nicht zurückzulassen (50,24–26). Josefs Glaube bewährte sich also in seiner Treue zum Land der Verheißung, an dem er über seinen Tod hinaus festhielt.

Im 2. Jh. n. Chr. avanciert Josef dann immer mehr zum Vorbild und *exemplum Christi*. Das wird nicht zuletzt an christlichen Bearbeitungen frühjüdischer Schriften deutlich. So findet sich im Testament der zwölf Patriarchen eine Passage, die diese Konfiguration von Josef und Christus andeutet. Im *Testament Benjamins* verheißt der sterbende Jakob dem Josef:

»Erfüllen soll sich an dir die Prophetie des Himmels,
die besagt:
Der Unschuldige wird für Gesetzlose befleckt werden
Und der Sündlose wird für Gottlose sterben.« TB III,8

Die Anspielungen auf Jes 53 und den Sühnetod Jesu schimmern durch solch eine Formulierung bereits hindurch.[312] Im *Testament Josefs* wurden abschließende eschatologische Verheißungen ebenfalls christlich bearbeitet. Josef teilt seinen Nachkommen seine Träume mit:

»Und ich sah: [aus Juda wurde eine Jungfrau geboren. Sie trug ein Gewand aus Byssus. Und aus ihr] ging hervor [ein unbeflecktes Lamm] und zu seiner Linken [war etwas] wie ein Löwe. Und alle wilden Tiere stürmten gegen ihn, aber [das Lamm] besiegte sie und vernichtete sie bis hin zur Zertretung. Und über es freuten sich die Engel und Menschen und die ganze Erde.« TJos XIX,8f.

---

312 Vgl. dazu W. Popkes, Christus Traditus. Eine Untersuchung zum Begriff der Dahingabe im Neuen Testament, AThANT 49, Zürich/Stuttgart 1967, 47ff.

Das Geschick des unbefleckten Lammes in den letzten Tagen erinnert an Josefs eigene Geschichte. Auch er war der Anfeindung von Menschen ausgesetzt, die wie wilde Tiere ihm die Kleider vom Leibe rissen. Doch letztlich blieb er Sieger, zur Freude aller Welt, die er vor dem Hungertod zu retten vermochte. Diese Josef-Christus-Typologie eroberte sich dann in der christlichen Auslegung der Josefsgeschichte einen festen Platz. Die Kirchenväter wurden nicht müde, sie in allen denkbaren Varianten und Details durchzuspielen. Dabei wurden häufig mittels einer allegorischen Auslegung einzelne Erzählzüge auf Christus übertragen. Man sah im bunten Rock Josefs ein Abbild für die Menschlichkeit Christi. So wie Jakob seinem Sohn Josef einen bunten Rock gefertigt habe, um ihn damit zu kleiden, so habe Gottvater durch die Inkarnation Christus menschliche Gestalt annehmen lassen, die er wie ein Kleid über seinem göttlichen Wesen trage. Zu den festen Bestandteilen solcher Deutungen gehört auch der Verkauf Josefs durch seine Brüder (*Joseph venditur*), in dem ein Abbild der Passion Christi gesehen wurde. Ebenso wurde der Kaufpreis von 20 Silberschekeln immer wieder zu den 30 Silberlingen in Beziehung gesetzt, die Judas für den Verrat Jesu erhielt.[313] Derjenige, der diese Josef-Christus-Typologie »auf die Höhe des theologischen Begriffs« brachte,[314] war Origenes (3. Jh.). In seinen Genesisauslegungen (Homilien) kommt er auch auf Josef zu sprechen. Er berichtet, dass Jakob vor Gram erblindet sei, als ihm der blutige und zerrissene Rock Josefs gebracht wurde. Erst als er den totgeglaubten Josef in Ägypten wieder

313 Siehe dazu B. Murmelstein, Die Gestalt Josefs in der Agada und die Evangeliengeschichte, Angelos 4, 1932, 51–55.

314 H. Donner, Josephsgeschichte, 118.

in die Arme schließen durfte, habe dieser ihm die Hände auf die Augen gelegt und ihm das Augenlicht wiedergegeben.[315] So wie Josef am Vater handelte, so handelte auch Christus als der *verus Joseph*, der wahre Josef, bei der Heilung des Blindgeborenen (Joh 9,1–12).[316] Josefs Sturz in die Zisterne in der Wüste wird immer wieder mit der Grablegung Christi konfiguriert. Ein schönes Beispiel hierfür ist die Bildfolge eines mittelalterlichen Altargemäldes.

Die Grablegung Christi ist im Zisternensturz Josefs ebenso wie im Sturz Jonas in die aufgewühlte See präfiguriert.

Die bisherigen Anmerkungen zur unüberschaubaren christlichen Wirkungsgeschichte Josefs konnten und wollten nichts anderes als Hinweise sein. Stellvertretend für die zahlreichen Deutungen und Neudeutungen soll am Ende dieses Abschnittes nur noch auf einen Ausleger ein wenig ausführlicher eingegangen werden. 1527 hat sich *Martin Luther* in fortlaufenden Predigten dem 1. Buch Mose gewidmet. Darunter findet sich auch eine Auslegung von 1. Mose 37–50.[317] Für Luther ist die Josefsgeschichte »eine schöne lustige Historien« (WA 24, 612,11) von höchstem theologischen Gewicht. Methodisch verfährt er dabei so, dass er zunächst dem Wortsinn der einzelnen Kapitel nachgeht, dem dann häufig eine allegorische Auslegung folgt.[318] In der am Wortsinn orientierten Auslegung

---

315 Dieses Motiv hat sich seinen Weg bis in den Koran hinein gebahnt.

316 Vgl. H. M. v. Erffa, Ikonologie II, 417. Dort zahlreiche weitere Beispiele!

317 M. Luther, In Genesin, Mosi librum sanctissimus Declamationes, WA 24, Weimar 1900, 609–710.

318 »Das sey kurtz geredt von der Historien, nu müssen wir auch die heymliche deutung handeln« (WA 24, 615, 15f.). Zu Luthers

Abb. 17: Grablegung Jesu, Josefs Sturz in die Zisterne und Jonas Sturz in den Rachen des großen Fisches. Emailtafeln vom Klosterneuburger Altar (12. Jh. v. Chr.).

thematisiert Luther vor allem den scheinbaren Widerspruch des Geschehens zu den Verheißungen, die Gott den Vätern gegeben hatte, und der sich für Jakob mit dem Verlust Josefs auftat:

»Sihe, das sind die rechten güldenen legenden, darynne uns Gott leret, wie er seine heiligen kochet und brett und so mit yhn spielet, als sey es alles erlogen was er yhn verheisset.« WA 24, 613, 26–28

Dieser Widerspruch stürzte die Väter in Schmerz und Verzweiflung. Sie werden gleichsam dazu gezwungen, gegen Gott an Gottes Verheißungen festzuhalten. Solche Glaubensprüfungen führen zu heftigen Erschütterungen des Leibes und der Seele. Daher unterlässt es Luther nicht, sich auch in ihre Gefühlswelt hineinzuversetzen.

»So war es ein natürlich vater hertz, das Jacob das kind am liebsten hatte, weil er von der rechten frawen und ynn seinem alter gezeuget, Solche art sind fur sich selbs nicht böse, wenn mans nicht ubel braucht.«
»Das rede ich darümb, das man nicht meyne, die heiligen seyen holtz odder steine gewesen.« WA 24, 614, 22–25.28f.

Immer wieder wird das große Einfühlungsvermögen deutlich, das Luther der biblischen Historie und ihren Figuren entgegenbringt. Da heißt es von Jakob und Esau:

»Esau, sein bruder, war ein juncker und das liebe kind, er [Jakob] muste aschenbrödel sein, darnach zwanzig jar lang die-

---

exegetischer Methode und seiner strikten Unterscheidung von Historie und Allegorie siehe H. Bornkamm, Luther und das Alte Testament, Tübingen 1948, 74ff.

nen und teglich viel leiden, darnach mit dem Engel kempffen, Und zuletzt als er meynet nu mit ruge zusitzen, hebt sich erst das gröste hertzleyd, das er sihet an seinen kindern.« WA 24, 613, 35–39

Dieser am Wortsinn der Texte orientierten Auslegung stellt Luther schließlich seine allegorische Deutung der Josefsgeschichte an die Seite, mit der er die heimliche, verborgene Bedeutung der Texte zur Sprache bringt. Dabei stellt er sich ganz und gar in die jahrhundertealte Tradition der Josef-Christus-Typologie:

»Denn in Josephs person hat Gott auffs aller feinest Christum und sein gantzes reich geistlich abgemalet. So ist nu die Summa von dieser figur: Wie es Joseph gehet mit seinen brüdern, also gehet es Christo mit seinen brüdern, das ist: mit den Jüden.« WA 24, 615, 18–21

Damit wurde der Konflikt zwischen Josef und seinen Brüdern auf das Verhältnis der Juden zu Jesus übertragen. Ja Luther geht noch darüber hinaus:

»Der bundte rock aber ist die Christliche kirche, wilche ist der schmuck und das kleyd Christi, die heisset darümb ein bundter rock, das sie begabt ist mit mancherley gaben und tugend des heiligen geists.« WA 24, 615, 30–32

Auf diese Weise werden nicht nur Jesus und das Judentum in ein feindliches Gegenüber gebracht, sondern auch der mit dem bunten Rock angetane Christus, die Kirche, und das jüdische Volk. Die mit diesen Übertragungen gegebene pauschale Verurteilung der Juden als Gegner Jesu und der Kirche, richtet sich schließlich immer offener nicht nur gegen das Judentum z. Zt. Jesu, sondern gegen die Juden aller Jahrhunderte. Zwar kommt Luther nicht umhin, zu betonen, dass es auch unter diesen vernünftige Leute gibt:

»Das aber die zween brüder nicht gerne sehen, das Joseph solt umbkomen, sonderlich Ruben, wilcher yhn gerne dem vater hette widderbracht, sind etliche vernünfftige leute, die es gerne gütlich ausrichteten und schoneten, aber es hilft nichts.« WA 24, 619, 9–12

Sein Generalurteil über das Judentum kann aber durch den Umstand, dass die ersten Anhänger Jesu durchweg Juden waren sowie ja auch Josef unter seinen Brüdern nicht nur Gegner hatte, nicht revidiert werden. Unmissverständlich steht für ihn fest:

»Dazu sind sie [die Brüder Josefs] noch so vermessen und schicken den besüddelten rock dem vater heym und lassen yhm sagen, es habe es ein thier gethan, wollens keine schuld noch wort haben. Also haben die Jüden Christum ermordet und verkaufft, alle sein wort vergeben und hynweg geworffen, seine gnade beschmeysset und hören noch nicht auff, noch wollen sie unschüldig sein und nicht gethan haben, stellen sich, als wüsten sie nichts drümb, geben noch fur, sie sein die lieben kinder, wollen nicht hören, das sie Gottes son ermordet haben, sondern sagen, sie habens einem gethan, der sey ein mörder und schalck gewesen.« WA 24, 618, 15–22

Die Josefserzählung wird auf diese Weise zu einem Vehikel für den alten Vorwurf gegen die Juden als Christusmörder. Die Erzählung, in der es zunächst um einen innerfamiliären und nur hintergründig um einen innerisraelitischen Konflikt ging, wird auf das Verhältnis zwischen Jesus und dem jüdischen Volk übertragen, zu dem dieser ja selbst gehörte, und schließlich auf das zwischen Kirche und Synagoge. Aus dem Familienkonflikt wird ein Konflikt zwischen Juden und Christen konstruiert. Dieser Akzent macht die Gefahren unübersehbar deutlich, die in der Josef-Christus-Typologie schlummern. Hat man die Erzählung von Josef und seinen Brüdern einmal auf die Ebene des Verhältnisses zwischen Juden und Christen übertragen, dann stellt sich der verhängnisvolle christliche Antijudaismus fast zwangsläufig ein.

Man würde Luther allerdings Unrecht tun, wollte man seine Predigten über die Josefsgeschichte auf diesen beklagenswerten Aspekt des Antijudaismus reduzieren. Immer wieder gelingt es ihm, vor allem in seiner dem Wortsinn folgenden Erklärung, den tiefen auch theologischen Gehalt dieser Texte aufzudecken. Diese Erzählungen sind für ihn vor allem *exempla* des oft so wunderlichen und doch tröstlichen göttlichen Regiments in der Welt:

»wo man meynet, es sey der teufel und tod, da ist er am nehisten, Er [Josef] meynet, er sey verlassen von Gott und der welt, so wartet sein Gott und hat ein Auge auff yhn, lest yhn wol verkaufft und gefangen werden, als sey kein Gott bey yhm, Aber da die zeit kömpt, setzt er yhn zun hohisten ehren.« WA 24, 632,31–35

Das verborgene Regiment Gottes will zweierlei zur Anschauung bringen: einmal den Trost gerade in allen Nöten, in denen Gott uns am nächsten ist, zum anderen aber die Kraft der Bewährung, die er dem Josef in Gefahren und Versuchungen schenkte. Auf diese Weise wird das Regiment Gottes durch Trost und Bewährung zu einer Schule des Glaubens.

»Also das dis exempel ein recht furbild und grosse reitzung ist zum glauben, wo ich hyn kome, yns vaters hause odder yns elend und frembde land, das ich wisse, Gott sey auch da daheyme, sonderlich wo ich keinen trost und zuversicht zun leuten haben kann und gantz verlassen bin« WA 24, 633, 32–35

»Darümb sollen wir im elende Gott rawm, zeit und stete geben und nicht stymmen, wie wirs gerne hetten, denn wir sind narren und wissen nicht, was wir bitten sollen, Wenn wir aber stille hielten und yhm heym geben nach seinem gefallen zu machen, so erfüren wir, wie uberaus reichlich er vergelten kann.« WA 24, 638, 7–11

Martin Luther versteht es eben auch wie kaum ein anderer Ausleger, in der Josefserzählung die Geschichte des Trostes und des Glaubens zum Funkeln zu bringen. So fasst er ihren Gehalt am Ende mit den Worten zusammen, die auch diesen Abschnitt über die Wirkungsgeschichte Josefs in der Christenheit beschließen soll:

»Darümb, bistu ein Christ, so las die welt feindlich zürnen und alles dir nehmen, so sie kann, aber tröste dich des: yhe erger sie es meynen und gedencken, yhe neher Gott bey dir stehet und meynets auffs aller beste, Also das der Christen leiden und verfolgung allein dazu dienet, das wir darauff trotzen und wissen, Gott wende es zum besten.« WA 24, 708, 19–23

5. Jusuf im Koran

Auch in der dritten der drei großen monotheistischen Buchreligionen, im Islam, kam es zu einer intensiven Auseinandersetzung mit der Gestalt Josefs. Ihm wurde eine eigene Sure im Koran gewidmet. Von dieser 12. Sure des Koran, der sogenannten Josefssure, gingen vielfältige Wirkungen auf die Geschichte der orientalischen Literatur aus.[319] Die Josefssure wurde häufig analysiert und auf ihre Quellen hin untersucht.[320] Dabei konnte nachgewiesen werden, dass sie sowohl in den jüdischen als auch christlichen Traditionen steht, die die Gestalt Josefs betreffend im Umlauf waren.[321] Dieser Befund steht in einer gewissen Spannung zu dem Wahrheitsanspruch, den die Sure selbst erhebt, nämlich eine durch göttliche Inspiration gewirkte, direkte Offenbarung Allahs zu sein.

»Erzählen wollen wir dir [Mohammed] die schönste der Geschichten durch die Offenbarung dieses Korans.« 12,3[322]

Die 12. Sure stammt wahrscheinlich aus einer Zeit, in der sich Mohammed großen Anfeindungen ausgesetzt sah und »einen aussichtslos scheinenden Kampf gegen den Unglauben seiner Landsleute« führte.[323] Diese Situation lässt sich noch aus der Sure selbst erschließen. Allah teilt in ihr nüchtern dem Mohammed mit:

»Und die meisten Menschen, wie sehr du es auch begehrst, glauben nicht.« 12,103

---

319 Siehe dazu E. Hilscher, Der biblische Joseph in orientalischen Literaturwerken, MIO 4, 1956, 81–108.

320 Hier ist vor allem auf die Arbeiten von H. Speyer, Qoran, 187–224, und S. Raeder, Die Josephsgeschichte im Koran und im Alten Testament, EvTh 26, 1966, 169–190 zu verweisen.

321 Diese wurden vor allem in der Arbeit von H. Speyer, Qoran, 187 ff., gründlich untersucht.

322 Der Koran wird zitiert in der Übersetzung von M. Henning, Leipzig 1968.

323 S. Raeder, Die Josephsgeschichte, 173.

Die Sure setzt damit ein, dass Josef seinem Vater Jakob seinen Traum von Sonne, Mond und den elf Sternen erzählt (12,4). Daraufhin ermahnt der Vater ihn, diesen Traum nicht seinen Brüdern mitzuteilen (12,5), da er bereits Unheil befürchtet. Jakob selbst schilt Josef nicht wegen seines Traumes wie in der biblischen Erzählung, sondern sagt ihm voraus:

»Und gemäß diesem [Traum] wird dich dein Herr erlesen und wird dich lehren die Deutung der Geschichten und wird seine Gnade an dir vollenden und an dem Hause Jakobs.« 12,6

Genau das, was Josef träumte, und was Jakob ihm dazu weissagte, erfüllt sich am Ende der Sure:

»Und da sie bei Josef eingetreten waren, nahm er seine Eltern bei sich auf und sprach: ›Tretet ein in Ägypten, so Allah will, in Sicherheit!‹ Und er setzte seine Eltern auf den Thron, und sie warfen sich ehrfürchtig vor ihm nieder. Und er sprach: ›O mein Vater, dies ist die Deutung meines früheren Gesichts.‹« 12,99f.

Damit erzählt auch die Josefssure des Koran die Geschichte von einem Traum, der in Erfüllung ging. Und ebenso wie in der Bibel geht der Traum Josefs in Erfüllung, weil Allah selbst hinter allen Wegen steht, die Josef geht. In Einzelheiten weicht die Sure dann aber erheblich vom biblischen Vorbild ab. Einige Beispiele seien dafür genannt. Als die Brüder den blutigen Rock Josefs zu Jakob bringen, durchschaut dieser das böse Spiel und erklärt:

»Nein; erdichtet habt ihr euch etwas; also [gilt] geziemende Geduld und die Anrufung Allahs um Hilfe wider euern Bericht.« 12,18

Jakob ist sich gewiss, dass er durch Geduld und Gebet die Hiobsbotschaft seiner Söhne widerlegen wird.

Die Episode von Josef und Potifars Weib weist interessante Eigenheiten auf. Während es in der biblischen Erzählung nicht zu einer ausdrücklichen Feststellung der Unschuld Josefs kam, wird diese in der Josefssure geradezu kriminalistisch ermittelt. Als Potifars Weib dem Josef das Kleid vom Leibe gerissen habe, sei dieser just in dem Augenblick zur Tür geflüchtet, in dem sein Herr den Raum betrat. Daraufhin habe die Frau Josef bezichtigt, ihr Gewalt angetan zu haben. Josef wehrt sich gegen diesen Vorwurf. So wird ein Zeuge aus ihrer Familie bemüht und gibt den weisen Rat:

»›Wenn sein Hemd vorn zerrissen ist, so hat sie die Wahrheit gesprochen, und er ist ein Lügner. Ist sein Hemd jedoch hinten zerrissen, so hat sie gelogen und er hat die Wahrheit gesprochen.‹ Und da er [Potiphar] sein Hemd hinten zerrissen sah, sprach er: ›Siehe, das ist eine eurer Listen! Siehe, eure List ist groß! Josef, wende dich ab hiervon, und du, [o Frau], bitte ihn für deine Schuld um Verzeihung; siehe, du hast gesündigt.‹« 12,26–29

Damit ist Josef vor aller Welt und seinem Herrn als untadelig und rechtschaffen anerkannt. Die Schuld der Frau des Potiphar steht außer Zweifel. Und doch zeigt der Erzähler auch Verständnis für sie. Die Affäre zwischen Josef und Potiphars Weib, die keine Affäre war, wurde zum Stadtgespräch. Die Frau kam ins Gerede, aber sie wusste sich zu wehren:

»Und als sie von ihrer [der Frauen] Bosheit vernahm, schickte sie zu ihnen und bereitete ihnen ein Gelage und gab einer jeden von ihnen ein Messer und sprach [zu Josef]:

›Komm heraus zu ihnen.‹ Und da sie ihn sahen, rühmten sie ihn und schnitten sich in die Hände und sprachen: ›Allah behüte! Das ist kein Mensch, das ist ein edler Engel!‹ Sie sprach: ›Und dieser ist's, um dessentwillen ihr mich tadeltet. Und wahrlich, ich stellte ihm nach, doch widerstand er.‹« 12,31f.

Die auf eine jüdische Vorlage zurückgehende Episode[324] ist nicht ohne Humor zu sehen. Und es versteht sich, dass Thomas Mann sie sich in seinem Josefsroman nicht entgehen ließ. Die zum »Kaffeeklatsch« geladene Damenwelt der Stadtaristokratie hantiert mit frisch geschliffenen Obstmesserchen und Orangen während das Objekt des Klatsches, Josef eintritt. Von seiner übernatürlichen Schönheit geradezu verzaubert, können sie das Auge nicht mehr von ihm lassen und zerschneiden sich dabei die Finger derart, dass es ein großes Bluten gibt. Was also muss die Frau Potiphars gelitten haben und immer noch leiden, die täglich dieser überwältigenden Schönheit ausgesetzt war? Wer wollte da kein Verständnis haben für ihr leidenschaftliches Verlangen? Wer will sie fortan noch verdammen? Da zeigt sich eine andere Perspektive auf Potiphars Weib als in manchen Auslegungen, die wir bisher kennenlernten. Sie wird nicht wie im *Testament des Josef* als Inkarnation des Bösen vorgestellt. Mit einem Augenzwinkern fragt der Erzähler seine Leser, ob man nicht auch Verständnis oder wenigstens Mitleid mit dieser Frau haben müsse.

Die Josefssure unterscheidet sich allerdings nicht allein in solchen Einzelheiten von der biblischen Josefsgeschichte. Die Differenzen zwischen beiden sind bei allen Gemeinsamkeiten fundamentaler. Da ist zu-

---

324 Siehe dazu H. Speyer, Die biblischen Erzählungen, 205f.

nächst einmal der formale Tatbestand zu beachten, dass sie als inspirierte Lehrerzählung Mohammed von Allah selbst mitgeteilt wird. Das führt zu einem anderen Wirklichkeitsverständnis. Während alle Beteiligten in der biblischen Erzählung keinen Einblick in die Pläne Gottes haben, sondern diese erst im Nachhinein erkennen (1. Mose 50,20), ist Gott als Redender in der Sure durchweg präsent. Er lässt die handelnden Personen immer wieder wissen, was er mit ihnen vorhabe und zu welchem Ziel er sie führen wird:

»Wie man sieht, ist nach dem Koran die Wirklichkeit transparent. Die Gottesdiener dürfen an entscheidenden Stellen einen Blick hinter die Kulissen der Geschichte tun. Nach der alttestamentlichen Erzählung hüllt sich Gott in die Wirklichkeit wie in ein undurchdringliches Dunkel.«[325]

Dies hat aber zur Folge, dass die Leiden und Prüfungen Josefs an Schärfe verlieren, fast unwirklich werden, weiß er doch um ihren tieferen Sinn und um den guten Ausgang. Der Fromme muss sie nicht fürchten, da ihm der Lohn gewiss ist:

»Und als er [Josef] seine Vollkraft erreicht hatte, gaben wir [Allah] ihm Weisheit und Wissen; und also belohnen wir die Rechtschaffenen.« 12,22

Darf man daraus den Schluss ziehen:

»Der Joseph des Koran wird nicht durch den Glauben errettet, sondern durch das Schauen«?[326]

---

325 S. Raeder, Die Josephsgeschichte, 182.
326 S. Raeder, Die Josephsgeschichte, 187.

Wahrscheinlich tut man dem Koran damit Unrecht. Denn auch der Fromme, der um den tieferen Sinn und das Ziel seiner Leiden weiß, muss diese ja immer noch durchstehen und durchleiden. Ja, sein Wissen weckt nur neue Fragen nach dem Sinn des persönlichen Geschicks ebenso wie nach dem der Geschichte. Warum muss dieser Sinn durch Blut und Tränen erkauft werden? Was eigentlich hindert Allah daran, die Welt so einzurichten, dass der Weg des Frommen geebnet ist? Es waren wohl nicht zuletzt diese Fragen, die zu einer Identifikation des Geschicks von Josef mit dem Mohammeds geführt haben, der sich ebenfalls erheblichen Konflikten ausgesetzt sah. Da der Koran und mit ihm die 12. Sure dem Mohammed direkt offenbart worden sei, gehört auch er zu den Wissenden oder Schauenden, die einen Blick hinter die Kulissen werfen durften. Dieses Wissen aber machte ihn nicht zu einer unangefochtenen Person. Er blieb auf Trost und Ermutigung angewiesen, die er durch die Josefssure empfing:

»Wahrlich in ihren Geschichten ist eine Lehre für die Verständigen. Nicht ist er [der Koran] eine ersonnene Geschichte, sondern eine Bestätigung dessen, was ihm vorausging, und eine Erklärung aller Dinge und eine Leitung und Barmherzigkeit für ein gläubiges Volk.« 12,111

So lesen Juden, Christen und Muslime die Josefsgeschichte auf dem Hintergrund ihrer eigenen Traditionen und Erfahrungen. Manches haben sie ihr dabei hinzugefügt, manches genommen. Doch immer bleibt sie ein unausschöpfbarer Brunnen des Fabulierens, aus dem Trost und Hoffnung, Entzücken und Erschrecken, Lebensklugheit und Gotteserkenntnis aufsteigen.

D. VERZEICHNISSE

Das Literaturverzeichnis verzeichnet nur eine Auswahl wichtiger, vor allem deutschsprachiger Titel zur Josefserzählung und die in den Anmerkungen erwähnte Literatur. Es soll dem Leser helfen, sich dort, wo die vorliegende Auslegung von 1. Mose 37–50 eigene Wege geht oder bestimmte Sachverhalte nur kurz andeuten konnte, über andere Positionen der Forschung zu informieren. Die Abkürzungen richten sich nach S. Schwertner, Abkürzungsverzeichnis zur Theologischen Realenzyklopädie (TRE).

Literaturverzeichnis

Quellen

Becker, J., Unterweisung in lehrhafter Form. Die Testamente der zwölf Patriarchen, JSHRZ III/1, Gütersloh 1980.

Berger, K., Unterweisung in erzählender Form. Das Buch der Jubiläen, JSHRZ II/3, Gütersloh 1981.

Biblia Hebraica Stuttgartensia, Stuttgart 1984.

Burchard, Chr., Unterweisung in erzählender Form. Joseph und Aseneth, JSHRZ II/4, Gütersloh 1983.

Der Babylonische Talmud Bd. I–XII, neu übertragen durch Lazarus Goldschmidt, Darmstadt 1996.

Die Bibel nach der Übersetzung Martin Luthers, revidierte Fassung von 1984, Berlin 1987.

Die fünf Bücher der Weisung, verdeutscht von Martin Buber gemeinsam mit Franz Rosenzweig, Heidelberg [9]1976.

Galling, K., Textbuch zur Geschichte Israels, Tübingen [2]1968.

Gressmann, H., Altorientalische Texte zum Alten Testament, Berlin/Leipzig, Nachdruck 1970

Der Koran, übers. von M. Henning und eingel. von E. Werner und K. Rudolph, Leipzig 1968.

Luther, M., Predigten über das 1. Buch Mose (1527), WA 24, Weimar 1900.

Philo von Alexandria, Die Werke in deutscher Übersetzung, Bd. I u. VI, Berlin 1962.

Texte aus der Umwelt des Alten Testaments Bd. I–III, herausgegeben von O. Kaiser (TUAT), Gütersloh 1982ff.

Kommentare

BOECKER, H. J., 1. Mose 25,12–37,1. Isaak und Jakob, ZBK.AT 1.3, Zürich 1992.

— Die Josefsgeschichte. Mit einem Anhang über die Geschichte der Tamar und die Stammessprüche, Neukirchen-Vluyn 2003.

BRAULIK, G., Deuteronomium II, 16,18–34,12, NEB, Würzburg 1992.

DELITZSCH, F., Die Genesis, Leipzig 1860.

EBACH, J., Genesis 37–50, HThKAT, Freiburg/Basel/Wien 2007.

GUNKEL, H., Genesis, Berlin [6]1963.

HERTZ, J. H., Pentateuch und Haftaroth I, Genesis, Zürich 1984.

HOSSFELD, F.-L./ZENGER, E., Psalmen 51–100, HThKAT, Freiburg/Basel/Wien 2000.

JACOB, B., Das erste Buch der Tora. Genesis, Berlin 1934.

— Das Buch Exodus, Stuttgart 1997.

KEEL, O., Das Hohelied, ZBK.AT, Zürich 1986.

PROCKSCH, O., Die Genesis, KAT, Leipzig/Erlangen 1924.

VON RAD, G., Das erste Buch Mose, ATD 2/4, Berlin 1967.

ROLOFF, J., Die Apostelgeschichte, NTD 5, Berlin 1988.

ROTTZOLL, D. U., Rabbinischer Kommentar zum Buch Genesis, Berlin/New York 1994.

RUPPERT, L., Das Buch Genesis Bd. II, Geistliche Schriftlesung AT, Leipzig 1984.

— Genesis. 4. Teilband: Gen 37,1–50,26, FzB 118, Würzburg 2008.

SEEBASS, H., Genesis II/1, Vätergeschichte I (11,27–22,24), Neukirchen 1997.

— Genesis II/2, Vätergeschichte II (23,1–36,43), Neukirchen 1999.

— Genesis III, Josephsgeschichte (37,1–50,26), Neukirchen 2000.

SOGGIN, A. J., Das Buch Genesis, Darmstadt 1997.

WESTERMANN, C., Genesis II, BK.AT I/2, Neukirchen 1981.

— Genesis III, BK.AT I/3, Neukirchen 1982.

Einzelstudien

ALBERTZ, R., Die Josephsgeschichte im Pentateuch, in: TH. NAUMANN/R. HUNZIKER-RODEWALD (Hg.), Diasynchron. Beiträge zur Exegese, Theologie und Rezeption der Hebräischen Bibel, FS W. Dietrich, Stuttgart 2009, 11–36.

ASSMANN, J., Das kulturelle Gedächtnis. Schrift, Erinnerung und politische Identität in frühen Hochkulturen, München 1992.

— Ma'at. Gerechtigkeit und Unsterblichkeit im Alten Ägypten, München 1990.
— Herrschaft und Heil. Politische Theologie in Altägypten, Israel und Europa, München/Wien, 2000.
— Stein und Zeit. Das »monumentale Gedächtnis«, in: J. Assmann/T. Hölscher (Hg.), Kultur und Gedächtnis, Frankfurt a. M. 1988.
— Ägypten. Eine Sinngeschichte, München/Wien 1996.
— Tod und Jenseits im Alten Ägypten, München 2001.
AVIGAD, N./SASS, B., Corpus of Westsemitic Stamp Seals, Jerusalem 1997.
BALTZER, K., Die Biographie der Propheten, Neukirchen 1975.
BAR-EFRAT, S., Wie die Bibel erzählt. Alttestamentliche Texte als literarische Kunstwerke verstehen, Gütersloh 2006.
BARTELMUS, R., Topographische und theologische, exegetische und didaktische Anmerkungen zum letzten Kapitel der Genesis (Gen 50,1–14), BN 29, 1985, 35–57.
BEYERLE, S., Manasse, NBL II, 702–703.
BLUM, E., Studien zur Komposition des Pentateuch, BZAW 189, Berlin/New York 1990.
— Die Komposition der Vätergeschichte, WMANT 57, Neukirchen-Vlyn 1984.
BOECKER, H. J., Überlegungen zur Erzählung von der Versuchung Josephs (Genesis 39), in: MOMMER, P./THIEL, W. (Hg.), Altes Testament. Forschung und Wirkung, FS H. Graf Reventlow, Frankfurt a. M. u. a., 1994, 3–13.
— Überlegungen zur Josephsgeschichte, in: J. Hausmann/H.-J. Zobel (Hg.), Alttestamentlicher Glaube und Biblische Theologie, FS H.D. Preuß, Stuttgart u. a. 1992, 35–45.
BORNKAMM, H., Luther und das Alte Testament, Tübingen 1948.
BRUNNER, H., Altägyptische Weisheit. Lehren für das Leben, Darmstadt 1988.
BRUNNER-TRAUT, E., Alltag unter Pharaonen. So lebten die Alten Ägypter, Freiburg u. a. 1998.
— Frühformen des Erkennens. Am Beispiel Altägyptens, Darmstadt 1990.
— Altägyptische Märchen, Düsseldorf/Köln [2]1963.
CAMINOS, R. A., Der Bauer, in: S. Donadoni (Hg.), Der Mensch im Alten Ägypten, Frankfurt a. M. 1997, 18–49.
COATS, G. W., Redactional Unity in Genesis 37-50, JBL 93, 1974, 15–21.
— From Canaan to Egypt. Structural and theological Context for the Joseph Story, CBQ.MS 4, Washington D. C. 1976.

— The Joseph Story and the Ancient Wisdom: A Reappraisal, CBQ 35, 1973, 285–297.

Crüsemann, F., Der Widerstand gegen das Königtum. Die antiköniglichen Texte des Alten Testaments und der Kampf um den frühen israelitischen Staat, WMANT 49, Neukirchen-Vluyn 1978.

Dietrich, J., Kollektive Schuld und Haftung. Religions- und rechtsgeschichtliche Studien zum Sündenkuhritus des Deuteronomiums und zu verwandten Texten, ORA 4, Tübingen 2009.

Dietrich, W., Die Josephserzählung als Novelle und Geschichtsschreibung. Zugleich ein Beitrag zur Pentateuchfrage, BThSt 14, Neukirchen-Vluyn 1989.

— Die frühe Königszeit in Israel. 10. Jahrhundert v. Chr., BE 3, Stuttgart 1997.

Donadoni, S. (Hg.), Der Mensch im Alten Ägypten, Frankfurt a. M. 1997.

Donner, H., Die literarische Gestalt der alttestamentlichen Josephsgeschichte, in: Ders. Aufsätze zum Alten Testament aus vier Jahrzehnten, BZAW 224, Berlin/New York 1994, 76–120.

— Geschichte des Volkes Israel und seiner Nachbarn in Grundzügen 2, ATD Erg. Bd. 4/2, Göttingen 1986.

Ebach, J., Bodenrecht, NBL I, 313-314.

— Josephsgeschichte, LÄ III, 1980, 270–273.

Eising, H., *zakar*, ThWAT II, 571-593.

Eissfeldt, O., Sohnespflichten im Alten Orient, in: Ders., Kleine Schriften IV, Tübingen 1968, 264–270.

Engelmann, B., Deutschland ohne Juden, Berlin 1988.

von Erffa, H. M., Ikonologie der Genesis. Die christlichen Bildthemen aus dem Alten Testament und ihre Quellen, Bd. I u. II, München/Berlin 1995.

Farmer, H. D., Hagiographie, TRE 14, 360–364.

Feucht, E., Frauen, in: S. Donadoni (Hg.), Der Mensch des Alten Ägypten, Frankfurt a. M. 1997, 361–394.

Fieger, M./Hodel-Hoenes, S., Der Einzug in Ägypten. Ein Beitrag zur alttestamentlichen Josefsgeschichte, Bern 2007.

Fischer, D. (Hg.), Dialog mit der Bibel. Malerei und Grafik aus der DDR zu biblischen Themen, Berlin 1984.

Fischer, G., Die Josefsgeschichte als Modell für Versöhnung, in: A. Wénin (Hg.), Studies in the Book of Genesis. Literature, Redaction and History, BEThL 155, Louvain u. a. 2001, 243–271.

Fischer, I., Die Erzeltern Israels, BZAW 222, Berlin/New York 1994.

Freuling, G., »Wer eine Grube gräbt …«. Der Tun-Ergehen-Zusammenhang und sein Wandel in der alttestamentlichen Weisheitsliteratur, WMANT 102, Neukirchen-Vluyn 2004.
Fritz, V., Becher, NBL I, 254.
Fuchs, H., Josef, Jüdisches Lexikon, Bd. III, Frankfurt a. M. ²1987, 329–332.
Gese, H. Geschichtliches Denken im Alten Orient und im Alten Testament, ZThK 55, 1958, 127–145.
Goldberg, A. M., Joseph in der Sicht des Judentums der Antike, BiKi 21, 1966, 11–13.
Golka, F. W., Die biblische Josefsgeschichte und Thomas Manns Roman, Wien u. a. 1994.
— Jakob – biblische Gestalt und literarische Figur, AzTh 91, Stuttgart 1999.
Görg, M., Die Beziehungen zwischen dem Alten Israel und Ägypten, EdF 290, Darmstadt 1997.
— Der gefärbte Rock Josefs, BN 102, 2000, 9–13.
— Der Amtstitel des Potifar, BN 53, 1990, 12–14.
— Nil, NBL II, 928.
— Zu einem »Verstehensproblem« in der Josefsgeschichte, BN 75, 1994, 13–17.
— Elephantine, NBL I, 512–513.
Guggisberg, H. R., Grotius, TRE 14, 277–280.
Gunkel, H., Das Märchen im Alten Testament, Frankfurt a. M. 1987.
Hausmann, J., Israels Rest. Studien zum Selbstverständnis in der nachexilischen Gemeinde, BWANT 124, Stuttgart u. a. 1987.
Hecker, K., Das akkadische Gilgamesch-Epos, TUAT III/4, 646–744.
Helck, W., Die Beziehungen Ägyptens zu Vorderasien im 3. und 2. Jahrtausend v. Chr., ÄA 5, Wiesbaden 1971.
Hermisson, H.-J., Das Alte Testament und die Märchen, in: H. Gunkel, Das Märchen im Alten Testament, Frankfurt a. M., 189–202.
Herrmann, S., Zeit und Geschichte, Stuttgart u. a. 1977.
Hilscher, E., Der biblische Joseph in orientalischen Literaturwerken, MIO 4, 1956, 81–108.
Hodel-Hoenes, S., Leben und Tod im Alten Ägypten, Darmstadt 1991.
Hornung, E., Der Pharao, in: S. Donadoni (Hg.), Der Mensch des Alten Ägypten, Frankfurt a. M. 1997, 328–360.
Janowski, B., Stellvertretung. Alttestamentliche Studien zu einem theologischen Grundbegriff, SBS 165, Stuttgart 1997.

— Die Tat kehrt zum Täter zurück. Offene Fragen im Umkreis des »Tun-Ergehen-Zusammenhangs«, in: DERS., Die rettende Gerechtigkeit. Beiträge zur Theologie des Alten Testaments 2, Neukirchen-Vluyn 1999, 167–191.

JEPSEN, A., Zur Überlieferungsgeschichte der Vätergestalten, in: Ders., Der Herr ist Gott. Aufsätze zur Wissenschaft vom Alten Testament, Berlin 1976, 46–75.

KAISER, O., Der Gott des Alten Testaments. Theologie des AT 1: Grundlegung, Göttingen 1993.

— Stammesgeschichtliche Hintergründe der Josephsgeschichte. Erwägungen zur Vor- und Frühgeschichte Israels, VT 10, 1960, 1–15.

KAPLONY-HECKEL, U., Die Israel-Stele des Mer-en-Ptah, 1208 v. Chr., TUAT I/6, 544–552.

KEBEKUS, N., Die Joseferzählung. Literarkritische und redaktionskritische Untersuchungen zu Genesis 37 – 50, IHS, Münster/New York, 1989.

KEEL, O., Die Welt der altorientalischen Bildsymbolik und das Alte Testament, Göttingen [5]1996.

KLEIN, R. A., Jakob. Wie Gott auf krummen Linien gerade schreibt, BG 17, Leipzig 2007.

KOENEN, K., Gerechtigkeit und Gnade. Zu den Möglichkeiten weisheitlicher Lehrerzählungen, in: J. MEHLHAUSEN (Hg.), Recht – Macht – Gerechtigkeit, VWGTh 14, Gütersloh 1998, 274–303.

KNAUF, A., Ismael. Untersuchungen zur Geschichte Palästinas und Nordarabiens im 1. Jahrtausend v. Chr., ADPV, Wiesbaden 1985.

KRATZ, R. G., Die Komposition der erzählenden Bücher des Alten Testaments, UTB 2157, Göttingen 2000.

— Gefängnis, NBL I, 756–757.

KUNZ-LÜBCKE, A., Die Vorstellung von Zeugung und Schwangerschaft im antiken Israel, ZAW 111, 1999, 561–582.

— Ägypten in der Perspektive Israels am Beispiel der Josephsgeschichte, BZ 47, 2003, 206–229.

LANCKAU, J., Der Herr der Träume. Eine Studie zur Funktion des Traumes in der Josefsgeschichte der Hebräischen Bibel, AThANT 85, Zürich 2006.

LANG, B., Ehe, NBL I, 476–477.

LEMCHE, N. P., Die Vorgeschichte Israels. Von den Anfängen bis zum Ausgang des 13. Jahrhunderts v. Chr., BE 1, Stuttgart u. a. 1996.

LEVIN, CHR., Der Jahwist, FRLANT 157, Göttingen 1993.

— Glückselig in Gott. Alttestamentliche Erfahrungen von gelingendem Leben, in: A. BERLEJUNG/R. HECKL (Hg.), Ex oriente Lux, Studien zur Theologie des Alten Testaments, FS R. Lux, ABG 39, Leipzig 2012, 483–502.

LIPINSKI, E., *sáne'*, ThWAT VII, 828–839.

— *'arab* I, ThWAT VI, 349–355.

LÖHR, H., Isaak, Jakob, Esau, Josef, in: M. ÖHLER (Hg.), Alttestamentliche Gestalten im Neuen Testament. Beiträge zur Biblischen Theologie, Darmstadt 1999, 75–96.

LURKER, M., Lexikon der Götter und Symbole der alten Ägypter, Darmstadt 1987.

LUX, R., Geschichte als Erfahrung, Erinnerung und Erzählung in der priesterschriftlichen Rezeption der Josefsnovelle, in: DERS. (Hg.), Erzählte Geschichte. Beiträge zur narrativen Kultur im alten Israel, BThSt 40, Neukirchen-Vluyn 2000.

— Jona – Prophet zwischen »Verweigerung« und »Gehorsam«, FRLANT 162, Göttingen 1992.

— Die Weisen Israels. Meister der Sprache – Lehrer des Volkes – Quelle des Lebens, Leipzig 1992.

MAIER, CHR., Die »fremde Frau« in Proverbien 1–9. Eine exegetische und sozialgeschichtliche Studie, OBO 144, Freiburg/Göttingen 1995.

MARQUARDT, F. W., Jüdische Freiheit – christlich bedacht, in: EHERLICH, E. L./KLAPPERT, B./AST, U. (Hg.), »Wie gut sind deine Zelte Jaakow ...«, FS R. Mayer, Gerlingen 1986, 208–220.

MEINHOLD, A., Die Gattung der Josephsgeschichte und des Estherbuches: Diasporanovelle, ZAW 87, 1975, 306–324; ZAW 88, 1976, 72–93.

— Die Geschichte des Sinuhe und die alttestamentliche Diasporanovelle, Wiss. Zeitschr. der E.-M.-Arndt-Univ. Greifswald, 1971, 277–281.

— »... damit wir leben und nicht sterben müssen!« Lebensfülle als Quintessenz israelitisch-judäischer Identität in Diaspora und Land nach der Erzähltheologie der Josephsgeschichte, in: Ex oriente Lux. Studien zur Theologie des Alten Testaments, FS R. Lux, ABG 39, Leipzig 2012, 78–82.

MÜLLER, H.-P., *hartom*, ThWAT III, 189–191.

MURMELSTEIN, B., Die Gestalt Josefs in der Agada und die Evangeliengeschichte, Angelos 4, 1932, 51–55.

NIEHR, H., *šaddaj*, ThWAT VII, 1078-1083.

NILGEN, U., Joseph von Ägypten, LCI 2, 1970, 423–434.

NOTH, M., Die isrelitischen Personennamen im Rahmen der

gemeinsemitischen Namengebung, BWANT 46, Stuttgart 1928.

O'Brien, M. A., The Contribution of Juda's Speech. Genesis 44,18–34 to the Characterization of Joseph, CBQ 59, 1997, 429–447.

Öhler, M. (Hg.), Alttestamentliche Gestalten im Neuen Testament, Darmstadt 1999.

Pola, Th., Die ursprüngliche Priesterschrift, WMANT 70, Neukirchen 1995.

Popkes, W., Christus Traditus. Eine Untersuchung zum Begriff der Dahingabe im Neuen Testament, AThANT 49, Zürich/Stuttgart 1967.

Priebatsch, H., Die Josephsgeschichte in der Weltliteratur, Breslau 1937.

von Rad, G., Gottes Wirken in Israel, Neukirchen 1974.

— Josephsgeschichte und ältere Chokma, in: Ders., Gesammelte Studien zum Alten Testament, ThB 8, München [4]1958, 272–280.

Raeder, S., Die Josephsgeschichte im Koran und im Alten Testament, EvTh 26, 1966, 169–190.

Redford, D. B., A Study of the Biblical Story of Joseph (Genesis 37–50), VTSuppl 20, Leiden 1970.

Rennert, J., Angewandte Prosa, Berlin 1983.

Renz, J./Rölling, W., Handbuch der althebräischen Epigraphik, Bd. I, Darmstadt 1995.

Ricoeur, P., Zeit und Erzählung, Bd. I u. II, München 1988/89.

Ruppert, L., Die Josepherzählung der Genesis. Ein Beitrag zur Theologie der Pentateuchquellen, StANT XI, München 1965.

Schäfer, P., Geschichte der Juden in der Antike. Die Juden Palästinas von Alexander dem Großen bis zur arabischen Eroberung, Neukirchen-Vluyn 1983.

Scharbert, J., Ich bin Josef, euer Bruder. Die Erzählung von Josef und seinen Brüdern wie sie nicht in der Bibel steht, St. Ottilien 1988.

Schelbert, G., Jubiläenbuch, TRE 17, 285–289.

Schipper, B. U., Israel und Ägypten in der Königszeit. Die kulturellen Kontakte von Salomo bis zum Fall Jerusalems, OBO 170, Freiburg/Göttingen 1999.

Schmid, K., Die Josephsgeschichte im Pentateuch, in: J. Chr. Gertz/K. Schmid/M. Witte (Hg.), Abschied vom Jahwisten. Die Komposition des Hexateuch in der jüngeren Diskussion, BZAW 315, Berlin/New York 2002, 83–118.

— Literaturgeschichte des Alten Testaments. Eine Einführung, Darmstadt 2008.
SCHMIDT, L., Literarische Studien zur Josefsgeschichte, BZAW 167, Berlin/New York 1986.
SCHMITT, H.-CHR., Die nichtpriesterliche Josephsgeschichte, BZAW 154, Berlin/New York 1980.
SCHORN, U., Ruben und das System der Zwölf Stämme Israels, BZAW 248, Berlin/New York 1997.
SCHWEIZER, H., Die Josefsgeschichte, Bd. I u. II, THL 4, Tübingen 1991/92.
SCHWIENHORST-SCHÖNBERGER, L., Nasiräer, NBL II, 901–902.
SCHWÖBEL, CHR., Die Religion des Zauberers. Theologisches in den großen Romanen Thomas Manns, Tübingen 2008.
SHENHAR, A., Einen Hebräer hat er zu uns gebracht, sein Spiel mit uns zu treiben, KuI 15, 2000, 47–56.
SPEYER, H., Die biblischen Erzählungen im Qoran, Stuttgart [2]1961.
STASZAK, M., Leviratsehe, NBL II, 626–627.
STAUBLI, TH., Das Image der Nomaden im Alten Israel und in der Ikonographie seiner sesshaften Nachbarn, OBO 107, Freiburg/Göttingen 1991.
VERGOTE, J., Joseph en Egypte Genèse chapitre 37–50 à la lumière des études égyptologiques récentes, OBL 3, Louvain 1959.
WAHL, H. M., Die Jakobserzählungen, BZAW 258, Berlin/New York 1997.
— Das Motiv des »Aufstiegs« in der Hofgeschichte. Am Beispiel von Joseph, Esther und Daniel, ZAW 112, 2000, 59–74.
WEIMAR, P., Die doppelte Thamar. Thomas Manns Novelle als Kommentar der Thamarerzählung des Genesisbuches, BThSt 99, Neukirchen-Vluyn 2008.
WEIPPERT, H., Kleidung, NBL II, 495–499.
— Palästina in vorhellenistischer Zeit, München 1988.
WILLI-PLEIN, I., Historiographische Aspekte der Josefsgeschichte, Henoch I, 1979, 305–331.
WOLFF, H. W., Anthropologie des Alten Testaments, München 1973.
WULLSCHLEGER, RUTH u. OTTO, Mit Joseph nach Ägypten. 24 Unterrichtsentwürfe für die Primarschule/Grundschule, Zürich 1994.
ZENGER, ERICH, Der Gott der Bibel, Stuttgart 1992.
— Einleitung in das Alte Testament, Stuttgart u. a. [7]2008.
ZGOLL, A., Traum und Welterleben im antiken Mesopotamien. Traumtheorie und Traumpraxis im 3.–1. Jt. v. Chr. als Horizont

einer Kulturgeschichte des Träumens, AOAT 333, Münster 2006.
ZOBEL, H.-J., Stammesspruch und Geschichte, BZAW 95, Berlin 1965.

ABBILDUNGSVERZEICHNIS

Abb. 1: Vornehmer Syrer, Elfenbeinschnitzerei (14. Jh. v. Chr.); J. H. BREASTED, Geschichte Ägyptens, Wien 1936, Abb. 148.
Abb. 2: Hirtenszene, Rollsiegel (3. Jt. v. Chr.); O. KEEL, Die Welt der altorientalischen Bildsymbolik und das Alte Testament, Göttingen [5]1996, 209, Abb. 313.
Abb. 3: Querschnitt durch eine Zisterne; O. KEEL, Die Welt der altorientalischen Bildsymbolik, 61, Abb. 78.
Abb. 4: Vertriebene Gefangene, assyrisches Bronzerelief (9. Jh. v. Chr.); O. KEEL, Die Welt der altorientalischen Bildsymbolik, 93, Abb. 136.
Abb. 5: Verschleierte Ägypterin auf ihrem Bett, Kalksteinscherbe aus Der-el-Medine (12. Jh. v. Chr.); O. KEEL, Das Hohelied, ZBK.AT, Zürich 1986, 117, Abb. 64.
Abb. 6: Ägyptischer Skarabäus als Fingerring (13. Jh. v. Chr.); O. KEEL/CHR. UEHLINGER, Altorientalische Miniaturkunst, Freiburg/Göttingen 1996, 63, Abb. 80b.
Abb. 7: Paser, Bürgermeister von Theben, erhält von Ramses II. das Ehrengold (13. Jh. v. Chr.); Herders großer Bibelatlas, Freiburg u. a., 1989, 36, Abb. 5.
Abb. 8: Relief Amenophis IV. auf seinem Prachtwagen (14. Jh. v. Chr.); O. KEEL, Die Welt der altorientalischen Bildsymbolik, 262, Abb. 384.
Abb. 9: Hungerrelief aus Saqqara (3. Jt. v. Chr.), O. KEEL, Die Welt der altorientalischen Bildsymbolik, 66, Abb. 88.
Abb. 10: Semitische Kleinviehnomaden aus Beni-Hassan (19. Jh. v. Chr.), O. KEEL, Die Welt der altorientalischen Bildsymbolik, 205, Abb. 308.
Abb. 11: Ausländische Bittsteller vor einem ägyptischen Beamten, Kalksteinrelief aus Saqqara; O. KEEL, Die Welt der altorientalischen Bildsymbolik, 298, Abb. 429.
Abb. 12: Asiaten bringen Garben dar. Wandmalerei aus Abd el Qurna (15. Jh. v. Chr.); O. KEEL, Die Welt der altorientalischen Bildsymbolik, 282, Abb. 408.

Abb. 13: Mumifizierungsszene. Ägyptische Sargmalerei (7.–4. Jh. v. Chr.); O. KEEL, Die Welt der altorientalischen Bildsymbolik, 58, Abb. 74.
Abb. 14: Josef mit seinen Söhnen am Sterbelager Jakobs, Dura Europos (2. Jh.); R. HACHLILI, Ancient Jewish Art and Archaeology in the Diaspora, Leiden u. a. 1998, 110.
Abb. 15: Kathedra des Maximian, Ravenna 6. Jh.); Lexikon der christlichen Ikonographie, Bd. 2, Freiburg 1990, 426, Abb. 2.
Abb. 16: Josef gibt sich seinen Brüdern zu erkennen ; H.-M. ROTERMUND (Hg.), Rembrandts Handzeichnungen und Radierungen zur Bibel, Berlin 1963, 86, Abb. 67.
Abb. 17: Klosterneuburger Altar. Emailtafeln (12. Jh.); STIFT KLOSTERNEUBURG.